Theo Sorg (Hg.)

Bibel lesen mit Karl Hartenstein

Ausgewählte Bibelarbeiten

Quell Verlag Stuttgart

ISBN 3-7918-2038-9

1. Auflage 1982
Einbandgestaltung: Wolfgang Schweigert, Quell Verlag Stuttgart
Titelbild: 42zeilige Gutenberg-Bibel aus dem Gutenberg Museum Mainz
Satz: Weyhing, Stuttgart
Druck: Quell Verlag Stuttgart

Inhalt

Karl Hartenstein als Ausleger der Heiligen Schrift

Wenn ich je und dann mit älteren Menschen zusammentreffe, die über einen längeren Zeitraum sich zu den regelmäßigen Predigthörern in der Stuttgarter Stiftskirche zählen oder die Glieder der Stiftsgemeinde sind, dann kann es geschehen, daß beim Erzählen aus vergangenen Zeiten ihre Augen zu leuchten beginnen, wenn der Name Karl Hartenstein fällt. Wie oft ist mir durch Alte und Kranke berichtet worden von seinen bis heute unvergessenen Predigten in der Stiftskirche vor deren Zerstörung im Jahre 1944, von dem Weg der Stiftsgemeinde und ihrer Gottesdienste in den Jahren der Bedrückungen und Entbehrungen, von einer Notunterkunft zur anderen, bis sie in der Kirche im Alten Schloß eine vorläufige Heimat fand. Die Predigten und Abendmahlsfeiern, die Bibelstunden und Frühandachten, die vielen seelsorgerlichen Besuche und Gespräche – ein Eindruck reiht sich an den anderen. Der rote Faden durch diese Erzählungen ist die Person und das Wirken des damaligen Stuttgarter Stiftspredigers und Prälaten D. Dr. Karl Hartenstein. Kein anderer aus der langen, an bedeutenden Namen reichen Reihe der Stuttgarter Prälaten hat in diesem Jahrhundert so nachhaltige Spuren hinterlassen wie Hartenstein. Wer ist dieser Mann, dessen Leben und Wirken, dessen Predigten und Schriftauslegungen in einer bis zum heutigen Tage erkennbaren Weise prägend gewirkt haben?

I

Am 25. Januar 1894 in Bad Cannstatt geboren, am 1. Oktober 1952 in Stuttgart verstorben, umfaßt die Lebenszeit Karl Hartensteins nicht einmal sechs Jahrzehnte. Aus altem Kaufmannsgeschlecht stammend, war es für ihn ein besonderer Schritt, aus der

Tradition der Familie herauszutreten und Theologie zu studieren. Nach Studium, Krieg und unständigem Pfarrdienst führte ihn sein Weg 1923 zunächst in das Stadtpfarramt in Urach am Fuße der Schwäbischen Alb. Schon drei Jahre später verließ er die von ihm so sehr geliebte Uracher Gemeinde und folgte, erst 32 Jahre alt, einem Ruf als Direktor der Basler Missionsgesellschaft, jener alten und traditionsreichen Einrichtung, in deren Anfängen sich die geistliche Tiefe der Frömmigkeit des schwäbischen Pietismus und die geistige Weite der Weltläufigkeit des Basler Bürgertums in einer glücklichen Verbindung trafen.

Hier in Basel fand Hartenstein den ersten Schwerpunkt seiner Lebensarbeit. Im Direktorat der Mission, als Lehrer künftiger Missionare und Theologen, als weitgereister Kenner der Missionsfelder in Asien und Afrika und als Teilnehmer an wichtigen internationalen Missionskonferenzen gewann er einen immer größeren Einfluß auf den theologischen und geistlichen Weg der Weltmission in den dreißiger Jahren.

In seiner Theologie zunächst stark von Karl Barth und seinen Freunden beeinflußt, wendet er sich später mehr und mehr dem geistlichen Erbe der schwäbischen Pietisten, vor allem Johann Albrecht Bengels zu und machte dessen biblische Erkenntnis der Heilsgeschichte fruchtbar für die Begründung wie für den Dienst einer »Mission im Blick auf das Ende«.

Der Ausbruch des Zweiten Weltkrieges setzte dem weltweiten Wirken Karl Hartensteins ein abruptes Ende und führte ihn zurück in den Dienst seiner württembergischen Heimatkirche. Als Stiftsprediger und Prälat von Stuttgart und später als Stellvertreter des Landesbischofs hat er in schwerster Zeit eine zweite Lebensaufgabe gefunden. Dic Jahre des Krieges, die Bedrückung der Kirche durch die damals herrschende Partei, die Bombenangriffe und die Zerstörung seiner Heimatstadt und ihrer Kirchen, das Chaos und die Entbehrungen der Nachkriegszeit, die Jahre des mühsamen Wiederaufbaus ließen Karl Hartenstein unter der Last einer fast übergroßen Verantwortung immer mehr in die Tiefe wachsen und aus ihm den Seelsorger, Prediger und Schriftausle-

ger werden, der Ungezählten Kraft zum Leben und Trost im Sterben gegeben hat.
Hartenstein hat sich in all diesen Jahren nicht nur als ein echter pastor pastorum um die Pfarrer seines Sprengels gekümmert. Unter seiner Kanzel versammelte sich eine große Gemeinde, die bei dem tiefgründigen Schriftausleger »Brot des Lebens« fand. Mühselige und Beladene kamen zu den Abendmahlsfeiern, die er jetzt allsonntäglich anbot, um dort dem Gekreuzigten und Auferstandenen zu begegnen und Licht aus seinem ewigen Reich zu empfangen. Nach dem Ende des Krieges wurde Hartenstein zu einem unermüdlichen Seelsorger der Rat- und Rechtlosen, zum geistesmächtigen Prediger angesichts der Nöte der Zeit, zu einem priesterlichen Beter um eine tiefgreifende geistliche Erneuerung, zum begnadeten Inspirator der württembergischen Kirchenleitung bei der Neuordnung der Kirche nach dem Zusammenbruch – bis seine Kräfte vorzeitig aufgezehrt waren. »Gedenket an eure Lehrer, die euch das Wort Gottes gesagt haben; ihr Ende schauet an und folget ihrem Glauben nach« (Hebr. 13, 7).

II

In all der unermeßlichen Vielfalt seiner Tätigkeiten schlug das Herz Karl Hartensteins dort, wo es um die Auslegung der Heiligen Schrift für die Gemeinde ging. Die Schrift war für ihn – im Gefolge der Schwäbischen Väter – das Lebensbuch der Gemeinde. »So groß der Kreis der Ämter und Dienste in Kirche, Mission und Diakonie im Leben Karl Hartensteins schließlich geworden war, die Mitte dieses Kreises war und blieb ihm allezeit das teure Predigtamt. In heiliger Leidenschaft und Freude stand der die ganze Woche über von vielseitigster Arbeit Umgetriebene fast jeden Sonntag irgendwo auf der Kanzel und predigte, als ob er die Woche über nur auf diese Stunde im Gotteshaus hin gelebt, gebetet und gearbeitet hätte« (Martin Haug).
Neben der Predigt in der Stiftskirche an den Festtagen und an je-

dem zweiten Sonntag gehört seit mehr als hundert Jahren die wöchentliche überparochiale Bibelstunde zu den Aufgaben des Stuttgarter Stiftspredigers. Prälat Sixt Karl Kapff hatte sie im Jahre 1852 eingerichtet, zu einer Zeit, in der es sonst (abgesehen von den pietistischen Gemeinschaften) in der Kirche noch keine Bibelstunde gab.

Diese Aufgabe war Hartenstein besonders lieb, weil ihm dadurch die unmittelbare Nähe zur Gemeinde erhalten blieb, die ihm für seinen übrigen Dienst wichtig war. Schon in Urach und in Basel hatte Karl Hartenstein regelmäßig biblische Bücher im Zusammenhang ausgelegt. In Stuttgart setzte er dies fort und ließ sich auch durch die Widrigkeit der Zeitumstände nicht davon abhalten. Während der Kriegsjahre sprach er vor allem über alttestamentliche Texte, über Abraham und die Erzvätergeschichten, über die Psalmen und den zweiten Jesaja; 1945 legte er die Leidensgeschichte Jesu, den »Kreuzweg des Herrn« aus, später in der Schloßkirche das Johannesevangelium und die Offenbarung des Johannes, dieses geheimnisvolle letzte Buch der Bibel, dem seine besondere Liebe galt und das er nicht weniger als dreimal, immer offen für weiterführende Einsichten, auch unter Korrektur früherer Erkenntnisse, erklärt hat.

Hartenstein war selbst ein »johanneischer Denker«, der in immer neuen Anläufen die biblischen Texte meditierend umkreiste, um in unbedingter Ehrfurcht vor dem Wort der Schrift das Geheimnis der Textstelle zu erforschen.

In seinen letzten Jahren konnte Hartenstein wegen der immer zahlreicher werdenden Verpflichtungen in EKD, Mission und Ökumene die »Prälatenbibelstunde« nicht mehr weiterführen. An ihre Stelle trat am Anfang und Ende jedes Winterhalbjahres eine Bibelwoche von je fünf Abenden in der Schloßkirche. »Das waren festliche Stunden voller Erkenntnis und mit dem betonten Ziel, die Gemeinde zu rüsten für ihren Weg. ›Der neue Weg‹ nach dem Kolosserbrief, dem ›großartigsten, umfassendsten und kühnsten Christuszeugnis‹ – angesichts der Verengung unseres landläufigen Christentums; ›Israel nach dem Heilsplan Gottes‹ – angesichts der ihn tief schmerzenden Verblendung weiter Kreise durch das Auftreten eines judenchristlichen Schwärmers; die Lebenshilfe des Jakobusbriefes – angesichts einer nur langsam zu Dienst und Nachfolge zu bewegenden Gemeinde –, das waren die Themen der letzten Bibelwochen« (Konrad Gottschick).

Die allerletzte Auslegung biblischer Texte im Zusammenhang war die eindrucksvolle Bibelarbeit, die er wenige Wochen vor seinem Tod, während des Stuttgarter Kirchentages in einem Großzelt auf dem Cannstatter Wasen über 2. Mose 12-16: »Die hohe Hand des Herrn« gehalten hat. Die meisten dieser Bibelwochen sind später im Druck erschienen.

Als Prediger und Schriftausleger wollte Karl Hartenstein nichts als ein Diener der Gemeinde sein. Er stand nicht über der Gemeinde, sondern mitten in der Schar der begnadigten Sünder. Das Wort, das er anderen weitergab, hat er zuerst sich selbst gesagt. Die Gemeinde war für ihn ein Geschenk, der Zeugendienst in ihrer Mitte war ihm Freude. Als ein Wachender und Wartender hat er den Dienst der Wortauslegung getan, immer von einem tiefen Vertrauen in die Heilige Schrift und ihre Verheißungen geleitet, immer im Einzelnen das Ganze sehend, immer die Weite des Reiches Gottes und seines großen Planes und zugleich den täglichen Kampf des einzelnen Gemeindeglieds mit bedenkend. So vereinigen sich in seinen Auslegungen Tiefe und Weite, Ermutigung und Ermahnung, Hoffnung und Weisung.

In dem Kapitel des Neuen Testaments, das von dem Glaubensweg des alttestamentlichen Gottesvolkes erzählt, wird von Abel gesagt: »Durch den Glauben redet er noch, wiewohl er gestorben ist« (Hebr. 11, 4). Vielleicht darf man das in aller Bescheidenheit auch von dem einstigen Stuttgarter Stiftsprediger und Prälaten Karl Hartenstein sagen. Seine aus der Tiefe und Weite einer biblischen Gesamtschau gewonnenen Auslegungen reden noch heute. Sie können uns ermuntern und ermahnen, können Wahrheiten erschließen und Wege weisen, wenn wir uns von ihnen an der Hand nehmen und in den Reichtum der Heiligen Schrift einführen lassen. Karl Hartenstein wollte die Gemeinde in der Bibel gründen und ihr Hilfe für den Kampf des Glaubens geben. Auch die in diesem Band gesammelten Auslegungen, die mit der aufgeschlagenen Bibel gelesen sein wollen, haben kein anderes Ziel: Halt und Hilfe für den Glauben und für ein Leben mit Jesus Christus zu vermitteln – »bis daß er kommt«.

Trinitatis 1982

Theo Sorg
Stiftsprediger und Prälat in Stuttgart

Die hohe Hand des Herrn

2. Mose 12-16

Der Aufbruch

2. Mose 12, 1-14

Der erste Eindruck dieser Erzählung ist überraschend. Was soll uns diese Geschichte von dem Lämmlein und den Israeliten vor 3200 Jahren heute? Heute, in der Not unseres Volkes, das mit jedem Tag tiefer zerrissen wird, in der Not unserer Kirche, die unter den Mächten der Welt auseinanderzubrechen droht, in der Not dieser Welt in allen Völkern?

Es ist derselbe Gott. Das ist derselbe Name, den die Apostel Christus gaben: Kyrios, unser Herr. Es ist derselbe Vater unseres Herrn Jesu Christi und unser Vater. Gemeinde, es ist unsere Geschichte. Eine Geschichte, die uns gilt, derselbe Gott, derselbe Name, derselbe Vater.

Und ein Zweites. Unser Herr Jesus Christus ist nicht plötzlich vom Himmel gekommen, und seine Sache hat nicht auf einmal angefangen. Der Herr Christus hat eine jahrtausendelange Vorgeschichte, eine wunderbare Geschichte Gottes mit diesem Volke Israel. Wir lesen jetzt eben die Geschichte vom Anfang, wie Gott seinen Pfeil auf den Bogen legt. Und er trifft ins Ziel in dem Augenblick, da »die Zeit erfüllt ist« und Jesus Christus gekommen ist. Wer nicht diesen Weg Gottes versteht, der wird das Geheimnis Jesu Christi nie voll begreifen. Sieh, dazu steht das Alte Testament in der Bibel, daß du weißt, was es um den Messias ist. Und das Neue Testament sagt dann, wer dieser Messias ist. Beides gehört unlöslich zusammen.

Diese alte Geschichte des Auszugs aus Ägyptenland und das Wort der Apostel des Neuen Testaments (Hebr. 11: Im Glauben zog Mose aus Ägypten und fürchtete nicht des Königs Grimm . . .) ist, wie wenn von rechts und links des Altars die Finger sich ausstrekken und auf die Mitte zeigen, auf den Einen, der auch in diesem uralten Wort von weitem gesehen ist. Suchet in der Schrift – sagt der Herr, suchet im Alten Testament, das ist die Bibel Jesu –; denn sie ist's, die von mir zeugt. Darum legen wir am Kirchentag Altes Testament aus, damit ihr Freudigkeit bekommt, auch dieses geheimnisvolle alte Buch, mit den Augen des Geistes erleuchtet, zu lesen als Kinder dieser Zeit und eures Herrn. – Es ist derselbe Herr, der hier und heute redet. Es ist eine Heilsgeschichte vom Auszug, ja von Abraham bis Christus. Es ist dasselbe Zeugnis vorher und nachher von dem Einen in der Mitte: Lob sei dir, o Jesu!

In unbegreiflicher Weise hat Gott aus dem Meer der Völker ein einziges auserwählt, ein lächerlich kleines Volk, ohne alle menschlichen Qualitäten, ein ärgerliches und Ärgernis schaffendes Volk, ein Volk, darf ich es sagen, das Gott bis heute Tränen auspreßt: Israel, zu deutsch: Gott herrscht! Mit diesem Volke hat er einen geheimen Bund gemacht. An ihm soll der Name Gottes und sein heiliger Wille und sein heiliges Reich sichtbar werden, das Zeichen Gottes für alle Zeit und für alle Völker. Daß dieses Volk dem Herrn das Kreuz bereitet hat und heute noch bereitet, läßt uns nicht pharisäisch an »die Juden« denken. Es macht uns vielmehr klar, wie wir dran sind. Denn in dem Spiegel Israel siehst du – dich selbst.

Dieses Volk ist in uralter Zeit in die Hände der Weltmacht gefallen, 430 lange Jahre hart gebunden, Knechte der Pharaonen. Wir können die Gesichter dieser Ramsesse in Stein gehauen sehen in den großen Statuen um Memphis, erhalten bis auf diesen Tag. Das waren Tyrannen. Und die Faust dieser Menschen lag auf Israel zentnerschwer. Es stand in tödlicher Gefahr, dem Glauben an die Götter dieses Ägyptens zu verfallen. Das war die Lage damals: Der Großtyrann will, daß Israel sich ihm beuge und seinen Göttern diene. Ist es heute anders?

Dies aber läßt Gott nicht zu. Er will dieses Volk befreien, herausreißen aus dem Rachen der heidnischen Weltmacht. Gott will, daß dieses Volk lebe, ihm lebe und seinen Namen preise und sein Gebot halte und seine Herrschaft auf Erden bezeuge. Wie geht das zu, daß Gott in der Geschichte seine Gemeinde herausbringt aus dem Rachen der Weltmacht? Darauf antwortet das Wort, das wir eben gelesen haben, so: Gott sucht die Weltmacht heim und bringt ein Gericht ohnegleichen über sie. Er schlägt die Weltmacht und nimmt ihr die Erstgeburt, von dem ersten Sohn des Pharao auf dem Thron bis auf den ersten Sohn des Gefangenen im Gefängnis, und auch alle Erstgeburt des Viehs. Ihr habt den Tod gewählt, denn ihr habt gegen Gott gewählt. Eine erschütternde Heimsuchung an diesem Volk. Ein Geschehen, darf ich das sagen, das Gott nur unter tiefstem Schmerz und Tränen vollzieht, ein Kreuz für Gott, so strafen zu müssen. Am Kreuz durchlitten von Gott. Und in dieser Nacht, da der Engel durch das Volk geht im Gewittersturm und Gericht, bewahrt er sein Volk, birgt und verbirgt er es unter seinen Händen in großer Gnade.

In dieser Nacht ist das Passahmahl eingesetzt worden, das große Fest der Juden bis heute. Ihr habt gehört, wie Gott es anordnete. Ein Lamm wird geschlachtet. Die Hausgemeinschaft bildet sich um dieses Lamm, gerade so viele wie nötig sind, um es aufzuessen. Wir spüren, was das heißt. Es ist das erste Zeichen der Gemeinschaft des Volkes untereinander und mit seinem Gott. Das Blut soll an die Pfosten der Türen gesprengt werden, hinter denen die Seinen wohnen. Gott will gnädig vorübergehen. Er will überspringen die Häuser, in denen sein Volk wohnt. Was für eine Sache, wenn wir an die Großstadtstraßen denken, wo da einer und dort einer, im siebten Stock, im Hinterhaus wohnt, der Gott fürchtet und hören darf: über mir ist das Zeichen der Vergebung und der Bergung und der Gnade Gottes ausgesprochen. Das uralte Passahmahl wird gestiftet, das Mahl der Gemeinschaft des Volkes Gottes, das Mahl der Gnade und Versöhnung in der Nacht des Gerichts.

Und es ist das Mahl des Aufbruchs aus der Knechtschaft in die Freiheit. Denn: »So sollt ihr's essen: Um eure Lenden sollt ihr gegürtet sein und an euren Füßen sollt ihr Schuhe haben und Stäbe in euren Händen, und sollt's essen, als die hinwegeilen; denn es ist des Herrn Passah.« Als die Aufbrechenden, denn es ist des Herrn Passah. Und da sitzen sie in der Nacht um den Tisch in Angst und Freude, den Stab in den Händen und das Kleid zur Wanderschaft gerafft, bereit auszuziehen in die neue Heimat, in Gottes verheißenes Land.

Von dieser einen Nacht erzählt dieser wunderbare Text, von der Nacht, in der ein Schrei durch Ägypten geht, ein einziger, weil Gott die Erstgeborenen schlägt. Er richtet damit das Todes- und Gerichtszeichen auf über dem Volk. Und in dieser Nacht stößt Pharao dieses Volk geradezu aus, das unter der so gefährlichen Hand des lebendigen Gottes steht. V. 12 heißt es: »Ich will Recht schaffen über alle Götter in Ägypten«; zu deutsch: Jetzt soll sichtbar werden, wer Gott ist und wer recht hat auf dieser Erde.

Und in der Kraft dieser Speise und in der Stunde des Aufbruchs macht sich Israel bereit dem Tag der Freiheit und dem Land der Verheißung entgegen. Das ist diese alte Geschichte. Sagt, ob sie nicht Gottes Geschichte mit Israel, ob sie nicht Gottes Geschichte mit uns ist?

Wer Ohren hat zu hören, der hat schon ein bißchen gehört, was das bedeutet, was diese Geschichte in unsere Geschichte hinein sagt, Gottes Geschichte mit Israel. Unser Herr ist es, Vater und Herr über alle. Heilsgeschichte ist es, in der schon wie im Schatten, wie im Nebel, ehe die Sonne aufgeht, abgebildet ist, was für uns und was an uns geschehen ist. Denn wir dürfen heute ganz schlicht und demütig Israel auf uns deuten, als das Volk Gottes. Das möchten wir sein, »Israel«. Das ist der Kirchentag, das ist deine Gemeinde, das ist dein Kreis, vielleicht ist es auch dein Haus. Das ist die wunderbare Geschichte, in der Gott anhebt in uralter Zeit den Pfeil abzuschießen, bis Christus kommt. Und dann kommen wir alle in diese Geschichte hinein, die Stafette der Glaubenden, und dürfen den Stab des göttlichen Wortes in der Hand halten bis zu dem Augenblick, da Jesus Christus wiederkommt, und der Letzte, der Letzte den Stab dem Herrn übergibt. Das ist

Heilsgeschichte, in der wir drinstehen. Am Anfang Israel und nun die Christusgemeinde, bis Er kommt. Mose ist ja nur der Schatten dessen, der »das Licht der Welt« ist, an den wir glauben dürfen, Jesus Christus, auf den diese alte Geschichte zielt und den sie meint. Wir sind das wandernde Volk, das Volk unterwegs, im Aufbruch, im Auszug, täglich, alle Morgen neu aus der Sünde und Knechtschaft, das Leben zu wählen, die Freiheit.
Vergeßt an dieser Stelle nicht, daß auch das jüdische Volk, das Volk Israel heute noch wartet. Es wartet auf seine endgültige Heimführung. Es wird nicht vergebens warten. Römer 11, 26 steht geschrieben, daß ganz Israel gerettet werden soll, wenn die Stunde Gottes kommt, wenn der Herr kommt. Aber heute wartet es noch. Und wenn wir hier von diesen Dingen reden, dann müssen wir heute neben Israel treten, neben das Volk mit der Binde vor den Augen, in der Galuth, in der Verbannung unter den Weltvölkern, und bitten, daß dieses Volk mit uns ausziehe und gerettet werde an dem Tag und zu der Zeit, da Jesus Christus wiederkommt. Ihr dürft an die Juden nicht anders denken, Gemeinde, als in der großen Liebe und Fürbitte und in der tiefen Buße und Bitte um Vergebung für all das, was unser Volk an Israel verschuldet hat. Vergeßt das keinen Augenblick.
Aber mit ihm dürfen wir heute »Israel« sein, Volk Gottes, Herausgeführte, die noch einmal davongekommen sind in der Nacht, Menschen, über denen der Himmel zerrissen ist und das Licht und der Friede hereinleuchtet. Denkt, was das heißt, daß wir heute hier auf dem Wasen im August 1952 Kirchentag halten dürfen als Menschen, die um eine Heimat wissen, um ein Land vor ihnen, einen Ort, wohin sie gehören. Ich rufe euch auf heute als Menschen des Auszugs in die Freiheit der Kinder Gottes.
Wir wissen alle von unserer Knechtschaft, von unserem »Diensthaus«. Die harte Hand der großen Tyrannen liegt auf der Gemeinde Gottes und auf den Völkern im Osten. Aber täuscht euch nicht, auch hier im Westen, wo wir noch frei bekennen können, droht uns wie Israel in Ägypten, daß wir dem Glauben an die Götter dieser Welt verfallen. Man kann auch bei politischer Freiheit

verlorengehen mit Leib und Seele an die Götter der Gewalt und des Blutes, des Geldes und der Menschenanbetung. Gewiß, Gemeinde, es ist heute Pharaozeit, es ist aber auch Zeit der Götter Ägyptens auch im Westen. Wir leben in einer Zeit, in der Gott unerhört verhöhnt wird, täglich entthront, und auf seinen Thron der Mensch gesetzt wird, seine Leistung, seine Größe, sein Heldentum angebetet wird. Pharao und die Götter, Ost und West, das ist Ägypten heute.

Das läßt Gott nicht zu, heute nicht wie damals, daß sein Volk verdirbt in Ägypten. Und darum hat er uns den großen Befreier gesandt, damit an seiner Gemeinde sein Name und seine Herrschaft offenbar werde. »Jesus ist kommen, Grund ewiger Freude!« In der Nacht des Verrates und des Kreuzes und des Todes ist der große Sieg Gottes erfochten worden über alle Gewalten unter dem Himmel und auf Erden. Gott hat noch einen ganz anderen, herrlicheren Weg beschritten, viel wunderbarer als damals in Ägypten mit Israel. Gott sieht diese ganze Welt unter der Schuld, nicht nur Ägypten, sondern auch Israel, auch uns. Und nun hat er, nicht symbolisch, die Erstgeburt getötet, sondern den Erstgeborenen, seinen eigenen Sohn, für uns dahingegeben in das äußerste Gericht des Zornes Gottes hinein. Den einen Einzigen für uns, der unsere Sünde trug und Gottes Blitz auf sein Haupt nahm, auf daß wir Frieden hätten.

Das meint diese Geschichte von dem Lamm, das da geschlachtet wird, daß Gott selber das Gericht über die Welt auf sich nahm, damit allen, die an diesen Einen glauben, der Weg zum Frieden und zur Vergebung aufgetan sei. Sieh, das ist das Kreuz Jesu Christi, das aus dem Nebel dieser alten Geschichte plötzlich klar und hell uns vor Augen steht. Unsere tiefste Not ist nicht, daß wir unter Pharao seufzen. Unsere tiefste Not, sagt das Kreuz, ist, daß wir an die Götter Ägyptens glauben, ist unsere Gottlosigkeit, daß wir unser Leben selber leben wollen ohne ihn, daß sich unser Wille auflehnt gegen sein Gebot. Darum mußte dieses Lamm geschlachtet werden, von dem Johannes anbetend sagt: »Das ist das Lamm, das der Welt Sünde trägt.« Er ist an unsere Stelle getreten, an deine, für dich, ganz eins geworden mit deiner Schuld, für alle. Und wer an ihn glaubt, sagt die Schrift, der ist frei, an dessen Haus geht das Gericht vorüber. Und wo er richtet, da ist es geheimnisvolle Heimsuchung, verborgene, dunkle Gnade. Wer an ihn glaubt, der ist geborgen im Frieden Gottes mitten im Streit der Welt. Wer an ihn glaubt, der lebt.

Wir leben! Gemeinde, das ist das Geschenk des Kirchentags, daß er uns die Gewißheit in die Hand gibt: Christus, das heißt: mein Leben. Wir leben aus dem starken Wort, aus dem Mahl der Gnade, aus dem Sieg über den Tod, aus der persönlichen Gegenwart des Herrn, hier in diesem Zelt und du in deinem Leben. Die Zeit der Schatten ist vorüber. Das Licht ist aufgegangen. »Jesus ist kommen, Grund ewiger Freude!« Das sagt das Geheimnis des Erstgeborenen Gottes, für uns dahingegeben.

Daß wir das fassen können, hat der Herr Christus wie Gott in Ägypten damals ein Mahl gestiftet. In der Nacht des Verrats, da der Herr mit seinen Jüngern das letzte Mahl hält und das Osterlamm feiert, und nun das Brot und den Kelch in seine Hand nimmt, verwandelt sich dies unter seinen Augen, und das alte Mahl tritt in das Licht der Ewigkeit und aus dem Passahmahl wird das Abendmahl. Er tritt in unsere Mitte, das Lamm Gottes, das der Welt Sünde trägt, dahingegeben für uns. Und nun dürfen wir, die wir an ihn glauben, das eine Brot essen: »Nehmet hin und esset, das ist der Leib Jesu Christi für eure Sünden in den Tod gegeben«, und dürfen den einen Kelch trinken: »Nehmet hin und trinket, das ist das Blut Jesu Christi für eure Sünden vergossen.« Und wir sind eins in Ihm durch alle Völker und durch alle Zeiten hindurch. Gottes Volk an einem Tisch, das Mahl der Gemeinschaft und der Gnade.

Seht und versteht dieses neue Mahl des Neuen Bundes. Es sagt nicht nur, daß Jesus Christus gekommen ist, sondern daß er wiederkommen wird. Denn über dem Abendmahl leuchtet das Licht des Aufbruchs. Wir dürfen es feiern »die Lenden umgürtet und die Schuhe an den Füßen und den Stab in den Händen« als die Hinwegeilenden in Furcht und Freude, bis Er kommt. Über dem

Abendmahl der Christusgemeinde leuchtet das Licht der ewigen Heimat. Sooft ihr das Mahl feiert – und meine Brüder und Schwestern, tut es oft –, feiert ihr den Tag des Aufbruchs. Das Reich Gottes steht vor der Türe. Wir leben in der Hoffnung auf seinen Tag und im Warten auf die neue Welt. Und es kommt die Stunde, in der alle Throne der Pharaonen zusammenstürzen und die Mächte der Götter endgültig ein Ende haben. Als Befreite geht die Gemeinde Gottes am Abendmahlstisch der Befreiung entgegen, dem letzten großen Auszug. Unterwegs seid ihr, sagt das Abendmahl, auf dem Wege zur ewigen Heimat. Das ist die Erfüllung dieser uralten Geschichte. Hast du es gesehen, wie diese Geschichte zu leuchten beginnt, wenn du dahinter und daneben siehst das »Licht der Welt«, das sie hell macht, Jesus Christus?

Und nun laß dir das ganz persönlich zum Schluß sagen. Dein ganzes Leben steht unter dem Zeichen des Auszugs und des Aufbruchs. Denn Christsein heißt, täglich neu ausziehen aus der Welt dem Herrn entgegen, aus deiner Angst und Sorge und Sünde, aus Lebensangst und Todesfurcht Ihm entgegen.

Christsein heißt, täglich gerüstet und gestärkt werden aus seinem Wort und aus seinem Mahl der Gnaden für den Weg durch die Hitze des Tages.

Christsein heißt, gerufen sein zum Dienst, damit durch dich Gottes Wille geschehe und der arme Glaube geduldig werde und tapfer, die schwache Liebe gereinigt und überwindend, und die Hoffnung brennend auf seinen Tag.

Und zuletzt, Christsein heißt, auf dem Wege sein zur Heimat, eine wandernde Gemeinde zwischen zwei Welten, der kommenden Welt Gottes entgegen, in letzter Treue zu dieser Erde, aber in ganzer Hingabe an die neue Welt, an den neuen Himmel und die neue Erde, auf der die Gerechtigkeit und der Friede Gottes wohnt. Seid getrost, sehr getrost! Es ist Aufbruchszeit, aber der euch herausruft, der bringt euch durch und heim.

Vorwärts!

2. Mose 14, 8-22. 30. 31

Für alle Zeiten, Gemeinde, ist diese Lage Israels am Meer zu einem Zeichen der Verzweiflung geworden, zum Ausdruck des völligen menschlichen Am-Ende-Seins. Sage keiner von euch in diesen Zelten: So verzweifelt wie bei mir war es damals nicht. Noch viel mehr. Dazu ist uns die Bibel gegeben, daß sie uns nichts verschweigt an tiefen Abgründen und Anfechtungen, um uns zu sagen, es ist keine Leidensstation, an der der Herr nicht vorübergekommen wäre. Stellt euch vor, dieses Volk eben in der Nacht aus den Fängen der Weltmacht entronnen, gelagert am Meer, vor sich das Meer und hinter sich die Ägypter, die hochgerüstete Militärmacht jener Zeit, bereit, diesen Ameisenhaufen entronnener Sklaven zu überfahren mit ihren Reiterwagen wie eine wilde verwegene Jagd auf eine wehrlose Herde. Das ist die Lage: Im Angesicht das Meer und im Rücken den Feind. Aus ist es. Der Auszug nicht Gottes Führung, sondern eine Menschenfalle, in der alles zugrunde geht. Man muß das ganz ernst nehmen, was hier geschrieben steht. Da werden keine Romane geschrieben, wie schrecklich es im Leben zugeht. So geht es zu, daß kein Mensch hinaussieht und daß das Gottesvolk am Ende ist, an der Mauer, am Meer, eingekeilt zwischen dem Meer und dem Feind. Es ist aus. Es ist das Bild der vollkommenen Verzweiflung. Und diese Geschichte stellt nur eine einzige Frage: Gibt es noch einen dritten Weg? Vor uns das Meer und hinter uns der Feind – gibt es das: Und zu unseren Häuptern der Himmel!? Das ist die große Frage, die diese uralte und erschütternde Geschichte uns stellt.

Denn das Unglaubliche dieser Geschichte ist dies. Das ist kein Zufall, daß es so ist, Gott selbst manövriert sein Volk in diese ausweglose Lage hinein. Nachdem sie von Ägypten ausgezogen waren nach Osten, um nun nach Norden zu, nach Palästina, nach Kanaan sich in Marsch zu setzen, drängt sie Gott ab nach Südosten, versperrt ihnen den Weg nach Norden, drängt sie ab an das Meer, an die Bitterseen südlich von Ismaeli, dort, wo heute der Suezkanal durchgeht. Er verstockt das Herz des Pharao und läßt es ihm leid sein, sie ziehen gelassen zu haben. Er bringt das Herz dieser Weltmacht, dieses Tyrannen zum Überkochen, daß er zusammenrafft, was er findet, Streitwagen und Rosse, um dieses Volk endgültig auszulöschen. Gott steuert sein Volk in die verzweifelte Lage, damit an den Tag kommen soll, daß sie am Ende sind.

Und mit einer erschütternden Ruhe, einer aufregenden Ruhe, die Gott eigen ist, spricht er über dieser ausweglosen Lage zu Mose: »Ich will Ehre einlegen unter den Völkern« (V. 17), damit die Ägypter erkennen, daß ich, ich der Herr sei.

Gibt es einen dritten Weg, eine dritte Dimension? Vor uns das Meer und hinter uns der Feind, über unseren Häuptern der Himmel.

Was tut das Volk? Was tun die frommen Leute in dieser Lage? Wie immer ist die Bibel auch an dieser Stelle grausam realistisch. Kein Wort von den Helden und von der großartigen Glaubenshaltung. Die Bibel sagt die Wahrheit (V. 10). »Sie fürchteten sich und schrien: Warum hast du uns das getan? Es wäre besser gewesen, den Ägyptern dienen als in der Wüste sterben.« Das Volk murrt, wie es von jetzt ab in jedem Kapitel heißen wird. Das ist der Beitrag der frommen Leute zur Lage. Es schreit in der verzweifelten Lage, vor sich das Meer und hinter sich den Feind. Es beginnt zu hadern mit Gott. Man spürt, es war zwölfte Stunde für den Auszug. Dies Volk ist um ein Haar den Mächten und Geistern und Göttern Ägyptens verfallen gewesen. Lieber den Göttern in Ägypten dienen als zu sterben in der Wüste. Es war letzte Stunde für den Auszug. Das ist ein Volk, das den Tod gewählt hat. Sterben müssen wir so oder so. Lieber ein bißchen Sicherheit, ein wenig Sicherung, ein bißchen Leben und dann sterben. Das heißt man auf deutsch: Kapitulation, bedingungslose Kapitulation – vor wem? Vor der Lage. In der Verzweiflung der einzige Ausweg: Schluß! Umkehr! Heim nach Ägypten!

Die Bibel redet hier mit einer unerhörten Realistik. So geht es zu. Genau so. Mache keiner große Worte von sich und seinem Glauben. Wenn das Wasser einmal an den Hals reicht, wenn man mit dem Treck am siebten Tage im Eissturm liegt und die Kinder an den Straßen sterben und die Frauen in die Hände der Feinde fallen und alles über einem zusammenfällt und unter einem bricht: Das ist die Lage, unsere Lage, von der die Schrift hier redet. Die Wand ist ganz dünn. Kapitulation! Ist dies der einzige Ausweg? Das ist diese erregende Frage, die uns heute gestellt wird. Gibt es eine dritte Dimension? Gibt es Wunder?

Nun, es gibt keine Wunder, Er gibt Wunder, Er. Der lebendige Gott schafft Wunder, wo keiner es für möglich hält.

Die Geschichte ist ein großer Protest gegen den Satz, Gott sei tot. »Der im Himmel sitzt, lachet ihrer.« Und wenn nur ein einziger offen steht für Gott, ist die Lage nicht verzweifelt. Das Großartige ist, das ganze Volk, die Kirche des Alten Testaments, die Gläubigen sind alle verzweifelt, schreien, fürchten, hadern, murren. Und dazwischen ist ein Einziger. Und Gott sprach zu Mose. Es ist immer ein Einzelner, wenn es um die großen Entscheidungen Gottes geht.

Was sagt er ihm? »Sage den Kindern Israel: sie sollen ziehen!« (V. 15). Was hat er gesagt: Marsch ins Meer? Ausbruch nach vorwärts? Ausgeschlossen. Das ist einfach Selbstmord. In der Tat, das ist Selbstmord ohne die Anweisung Gottes, in dieser äußersten Anfechtung mit seinem Wunder zu rechnen, das heißt glauben. Im Glauben ist es kein Selbstmord, sondern Gehorsam. Und der Gehorsam führt allewege zum Leben.

Damit ist das entscheidende Wort gefallen, das uns aus jedem Buchstaben dieser alten Geschichte entgegenleuchtet, das Wort des Menschen, der nicht nur mit dem rechnet, was er vor Augen hat, vor sich das Meer und hinter sich den Feind, sondern mit dem Geheimnis ob den Häupten. Das heißt glauben. Mose gibt geradezu in diesen beiden Versen 13 und 14 eine geraffte Anweisung zum Glauben.

Was heißt das, glauben? Dieses maltraitierte Wort? »Fürchtet euch nicht!« Keine Angst, nicht vor dem Meer und nicht vor dem Feind! Warum nicht? Gott ist da, und damit ist alles verändert. Die Situation und Gott. Keine Angst, sondern »steht fest und seht zu, was für ein Heil der Herr heute an euch tun wird«. Das heißt glauben, auf das nackte Wort, auf die bloße Zusage Gottes sich stellen, feststehen und zusehen, was Gott an euch tut. Er hat euch herausgeholt aus Ägypten, nicht um euch im Meer wie die Ratten ersaufen zu lassen, sondern um sichtbar zu machen, wer eigentlich Herr ist auf Erden, um das Wunder, sein Wunder zu tun. Auf das Wort sich stellen, Gott beim Wort nehmen, das heißt glauben. »Und der Herr wird für euch streiten, und ihr werdet stille sein.« Endlich einmal den Mund halten. Es ist uns gesagt, den frommen Leuten: Schluß mit den eigenen Worten! Stille werden, alles aus der Hand geben und hören und sehen, was Gott fertigbringt. Was wir zustandebringen, und was der Teufel auf dieser Welt fertigbringt, das wissen wir. Glauben heißt, mit dem rechnen, was Gott fertigbringt. Die Augen zu, die Lippen zu und dann vorwärts! Vorwärts ins Meer! Das ist die Antwort Gottes.

Das kann doch Gott nicht von dem Menschen fordern, daß er in einer solchen Lage glaubt und gar aufs Meer geht. Das kann doch Gott nicht. Was heißt schon »kann« für Gott? Gott kann. In diesen beiden Worten ist das Geheimnis des Glaubens gefaßt. Wer das sagen kann, nicht als ein frommes Gerede, sondern mit ihm aufs Meer zugehend »Gott kann!«, der glaubt.

Es bedarf offenbar nur einer Handbewegung Gottes, im Gehorsam und sehr demütig nachvollzogen durch einen Menschen: »Recke deine Hand aus!« Gott kann! Es gibt mehr Dinge zwischen Himmel und Erde als eure Schulweisheit sich träumen läßt. Wer Gott sagt, sagt Wunder. Und einen anderen Gott habt ihr nicht, Gemeinde. Alles andere sind Götzen. Gott kann in die äußerste Bedrängnis und in der größten Dunkelheit durchbrechen. Das ist die Wahrheit, Gott kann Wege machen im Meer. Er weiß Ausweg, wo kein Mensch einen sieht. Du darfst an den Gott glauben, der, wenn es auf das Äußerste gekommen ist und du zappelst wie ein Fisch am Ufer, in der größten Dunkelheit deiner Wege, retten kann und ein ganzes Volk in einer Nacht unter dem Schutz der Wolke, die nach rückwärts dunkel ist, nach vorwärts leuchtet, durch das Meer führt.

Diese Geschichte sagt, das Wunder ist geschehen. Die Nacht bricht herein. Damit ist der Feind im Rücken ausgeschaltet, hat keine Orientierung mehr. Gott tritt zwischen sein Volk und die Ägypter. Das ist die Botschaft dieser Verse 20 und 21.
Ein starker Ostwind hebt an. Das Meer wird zum Weg. Das Volk bricht aus nach vorne und »die Kinder Israel gingen in das Meer hinein, trockenen Fußes hindurch«. Und als es Morgen ist, ist das Ufer mit den Leichen der Ägypter bedeckt.
Eine unglaubliche Geschichte. Eine Geschichte, aus der einem die beiden Worte entgegenspringen, die du heute annehmen oder ablehnen kannst: Er tut Wunder! Glaube nur!
Noch ein letztes Wort zur Auslegung. Es heißt: Das Volk stand am Ufer und fürchtete sich. Sie werden nachher jubeln. Es ist das berühmte Lied Kapitel 15. Hier ist kein Grund zu jubeln. Israel hat nicht gewonnen. Gott hat gewonnen. Gott ist der Sieger über die Mächte der Welt und über den Unglauben seiner Gemeinde. Und was für ein Sieg ist das gewesen. Glaubt ihr nicht, Gott habe in dieser Nacht geweint, blutige Tränen geweint über das murrende Israel und über den Untergang der Ägypter. Sind sie nicht seine Geschöpfe? Glaubt ihr, Gott werde über den Schlachtfeldern dieser Welt nicht weinen? Es wird die Stunde kommen, da wird Gott selbst im Garten und am Kreuz Blut und Tränen weinen um uns, um diese gefallene Kreatur, um sein Volk und um die Völker, um das ganze Herzeleid und die Sünde und das Sterben der Welt und wird das tragen und sterben für uns, damit Friede werde zwischen Himmel und Erde, das Wunder aller Wunder.

Was bedeutet das für uns, diese uralte Geschichte, dieses unglaubliche Geschehen am Meer?
1. Die Lage am Meer, das Umgebensein von den Mächten, den Menschen und den übermenschlichen Gewalten, das ist unsere Lage, die Lage der Gemeinde Gottes heute, deine und meine Lage. Diese Geschichte sagt: Keine Illusion über unsere Zeit! Wir leben nicht mehr im Zeitalter des Christentums, sondern im Zeitalter des Antichristentums. Wir leben nicht mehr im Zeitalter der bür-

gerlichen Frömmigkeit von gestern, sondern des Wagnisses im Glauben mit Gott heute. Das ist die Lage der Gemeinde Gottes, deine Lage. Keine Illusionen! Unsere Brüder und Schwestern im Osten, die wissen, was es heißt, vor sich das Meer, das Rote Meer, und hinter sich den Feind. Und sie wissen, was es heißt, ob den Häupten der Himmel. Gott tut Wunder. Gott bringt uns durch. Es wäre gut, wir würden das im Westen auch lernen. Wir werden es lernen, verlaßt euch darauf.

Vor uns das Meer, das Morgen, die Zukunft, das Dunkel, die Angst, die Sorge, das Tausendfältige, was du nicht kennst und nicht in der Hand hast, und die Ausweglosigkeit deines Lebens. Und hinter dir das Gestern, deine Vergangenheit, dieses Leben mit seiner Last und Schuld, die die Linien ins Gesicht prägt, die du nicht abschütteln kannst, sowenig ein Baum seine Rinde los wird. Das ist unsere Lage.

Vor uns die Zukunft und hinter uns die Vergangenheit, und wir heute, jetzt, mitten inne. Noch einmal, das ist die Lage unserer Brüder und Schwestern im Osten, die durch dieses Meer hindurch müssen, aber es ist auch unsere Lage in unserer Zerrissenheit und Zerfahrenheit, wo jeder ein anderes Wort hat. Das ist der Weg unseres Volkes und keiner weiß einen Weg. »Ihr werdet stille sein!« Gemeinde, das lernt vom Kirchentag, ein wenig Stille. Und ihr wißt, daß das die Lage oft genug ist in unseren Häusern, in unseren Ehen, mit unseren Kindern, mit deinem Geschäft. Wir geben es oft einfach nicht zu im Lärm, Umtrieb und Tempo, wie völlig wir am Ende sind.

Die Heilige Schrift heißt diese Lage Anfechtung. Es ist die Frage, die uns aus aller Anfechtung entgegenspringt, ob du von dem Dritten weißt, nicht nur von dem, was vor dir ist und was dich von hinten bedrängt – über den Häupten der Himmel.

Erhellt uns diese alte Geschichte nicht sehr unseren Beitrag zu den Lebensnöten der Kirche, das Hadern und Murren. Warum hast du das getan? Warum diese rätselvolle Führung, dieses In-die-Zange-genommenwerden von Gott? Womit haben wir das verdient? Ist unsere Generation schlechter als die der Väter? Wollen wir nicht

alle ein bißchen Sicherheit zum Leben und ein bißchen Sicherheit vor einem schnellen Tod? Sind nicht wir das Volk am Meer?
2. Aber die dritte Dimension ist in dieser Geschichte am Werk. »Hebt eure Häupter auf, dieweil sich eure Erlösung naht.« Diese alte Geschichte ist ein großer Hinweis auf den, der in der Nacht des Verrats für uns dieses ganze Meer der Anfechtung und der Schuld und der Ausweglosigkeit und des Todes durchschritten hat, wehrlos preisgegeben, überflutet von den Mächten der Hölle und des Todes. Das ist das Geheimnis dieser uralten Geschichte! Gott kann nicht nur das Meer spalten für sein Volk, daß es hindurchkommt. Gott ist selber in dieses Meer hineingeschritten bis auf den tiefsten Grund und hat alle, aber auch alle Sorge und Angst, Sünde und Schuld und das Sterben auf sich genommen und damit einen Weg gefunden für dich, darauf zu gehen im Frieden und zum Leben. Noch einmal, du kannst in keiner verzweifelten Lage sagen: Hier ist Gott nicht vorübergekommen. Er ist vorübergekommen. Jesus Christus ist bis in die Hölle geschritten, hörst du? Bis in die Hölle geschritten. Diese uralte Geschichte vom Durchzug durchs Meer ist die Abschattung des großen Geheimnisses der Erlösung der Welt und des Sieges über die Dämonen. Gott selbst, sein Sohn, hat sich völlig eins gemacht mit dir, ist geworden wie du, hat deine Schuld, Angst, Verzweiflung und Ausweglosigkeit auf sich genommen und für dich das ganze Meer durchlitten und durchschritten, um auf den Grund aller Not die Liebe Gottes und die Vergebung zu tragen. In jener Nacht, sagt diese alte Geschichte, in der das Volk zum ersten Male befreit wurde, hat das Geheimnis angehoben, das Geheimnis des Sieges Gottes, jener Nacht des Verrats, in der Gott selbst in seinem Sohn in dieses Meer hineingeschritten und eine Bahn gebrochen hat für dich und mich und uns. Gott ist Sieger auch über die Gewalten der Tiefe. Und in dieser Nacht ist sichtbar geworden, wer der Herr ist, der Gott, der Wunder tut, und der aus einem armen Kerl, wie ich und du, einen neuen Menschen machen kann, sein Kind, sein liebes Kind unter der Kraft seiner Vergebung und in der Gewißheit des neuen Lebens.

Die Botschaft dieser alten Geschichte lautet: Es gibt in letzter Verzweiflung Sieg. Gott tut Wunder. Der Weg nach vorne ist offen. Gehe ihn! Wer Christus sagt, sagt von dem großen rettenden Wunder, das für alle geschehen ist.

3. Und das ist das Dritte und Letzte: Für alle, die glauben! Wo endet dieses Wunder Gottes, diese heilsgeschichtliche Tat? In deinem Herzen. Wir reden nicht von einer billigen Sache und von einem sicheren Rezept, wenn wir vom Glauben reden. Ein unerhörtes Wort. »Alle Dinge sind möglich dem, der da glaubt«, sagt dein Herr. Der Glaube, das Glauben, dein Glaube, das ist Gottes Wunder in dir. Das ist Gottes Sieg über dein Herz. Und diese alte Geschichte wird zu einem unüberhörbaren Ruf zum Glauben mitten in der Anfechtung und zur Überwindung all der Klagen, all des Murrens, all der Anklagen gegen deinen Gott.

Darum laß dir das zum Schluß ganz persönlich noch einmal sagen im Licht Jesu Christi. Du bist gerufen zum Glauben so wie dieses Volk in der Anfechtung und in der Nacht am Meer zum Glauben gerufen wurde. »Sage den Kindern Israel, sie sollen ziehen!« Im Namen Gottes sage ich heute euch, den Kindern Israel, ihr sollt ziehen, tapfer und getrost in das Dunkel und in die Zukunft hinein. Der Himmel über euren Häuptern ist offen. Du darfst mit Gottes Gegenwart rechnen in deinem Leben, demütig, aber sehr getrost. Du darfst nach vorne gehen, aufs Meer hinaus, auch in der Nacht. Was ist das für ein Meer, das Morgen, die Zukunft? Das ist das Meer, über das in der vierten Nachtwache in einer Ruhe ohnegleichen der Herr wandelt. Das ist das Meer, auf dem dich die Hand hält, die den Petrus nicht versinken ließ. Das ist das Meer, von dem geschrieben steht in Johannes 21: »Und da es nun Morgen war, stand Jesus am Ufer.« Fürchte dich nicht! Das heißt glauben, die Furcht unter die Füße kriegen. Das ist dein Exerzitium jeden Morgen. Die Furcht kommt daher, daß wir nur mit uns rechnen, mit den Menschen, mit den Mächten im Rücken und im Angesicht. Fürchte dich nicht! Du – und das Meer – und der Herr! Zwischen mir und jeder Finsternis steht Jesus.

Das heißt glauben: »Steht fest und seht zu, was für ein Heil der

Herr heute an euch tun wird.« Das ist keine Schwärmerei. Der Glaube greift nicht ins Leere. Der Unterschied von Glaube und Schwärmerei heißt, daß der Glaube auf das nackte Wort sich stellt und daran hängt, was Gott mir zugesagt hat von der Taufe bis heute aus seinem Wort und jeden Morgen wieder neu allem zuwider, was dawider zu sein scheint. In diesem Wort ruht die tiefe Kraft des Wunders, mit dem du getrost rechnen darfst. Der Glaube sagt: Gott kann mehr.

Und zuletzt: »Der Herr wird für euch streiten, und ihr werdet stille sein.« Das ist ein großes Sterben für uns, wenn wir aktiven Menschen die Dinge unseres Lebens aus der Hand geben müssen und wie Bettler werden und vor Gott den Mund halten lernen, stille werden. Das ist nicht ein bitteres Schweigen, das ist ein wagendes Schweigen und ein gesammeltes Hören auf die gute, klare Stimme, die untrüglich zu dir redet, es mit Gott zu wagen, das Eigene herzugeben und über das eigene Herz hinweg in die Hand Gottes zu springen. Das ist Glaube. »Und sehen, was für ein Heil der Herr heute für dich tun wird.« Das mag ganz anders aussehen. Aber wisse: Heil für dich!

So mündet diese gewaltige Geschichte in die ganz persönliche Frage der Entscheidung deines Glaubens. Diese Geschichte endet, heute, in dir, im Siege Gottes über dich und dein Herz.

Zum Ziel!

2. Mose 16, 1-3. 9-21. 35

Das ist nun die dritte Geschichte, die man mit den beiden anderen zusammen das Credo, das Glaubensbekenntnis des Volkes Israel heißt. Wie Gott dieses Volk hat aufbrechen, aufstehen, ausziehen lassen aus Ägypten in die Freiheit, und wie er dieses Volk durch das Meer hindurchgebracht und es in dieser Stunde der äußersten Verzweiflung, der Anfechtung, glauben gelehrt hat, so, und das ist nun das Dritte, führt er dieses Volk durch die Wüste. Wozu? Damit es lerne, von Gott zu leben. Das ist ein mächtiges Glaubensbekenntnis, diese drei Geschichten vom Aufbruch, Durchzug und Führung durch die Wüste. Da wird zum ersten Male in der Heilsgeschichte der Bibel deutlich: Welches ist der Name Gottes? »Ich bin der Herr, euer Gott.« Wie wird das Reich Gottes gebaut? Unter den Weltreichen im Sturm der Geschichte und der politischen Gewalten, mitten hindurch baut Gott sein Volk. Und wie geschieht Gottes Wille? Schweigend, im Gehorsam und im Glauben an das Wort des Lebens.

Zuerst die Auslegung. Seht einmal den Weg, Gemeinde, den das Volk Israel geführt wird, aus Ägypten, aus den Händen der Pharaonen und der Götter durch das Meer hindurch, wohin? In die Wüste. Auf die Stunde der großen Hilfe kommt die Stunde der großen Bewährung, der Erprobung in der Wüste. Gott verzaubert keinen Menschen, der ihm sein Herz gibt, sondern er läßt ihn wachsen und reifen und sterben und leben. Es geht nicht mit einem Sprung in den Himmel, sowenig das Volk Israel mit einem Sprung nach Kanaan kam. Das waren vierzig heiße Jahre. Eine lange Zeit der Wanderschaft und der Bewährung. So geht es in der Nachfolge. Kein Kinderspiel ist das: Von Gott leben. Das ist eine lebenslange Zeit der Nachfolge und der Erprobung und der Bewährung. Und es wird nichts aus dir, wenn Gott dich nicht durch die Wüste führt. Dort ist die Zeit der täglichen Begegnung mit dem lebendigen Gott. Das ist die Zeit, in der man lernt, vom Manna zu leben, von dem Brot, das Gott schenkt, von diesem seltsamen, geheimnisvollen Wunderbrot, dem Worte Gottes, damit der Mensch lerne, daß er nicht allein vom Brot lebe, sondern von einem jeglichen Wort, das aus Gottes Mund geht. Die Führung Israels durch die Wüste ist das große Urbild alles Lebens in der Nachfolge, der Bewährung, des Glaubens und des Gehorsams unter der bestimmten Zusage, daß Sein Brot bis an die Grenzen geht und du nicht verhungerst, bis die Türe des Vaterhauses aufgeht. Und dann – dann werden wir satt.

»Von Elim«, heißt es, »zogen sie aus in die Wüste Sin.« Vierzig Jahre lang geht nun das Volk Gottes in der Wüste, bis es in die neue Heimat kommt, die ihm verheißen ist. Von dieser uralten

Geschichte her bekommt in der Bibel das Wort »Wüste« und »wüst« einen sehr tiefen geistlichen Sinn. Wüste, das ist die Welt in ihrer Heimatlosigkeit und Einsamkeit. In der Wüste gibt es kein Heim, keine Stadt, kein Dorf, keine Straße. Die Wüste ist die Welt, in der die Dämonen wohnen und die Gottesferne dieser Zeit erschütternd offenbar wird. Die Wüste, das ist die Welt mit dem verschlossenen Himmel darüber, in der man kaum zu leben vermag, ohne Wasser und ohne Brot. Wüste heißt in der Bibel die Welt, in der man völlig angewiesen ist auf Gott oder verdirbt.
Und nun, was tut dieses Volk Gottes auf dem Weg durch die Wüste? Es ist etwas Erschütterndes, daß die Bibel auch an dieser Stelle in der Zeit der ersten Liebe, der frühen Geschichte des Glaubens Israels kein Wort vom Heldentum sagt, sondern monoton, Kapitel nach Kapitel wiederholt, daß wir es nicht vergessen: ». . . und es murrte die ganze Gemeinde der Kinder Israel.« Seht, so ist die Bibel, realistisch und wahr, demütig und offen, und zeichnet das Bild des glaubenden Menschen in der Wüste, wie es ist.
Was heißt denn das »sie murrten«? So nicht, sagt das Herz zu seinem Gott. So nicht. Vierzig Jahre lang durch die Wüste! So etwas soll man Leben nennen? Nein, das verstehe einer, daß wir in der Wüste sterben sollen. Dann ist ja die ganze Nachfolge eine große Schinderei. Wir haben es immer gesagt: Christentum, das ist Weltflucht, Verzicht auf alles. Nein, durch die Wüste wollen wir nicht. Der Preis für den Glauben ist zu hoch. Das ganze Leben Bewährung in der Versuchung, im Kampf? Ein ganzes Leben ohne Sicherheit und ohne Garantien? Nein, so nicht. ». . . und es murrte die ganze Gemeinde der Kinder Israel.«
Aber das ist doch nur die eine Seite. Die Wüste hat noch eine andere. V. 9 und 10: Mose ruft das ganze Volk und läßt es geschlossen kehrtmachen in die Wüste hinein. In dieser Kehrtwendung ist alles gesagt. Es ist der Ruf Gottes zur Tapferkeit der Herzen. Nun wird sich nicht gedrückt, nun wird vorwärtsgegangen, da hinein. »Und da sie sich zur Wüste hinkehrten, siehe – siehe! – da erschien die Herrlichkeit Gottes in einer Wolke.« Das ist genau das Wort, das der Apostel Johannes in dem Augenblick gebraucht, in dem

ihm in der Wüste dieser Weltzeit zum erstenmal dort am Jordan Jesus Christus begegnete. »Das Wort ward Fleisch und wohnte unter uns und wir sahen seine Herrlichkeit«, in der Wüste der Welt Gott selbst. Wüste, sagt die Schrift, das ist der Ort der Gegenwart Gottes. Da wohnt er, wo es kein Wasser und Brot gibt, wo die Dämonen hausen und die Anfechtung ist. Er wohnt oft genug in der dunklen und harten Herrlichkeit. Aber er wohnt hier. Das ist der Ort, da Gott Wunder tut, wo das Wasser aus dem Felsen springt und das Brot vom Himmel fällt, wo das Bitterwasser süß wird, wo am Abend die Wachteln kommen und am Morgen der Tau ums Lager liegt, klein und (wie es wörtlich heißt) knusprig, das Manna von oben. Das ist der Ort Gottes. Da, wo sein Volk durch muß, da ist Gott gegenwärtig.

Das ist einfach großartig erzählt. »Ich habe das Murren gehört.« Und die Antwort Gottes? – So geht Gott mit den murrenden Menschen um, daß er ihnen von seinem unerhörten Reichtum in ihren Hunger und in ihre Armut hinein schenkt, was sie brauchen, vierzig Jahre lang, »bis an die Grenze des Landes Kanaan«. So lange aßen sie Manna. So geht Gott mit denen um, die ihm glauben: in Gnade. Gott ist großzügig und unerhört freigebig.

Nur eines erwartet er von uns, daß das Murren überwunden werde durch den ganz schlichten Gehorsam, in dem das Volk morgens hinausgeht und sammelt, in dem es sein Leben aus der Dankbarkeit lebt und ordnet nach den Geschenken, nach dem Brot, nach den Worten Gottes.

Es ist nicht wahr, Gemeinde, daß das erste das Gesetz sei. Das erste ist das Geschenk. Gott fängt alle Tage neu an, wie es hier steht. »Das ist das Brot, das euch der Herr vom Himmel gegeben hat.« Und er will nur, daß wir dieses unser kurzes Leben von dieser Gabe und nach dieser Gnade ordnen lassen.

1. Jeder soll sammeln. Faulenzer gibt es im Volke Gottes nicht. Jeder soll sammeln, soviel er essen kann. Die Gabe Gottes gilt nach dem vollen Maß dem Ärmsten wie dem Reichsten. Vor Gott sind sie gleich, Menschen, die Hunger haben und von ihm leben müssen.

2. Des Tages soll jeder sammeln, jeden Morgen neu. Dabei kommt es nicht auf das Rennen und Jagen an, nicht auf die Geschicklichkeit oder Ungeschicklichkeit. Wenn einer gesammelt hat im Gehorsam, dann hat er abends so viel, wie er bedarf. Das Wort Gottes, das wahre Wort, berauscht den Menschen nicht und macht ihn nicht zum Schwärmer, und es dörrt ihn nicht aus und macht ihn nicht zu dem routinierten Christenmenschen, der so alle Tage nach der frommen Tradition liest und betet. Beides nicht. Er macht satt den, der hungert nach ihm.

3. Nichts übrig lassen für morgen. Auch das Morgen liegt in Gottes Hand. Und wenn man Gottes Gaben und Gnaden auf Zinsen legen will, heißt es hier sehr drastisch in der Bibel, »da kamen die Würmer hinein, und es wurde stinkend«. Das ist eine sehr nachdenkliche Sache auch für das Geld, das Kapital, für alles, was wir sorgen und raffen, um es auf die hohe Kante zu legen. Mich dünkt, wir alle hätten in diesen Jahren etwas von dem Geruch des Todes gemerkt, der auf dem Geld liegt. Gott will nur eines: daß wir gehorsam werden, sammeln, empfangen, in der Haltung des Bettlers bleiben, im Danken, abhängig von ihm.

Eine Lebensordnung vom Manna her, von dem, was Gott darbietet, das lernt man nicht in leichten Tagen. Das lernt man in der Wüste. Wir haben einen wunderbaren Kommentar zu dieser Stelle aus 5. Mose 8, 3-5: »Gott demütigte dich und ließ dich hungern und speiste dich mit Manna.«

Das ist das Geheimnis dieser alten Geschichte: Von Gottes Schenken leben und aus der Gnade und aus seinem Wort das Leben ordnen lassen.

Und nun, Gemeinde, ist es uns gegeben, heute diese Geschichte noch einmal zu lesen als unsere Geschichte, so daß die Wand weg ist und wir hören, wie sie ganz persönlich zu uns Menschen redet, über denen wir heute bitten: Laß einen grimmigen Hunger über uns kommen, den nichts zu stillen vermag als dein Wort.

Ich möchte noch drei Dinge sagen.

1. »Die ganze Gemeinde kam in die Wüste Sin.« »Sin« heißt sie

nicht gerade, unsere Generation, aber Wüste ist sie doch. Wir brauchen nur unsere Städte zu sehen, sozusagen von hinten her, ohne Fassade, und unser eigenes Leben ohne Maske. Wir spüren alle, wie sehr wir in der Wüste sind, und wie wir unterwegs sind. Es gibt kein Verweilen, weil es »so schön« ist. Es liegt die große Heimatlosigkeit über uns. Denkt noch einmal an die Brüder und Schwestern im Osten, die um eines trotzigen Menschenwortes willen nicht in die Gemeinde der ganzen Christenheit kommen dürfen. Denkt an die Flüchtlinge unter uns. Denkt an die Arbeiter und Arbeiterinnen. Das Leben in der Masse, das wir leben müssen, ist ja tausendmal einsamer, als da wir noch in der Familie oder in der kleinen Schar lebten. Wir gehen auf unbekannten Wegen, und wir kennen auch einander nicht. Es ist in der Hitze auch dieses Sommers oft sehr frostig unter uns. Und der lange Schatten des Weltabends liegt deutlich genug auf der Geschichte der Völker. Völkerwüste, sagt die Schrift. Mitten hineingeführt sind wir, und herumgezerrt werden wir vom Osten her und vom Westen. Und auf dem Rücken der Geopferten bauen die paar großen Tyrannen ihre Reiche. Wüste! Es ist hinter all dem Fortschritt und dem scheinbaren Aufschwung so viel Ungeordnetes und Zerstörtes und Leeres. Das spürt ihr alle an euren Seelen. Das spürt der am meisten, der angefangen hat, hungrig zu werden. Wenn einmal die Liebe erkaltet und die Menschen sich hassen und um einer Kleinigkeit willen verraten und verleumden, wenn einmal dieses Zwielicht auf den Menschen liegt und keiner mehr dem andern traut, das ist Wüste.

Gewiß nicht ohne Gottes Führung. Gott hat dieses Volk und uns in die Wüste geführt. Das ist unser Weg, der Weg der Erprobung und Bewährung. Bei uns allen geht das nicht ohne Murren und nur in stetem Ringen mit dem eigenen aufbegehrenden Herzen. Das Nein gegen Gottes Führungen heute liegt uns zuvorderst auf der Zunge. Wir sträuben uns alle gegen die dunkle Herrlichkeit Gottes. Der Preis des Glaubens scheint uns allen zu hoch, wenn es heißt: ein ganzes Leben lang in der Nachfolge, in der Bewährung, im Kampf. Ihr spürt viel mehr noch, viel mehr als wir Pfarrer, wie dieser Geist auf uns drückt, der widergöttliche, der antichristliche, im Betrieb, in der Fabrik, im Büro, im Geschäft. Keiner hat heute zu lachen, der auf dem Wege Gottes geht. Ein ganzes Leben des inneren Widerstandes gegen diese Welt, ein ganzes Leben unter dem Kreuz – es dünkt uns allen zu schwer. Und wir Christen murren und hadern im Grunde wie die alten Väter gegen einen Gott, der uns so wenig sehen läßt von seiner Herrlichkeit. Wir kennen die Wüste.

2. Nun zieht das Neue Testament den Vorhang von dieser Geschichte weg und zeigt uns in unerhörter Weise, wie diese Wüste der Ort der Herrlichkeit Gottes ist in Christus. Nicht nur in der Wolke, in der Menschengestalt ist er erschienen, Gott selbst in der Krippe, am Kreuz und am offenen Grab. Das sind die drei charakteristischen Zeichen der Wüste. Da hinein ist Gott selber gekommen. Gott hat das Murren gehört. Und wie hat er geantwortet? Er hat sich selbst hineingeworfen in der grenzenlosen Liebe, mit der er diese Erde und dich und mich umfaßt und trägt. Mitten in die Wüste dieser Weltzeit ist er gekommen, der, den du Jesus Christus, deinen Heiland und deinen Gott nennst. Und das Murren der Gemeinde heute morgen ist untergegangen im Lobgesang und muß täglich untergehen – »Mein Herz ist bereit, Gott, daß ich singe und lobe!« – einfach in der Dankbarkeit, daß Gott selbst in die Wüste gekommen ist, Gott selbst Mensch geworden ist wie wir, unser Bruder, daß hier das Kreuz der Vergebung deiner Schuld aufgerichtet ist, daß hier der Durchbruch geschehen ist ins Leben hinein.

Darum kannst du leben in aller Hitze und in der Welt des Todes und auf dem Weg durch die Wüste. »Die Liebe Gottes ist erschienen.« Das Brot vom Himmel ist für uns gekommen. Das ist das Geheimnis dieser alten Geschichte, erfüllt in Christus. Auch heute antwortet Gott auf unser Murren, indem er in leere Hände, in offene Hände, in bittende Hände sein Brot wirft. Er antwortet mit dem großen Wunder, daß er selbst sich uns gibt. »Jesus ist kommen. Grund ewiger Freude!«

Das macht die Heilige Schrift uns noch an zwei Worten ganz wunderbar klar. Paulus schreibt über diese Geschichte: »Unsere Väter haben alle einerlei geistlichen Trank getrunken; sie tranken aber von dem geistlichen Fels, der mitfolgte, welcher war Christus« (1. Kor. 10, 3. 4). Das ist die apostolische Auslegung dieser alten Manna-Geschichte. Was sagt Paulus? Du lebst nicht aus dir, auch nicht von deinen Liebsten, auch nicht vom Geld, auch nicht von den Menschen und ihrer Ehre. Du lebst von Ihm, der mitten in der Wüste bei dir ist. Das heißt glauben, du darfst wissen: Ich bin nicht allein mit meiner Angst und mit meiner Schande und in meiner Dunkelheit. Er ist da. Er geht mit. Du darfst nur nachfolgen. Glauben, das heißt, an der Hand, der unsichtbaren, und unter der Führung, der verborgenen, in der unmittelbaren Nähe des gegenwärtigen Gottes zu gehen. Das ist keine fromme Phrase. Das ist Wahrheit. Der Herr ist auch jetzt hier unter uns da, wirklich da, wo wir dieses Brot mit offenen, leeren, bittenden Händen fassen. Du darfst ihm alles sagen und mit ihm jeden Schritt gehen und gewiß sein, daß er dich vierzig Jahre durchbringt mit diesem Brot bis an die Grenze der Ewigkeit.

Und noch viel tiefer. Der Herr Christus nimmt diese alte Manna-Geschichte in seine heiligen Hände und verwandelt sie mit einem Wort. »Eure Väter haben Manna gegessen in der Wüste und sind gestorben. Dies ist das Brot, das vom Himmel kommt. Der davon ißt, wird nicht sterben. Ich bin das Brot des Lebens. Wer von diesem Brot essen wird, der wird leben in Ewigkeit« (Joh. 6. 49-51). Das Manna, sagt der Herr Christus, das bin ich, das Lebensbrot, die Lebenshilfe. Im allertiefsten Grunde ist das Christentum nicht eine Religion voll tiefer Gedanken und strenger Gebote. Das Christentum, das ist Er, das Brot des Lebens, die Gnade selbst, dein Herr. Dieses Wort, das wir hier lesen, ist nicht ein Menschenwort. Es ist sein eigen Wort, das dich nährt ein ganzes Leben lang, und dir die Sünde abnimmt und dir das Leben schenkt. Das ist das heilige Mahl, zu dem du gerufen bist zur Vergebung und zur Befreiung und zur Freude.

Und nun laß dir das noch ganz persönlich sagen. Jeder soll sammeln, jeder täglich. Du bekommst das ganze Maß der Herrlichkeit

von ihm geschenkt, wenn du dein Leben ordnest nach den Gezeiten des Gehorsams über seinem Wort und im Gebet. Wie du das tägliche Brot nimmst, sollst du das geistliche nehmen, um durchzukommen. Du brauchst dich nicht sorgen für das Morgen, nicht im leiblichen und nicht im geistlichen Sinn. Du sollst es ihm zutrauen ohne Furcht, daß ihm das Morgen gehört. Von Gottes Gabe leben, das ist das Geheimnis unserer Führung. Lasse dein Leben geordnet werden von der Gnade. Bleibe im Empfangen mit den offenen, leeren und bittenden Händen, in der Dankbarkeit und ganzen Abhängigkeit von ihm. »Wer zu mir kommt, wird nicht hungern, und wer an mich glaubt, den wird nicht dürsten.«
Das ist diese alte Geschichte, diese herrliche Geschichte vom Manna, heute für uns gesagt.
Dies zum Schluß: Alles wird überglänzt von dem wunderbaren Wort, das im letzten Buch der Bibel steht, Offb. 7. 16. 17. Wenn wir die Wüste durchschritten haben, wird es heißen: Wo sind diese her? Sie sind's, die da gekommen sind aus der großen Trübsal, aus dem Wege durch die Wüste. »Sie wird nicht mehr hungern noch dürsten. Das Lamm wird sie weiden und leiten zu den lebendigen Wasserbrunnen, und Gott wird abwischen alle Tränen von ihren Augen.« Darauf darfst du hoffen, wenn du diese vierzig Jahre im Glauben durchschritten hast. Es kommt ein Tag, an dem geschaut wird, daß dieses Lebensbrot den Hunger und Durst auf ewig stillt, da wir von Christus leben werden in Ewigkeit.

»Noch eine kleine Zeit, dann ist's gewonnen.
Dann ist der ganze Streit in eins zerronnen.
Dann werd ich laben mich an Lebensbächen
und ewig, ewiglich mit Jesus sprechen.«

Der Sohn Gottes

Über das Johannesevangelium

Das Geheimnis des Apostels Johannes

Neben den drei großen Evangelien steht das vierte Evangelium, das uns Johannes, der Apostel übergeben hat. Es ist ein ganz besonderes Wort, umgeben von heiligen Geheimnissen, geprägt durch einen wundersamen Zeugen, dem durch Gottes Geist geschenkt wurde, die Christusherrlichkeit in einzigartiger Weise zu bezeugen.

Die Väter der Kirche von Origenes bis Augustin haben Johannes aufs höchste gepriesen. Er ist auch der eigentliche Apostel der östlichen, besonders der russischen Kirche geworden. Auch unsere Reformatoren haben das vierte Evangelium über alles gestellt. Luther hat das schöne Wort gesagt: »Das ist das einige, zarte, rechte Hauptevangelium, den anderen drei weit vorzuziehen und höher zu heben.« Und Calvin schreibt: »Bei Johannes tritt die Lehre, die uns Kraft und Frucht des Kommens Christi darlegt, weit klarer hervor als bei den anderen. Die ersten Drei bringen den Leib, Johannes aber die Seele. Unser Evangelium ist der Schlüssel für die drei anderen.«

Aber nun ist es mit der Auslegung dieses wunderbaren Evangeliums des Johannes in der Kirche seltsam gegangen. So hoch gepriesen von den Vätern und den Reformatoren, ist doch dieses Evangelium in den letzten Jahrhunderten sehr im Hintergrund gestanden. Die Geheimnisse um dieses heilige Wort und die Geheimnisse um seinen Verfasser sind trotz allem Ringen noch nicht enthüllt worden. Luther hat uns den Römerbrief neu erschlossen, die letzten Generationen haben uns die drei großen Evangelien neu sehen gelehrt, aber über dem vierten Evangelium liegt immer noch ein heiliges Geheimnis und wartet auf einen geisterfüllten Ausleger. Wir können darum auch nur einige wenige Züge an diesem wunderbaren Bild der Herrlichkeit des Sohnes Gottes hervorheben, den dieses Evangelium in einzigartiger Weise bezeugt.

Was wissen wir über Johannes, den Apostel? Es ist der Glaube der Urkirche, des Mittelalters, der Reformatoren und aller schriftgebundenen Theologen, daß Johannes der Jünger Jesu sei, der Apostel des Herrn, der sich selbst in diesem Evangelium in aller Verborgenheit, und ohne seinen Namen zu nennen, bezeugt als »der Jünger, den er lieb hatte« (19, 26), »der das gesehen hat und es bezeugt und sein Zeugnis ist wahr« (19, 35), der »an der Brust Jesu lag« (13, 25), der Jünger, dem Gottes Geist in besonderer Weise gab, das Geheimnis des Herrn zu erkennen. Er kommt aus der Schule des Täufers. Denn unter den Männern, die bei dem Täufer am See stehen, und denen Jesus begegnet, ist auch Johannes und sein Bruder Jakobus (1, 36-39). Er hat die Stunde nicht vergessen, da er Jesus zum ersten Mal sah, »es war um die zehnte Stunde« (1, 39). Er war ein Fischer wie die anderen (Luk. 5, 10), den der Herr zum Menschenfischer berief. Sein Bruder, Märtyrer unter Herodes (Apg. 12, 2) war Jakobus, Zebedäus der Vater, Salome die Mutter. Jesus selbst hat, wie Mk. 3, 17 berichtet, die beiden Brüder »Donnersöhne« geheißen, ein Zeugnis dafür, daß dieser Johannes eine Stimme bekomme, gleich dem Donner Zeugnis abzulegen von dem Sohne Gottes. Er geht mit dem Herrn durch die Jahre der heiligen Offenbarung. Er steht als einziger unter dem Kreuz. Er ist der Erste, der am leeren Grab zum Glauben an den Auferstandenen kommt (20, 8), und über ihm spricht der Herr in geheimnisvollen Worten »so ich will, daß er bleibe, bis ich komme, was geht es dich an« (21, 22).

Schon in der Urkirche geht über ihn das geheimnisvolle Wort, daß dieser Jünger nicht sterbe. Wir dürfen annehmen, daß er in hohem Alter als Bischof der Gemeinde zu Ephesus, nachdem er auf Patmos das Gesicht der »Offenbarung« empfangen hat, den Märtyrertod gestorben ist. Dieser Mann, am Galiläischen Meer berufen, durch den Geist erleuchtet, der Zeuge des Sohnes Gottes und

der Seher des kommenen Reiches Gottes, das ist der Mann, der das vierte Evangelium geschrieben hat.
Die Urkirche nennt ihn den »Priester mit dem Stirnblatt«, ein Wort, das auf 2. Mose 28, 36 ff. hindeutet. So wie der erste Priester des Alten Bundes ein Blatt auf der Stirne trägt mit der Aufschrift »Geheiligt dem Herrn«, so trägt, sagt die Urgemeinde, Johannes auf seiner Stirn das Zeichen priesterlichen Geheimnisses. Es liegt über dem Evangelium das Geheimnis einer großen Stille. Das ganze Evangelium ist eigentlich eine große Liturgie. Man kann es nur betend lesen, wenn man es verstehen will. Es ist ein großer Lobgesang auf den, in dem Gott selber sich uns geoffenbart hat. Man könnte alle Hauptstücke des Gottesdienstes der Christenheit aus dem Johannesevangelium ablesen. Er sieht das Leben Jesu selbst als den Dienst Gottes an dieser Welt, als den Dienst der ewigen Liebe zur Rettung der Menschheit. Jesus selbst ist der Gottesdienst Gottes, der gekommen ist, uns zu dienen, Licht, Leben und Wahrheit zu schenken. Keiner hat Jesus, den Hohepriester, tiefer geschaut und gedeutet als Johannes im 17. Kapitel.
Die Urkirche hat Johannes »den Theologen« genannt, den Gottweisen. Sie wollte damit sagen, daß er ein einzigartiger Denker, wie ihn die Kirchengeschichte nie mehr gesehen hat, gewesen ist. Damit meint die Urkirche, daß dieses Evangelium nicht nur ein Bericht ist vom Leben Jesu, wie es Matthäus, Markus und Lukas bezeugten. Offenbar stand Johannes, ehe er zur Donnerstimme wurde, in tiefer Stille und Verborgenheit, bis ihn der Geist Gottes erleuchtete, das tiefste Geheimnis Jesu zu erkennen. Johannes führt uns von dem, was man von Jesus sah und hörte, in das tiefste Geheimnis seines Wesens ein, in das Geheimnis der Einheit des Vaters mit dem Sohn, ein Geheimnis, das jedes Kapitel enthüllt. Das Johannesevangelium ist die große Antwort auf die Frage der Kirche aller Zeiten: Wer bist du, Christus? Ich bin das Brot, das Licht, das Leben, die Wahrheit, der Weg, der Weinstock, »auf daß ihr glaubet, daß Christus sei der Sohn Gottes«. Johannes ist der Theologe, der Gottweise, den der heilige Geist erleuchtet hat, das Geheimnis Jesu Christi zu erkennen.

Das ganze Evangelium des Johannes kreist darum um das eine, wer Jesus ist. Es führt uns ein in das Urgeheimnis Jesu Christi, der das ewige Wort vom Vater ist, das Fleisch wurde uns zugute, und der sich dann siebenfach enthüllt als der heilige »Ich bin« Gottes auf Erden. Die Kirchengeschichte hat darum Johannes das Zeichen des Adlers gegeben, um seinen königlichen Blick für die ewige Welt, um seine Erleuchtung für die Geheimnisse Gottes zu bezeichnen. Dies ist das geheimnisvolle Zeugnis des vierten Evangelisten, des Priesters mit dem Stirnblatt und des heiligen Theologen, dem Gott zu schauen gab, wer zu uns gekommen ist – der Sohn Gottes. »Wer mich sieht, der sieht den Vater« (14, 9).

Das Geheimnis der Gottessohnschaft

Hinter allen Evangelien, ja hinter dem ganzen Wort der Heiligen Schrift steht ein letztes, unergründliches Geheimnis, das Geheimnis von Vater, Sohn und Heiligem Geist, das Geheimnis des dreieinigen Gottes. Keine Religion der Erde kennt solches Geheimnis. Und wahrlich, auch uns wird es verborgen bleiben, bis wir Ihn schauen, wie Er ist. Und doch enthüllt uns Johannes etwas von diesem Geheimnis, daß wir es fassen können, und läßt uns in die Tiefe der Gottheit schauen, daß wir anbeten müssen. Man kann die Bibel, man kann erst recht das Johannesevangelium nur in der Anbetung lesen vor dem zentralen Geheimnis göttlicher Dreieinigkeit. Versuchen wir in Ehrfurcht und schweigender Bereitschaft den Worten des Evangelisten über dieses letzte Geheimnis nachzutasten.

Der Vater

Johannes macht uns klar, daß dieses Wort seine letzte Tiefe und Bedeutung bekommt, indem es zwischen Gott dem Vater und Gott dem Sohne wahr wird. Ehe die Bibel es uns offenbart als den tiefsten Namen, mit dem wir die Heiligkeit Gottes anrufen dürfen, als

den Namen, in dem aller Trost, Friede und Kraft unseres Lebens beschlossen liegt: »Unser Vater in dem Himmel«, wird dieses Wort erfüllt im unergründlichen Meer der Ewigkeit, zwischen dem Vater und dem Sohn. Was sagt uns Johannes vom Vater?
1. »Der Vater hat den Sohn lieb« (3, 35). O unergründliches Lieben des Vaters, indem Gott selber mit sich selbst im Sohn redet und mit sich selbst im Sohn ewiglich vereinigt bleibt. Daß Gott den Sohn liebt, bedeutet, »daß er ihm alles in seine Hand gegeben hat« (3, 35), daß »er ihm alles zeigt, was er tut« (5, 20), und daß der Sohn darum auch uns zu lieben vermag (15, 9), für uns sein Leben zu lassen als der Heiland der Sünder Macht erhält (10, 17). Diese Liebe ist nicht von gestern her. »Du hast mich geliebt, ehe denn die Welt gegründet ward« (17, 24). Es ist in Wahrheit die ewige Liebe, die ohne Anfang ist und ohne Ende, aus der alles strömt, aus der alles lebt, in die alles zurückkehrt.
2. Die Liebe des Vaters zum Sohn offenbart sich darin, daß Er den Sohn ausrüstet zu seinem Heilandsdienst an der ganzen Welt. Wie oft sagt Johannes: »Der Vater gibt.« Er gibt dem Sohne »die Macht über alles Fleisch« (17, 2). Damit setzt Er den Sohn ein als den einzig rechtmäßigen Herrn aller Menschen, als die einzig wahre Heimat für alle Pilgrime. Er gibt Ihm die Macht, »das Gericht zu halten« (5, 22 und 27) und setzt Ihn damit ein zu dem rechtmäßigen Herrn, dem alle, ob sie es wissen oder nicht, ob sie es glauben oder nicht, verantwortlich sind und bleiben in Ewigkeit. Zu Ihm werden wir alle zurückkehren und vor Seinen heiligen Augen gerichtet werden, nach dem wir gehandelt bei Leibesleben. Er gibt dem Sohn das ewige Leben (5, 26), daß Er es in sich selber hat und der Welt zu geben vermag. Er heiligt den Sohn und weiht Ihn für Seine Sendung, damit in Ihm die Erlösung für alle Welt geschehe (10, 36). Und endlich, und das ist besonders wunderbar ausgedrückt, »der Vater hat den Sohn versiegelt« (6, 27). Nicht auf irgendeinen der großen Religionsstifter, sondern auf Ihn drückt Er Sein ewiges Siegel. Damit bezeichnet Er Ihn als den Sohn, der der Weg, die Wahrheit und das Leben ist für alle, Er allein. »Den sollt ihr hören.« Damit legt Er auf Jesus Christus das ewige Geheimnis

aller Geheimnisse, das erst dann entsiegelt werden wird, wenn Er kommt in Herrlichkeit. Solches alles tut der Vater am Sohn, so rüstet Er den Sohn aus für Seinen Dienst an der Welt. Bengel sagt zu dieser Stelle: »Wir versiegeln alle die Dinge, die uns besonders teuer und eigen sind, in denen kein Betrug erfunden werden soll, die wir erhalten wollen unverletzt.« So versiegelt der Vater den Sohn.

3. Nachdem Er dies alles von Ewigkeit her getan hat, geht der Vater weiter. Er gibt den Sohn – dahin. »Also hat Gott die Welt geliebt, daß er seinen eingeborenen Sohn dahingab« (3, 16). Das ist das tiefe Wunder, daß Gott selber sich den Sohn vom Herzen reißt, um Ihn der Welt zu geben, daß Gott selbst sich dahingibt in Seinem Sohn, um die Welt zu retten. O Wunder ewigen Erbarmens, o Tiefe göttlicher Barmherzigkeit! Er gibt Ihn dahin vom Himmel her als »das rechte Brot« (6, 32). Alle, die hungern, werden satt werden an dem »Brot des Lebens« (6, 35). Er gibt Ihn dahin zur Rettung der Welt, »auf daß alle, die an ihn glauben, nicht verloren werden, sondern das ewige Leben haben« (3, 16). Er gibt Ihn dahin als den einen, einzigen, großen Gesandten Gottes, damit Er die Geheimnisse des Himmelreiches einer verlorenen Welt sage und als der Abgesandte des Vaters die Welt zurückführe in die Heimat des Vaterhauses. Wie oft steht im Evangelium das Wort von der Sendung! Die Werke, die Jesus tut, zeugen davon, daß Ihn der Vater gesandt hat (5, 36). Die Worte des Sohnes, die Er spricht, zeugen vom Vater, der Ihn gesandt hat (5, 37). Indem Jesus Christus Menschen zu sich ruft, zieht sie der Vater zu sich durch den, den Er gesandt hat (6, 44). Darum ist alles, was Jesus Christus sagt und tut, nicht sein, sondern des Vaters, der Ihn gesandt hat (14, 24). Darum kann der Sohn auch die Seinen senden, gleichwie Ihn der Vater gesandt hat (17, 18; 20, 21). Wir sollen uns nicht an die Sendlinge halten, die das Siegel der Echtheit, das Zeichen der Wahrheit nicht an sich tragen. Wir sollen uns allein an den Gesandten und Bevollmächtigten halten, der von sich selber sagt: »Ich bin die Türe. Wer durch mich eingeht, der wird gerettet werden« (10, 9). Er allein ist die Türe zum Vaterhaus.

4. Und nun geht der Sohn dahin im Gehorsam gegen den Vater. Aber auf diesem Gang hört der Vater erst recht nicht auf, zu segnen und zu geben, was alles der Sohn bedarf. Es ist wunderbar, wie uns Johannes dies enthüllt. Zuerst sagt Christus ganz schlicht: »Der Vater ist bei mir« (16, 32). Er ist nie allein, auch wenn Er von allen Menschen der Erde allein gelassen wird. Denn Er ist ja der Sohn, nichts als der Sohn, unzerstörbar eins mit dem Vater. »Denn der mich gesandt hat, ist mit mir.« Der Vater bleibt im Sohn und der Sohn im Vater (8, 29 und 16).

Aber dadurch, daß der Vater beim Sohne bleibt, geschehen wunderbare Dinge. Er »verherrlicht« den Sohn. Das will sagen, daß Gott »verklärt ist in Ihm« (13, 31; 17, 1). Wer diesen Jesus Christus im Glauben umfaßt, dem wird klar, daß in Ihm Gott selbst sich klar macht und offenbart, daß Er nicht nur der Zimmermannssohn von Nazareth ist – er ist es auch, um unseretwillen –, sonder unter diesem Knechtsgewand der Sohn Gottes, der nicht aufhört, auch auf Erden zu sein und zu bleiben, was Er von Ewigkeit her ist.

Und weiter: »Der Vater gibt Ihm die Werke, daß er sie vollende« (5, 36). Alles, was Jesus Christus tut, das hat der Vater schon ewig getan, und der Sohn muß es nur auf Erden vollenden. Ja, er gibt Ihm die Schafe, die Menschen, die auf Seine Stimme hören (10, 29).

Und wie die Werke und die Menschen, so gibt Er Ihm auch die Worte, »die ich zu euch rede«. Es ist der Vater, der sie Ihm gibt, und sie tragen alle das Siegel der Ewigkeit an sich (14, 10). Unermüdlich ist das Ohr des Sohnes zum Vater geöffnet, und der Vater lehrt Ihn ohne Unterbrechung alles, was Er tun soll (8, 28).

Und zuletzt kann Er sagen, daß auch der Leidenskelch es ist, »den mir mein Vater gegeben hat« (18, 11), daß Er ihn trinke. Wort und Werk, Menschen und die Welt, Kreuz und Leiden, alles gibt Ihm der Vater, der bei Ihm ist. Ununterbrochen ist die Gemeinschaft und der Strom der Liebe zwischen dem Vater und dem Sohn.

5. Darum verstehen wir so gut, daß es nur noch das letzte bedarf,

das uns Johannes klar machen will: »Der Vater und der Sohn sind eins.« »Ich bin in meinem Vater« (14, 20). Was Er von Ewigkeit war, hört Er auch auf Erden nicht auf zu sein, zu leben im Vater, eins mit Ihm in Wille und Wesen. »Du in mir und ich in dir« (17, 21) betet Er in der letzten Stunde. »Damit sie erkennen und glauben, daß der Vater in mir ist und ich in Ihm« (10, 38). Diese unlösbare Einheit kann die Bibel nicht anders ausdrücken als mit dem Wort »Der eingeborene Sohn vom Vater«. Er ist vom Vater einzig und einzigartig geboren. Er ist Sein Sohn, wie kein anderes Kind auf Erden Gottes Sohn ist. Er ist nicht ein Geschöpf, sondern Gott selber, dem Vater, gleich und mit Ihm eins. »Ich und der Vater sind eins« (10,30). Darum kann Er in die Welt hinausrufen: »Wer mich sieht, der sieht den Vater« (14, 9). Oder wie Er es besonders tief im letzten Gebet spricht: »Alles, was mein ist, das ist dein, und was dein ist, das ist mein« (17, 10). Hier stehen wir vor dem letzten und undurchdringlichen Geheimnis aller Geheimnisse, von dem doch die Bibel lebt und unser Glaube: Jesus Christus, Gottes Sohn, wahrer Gott von Ewigkeit, mit dem Vater eins für alle Ewigkeit.

Der Sohn

Und nun schauen wir hinüber von dem, was der Vater am Sohne tut, auf den Sohn selbst, und achten darauf, wie uns das vierte Evangelium Jesus Christus schildert als Gottes Sohn.

1. Dabei müssen wir ausgehen von den letztgenannten Worten der Einheit mit dem Vater. Johannes bezeugt, daß »niemand Gott je gesehen hat« (1, 18). Nie hat einer Seine Stimme gehört, noch Seine Gestalt gesehen (5, 37). Aber Einer ist da, der ist in des Vaters Schoß, um alles zu verkündigen, was uns aus der Ewigkeit gesagt werden soll. Achten wir, daß es heißt: »Er ist in des Vaters Schoß« (1, 18). Er allein hat Ihn geschaut, ja noch mehr, Er schaut Ihn auch auf Erden mit den Augen des Sohnes, ohne Unterbrechung. Wenn Er durch den Staub der Erde geht, wenn Er am Kreuz gemartert stirbt, wenn Er begraben wird im Garten des Jo-

seph von Arimathia – immerdar ist Er auch an der Brust des Vaters. Wie Er selber sagt: »Des Menschen Sohn, der im Himmel ist« (3, 13), auch mitten auf Seinem Weg und Gang durch die Welt. Wir stehen vor dem größten Geheimnis, undurchdringlich für unseren Verstand, aber der Glaube bezeugt es anbetend, das ist wahr, dieser Eine, Jesus von Nazareth – der ist Gottes Sohn, die Offenbarung Gottes in Ewigkeit. Ein katholischer Schriftsteller unserer Tage drückt es so aus: »Dicht, leibhaftig zum Greifen ist dies Christusbild, zugleich aber in ein Geheimnis entsinkend, das niemand ausmißt. Überweltlich, ewig – zugleich ganz menschlich und erdenecht« (R. Guardini).

2. Wie Ihn der Vater liebt, so liebt auch der Sohn den Vater (14, 31). Mit diesem einen Wort ist alles gesagt. Wie rasch geht es uns über die Lippen, daß wir Gott lieben. Und wie schwer ist die Erfüllung, das eigene Wesen völlig dahinzugeben und nur, wie die Schrift von Jesus sagt, »um des Vaters willen zu leben« (6, 57). Wir wollen auch dies in seinen einzelnen Abschnitten betrachten. Diese Liebe gibt sich zuerst darin kund, daß der Sohn, dem Vater gehorsam, dahin geht, wohin der Vater Ihn gibt. »Ich weiß, woher ich gekommen bin und wohin ich gehe« (8, 14). »Ich bin ausgegangen vom Vater« (8, 42). Scharf sagt Er es, daß Er vom Himmel hernieder gekommen ist (3, 13), gekommen in Seines Vaters Namen, nicht in Seinem eigenen (5, 43), lauter Worte vollendeten Gehorsams und völliger Hingabe an den Vater allein. Damit ist Sein ganzer Lebensweg klar gekennzeichnet, wie Er ihn am Beginn der Leidensgeschichte ausspricht, daß Er »aus dieser Welt ginge zum Vater« (13, 1; 14, 12), zusammengefaßt in dem wunderbaren Wort: »Ich bin vom Vater ausgegangen und gekommen in die Welt. Wiederum verlasse ich die Welt und gehe zum Vater« (16, 28). Darum heißt Jesus »der Weg« (14, 6). Nein, darum ist Er der Weg und kann von sich sagen: »Ich bin der Weg«, der Weg, neben dem es keinen andern gibt, weil nur dieser Weg seinen Anfang und sein Ende beim Vater hat. Das heißt glauben, mit Ihm auf diesen Weg treten und damit den Weg finden, der zum Leben führt.

3. Und auf diesem Wege, das entfaltet Johannes in wunderbarer Klarheit, vollendet Er das Werk, das Ihm der Vater gegeben hat (17, 4), erfüllt Er den Auftrag Gottes, der Ihn der Welt dahingab. Wir wollen dies Schritt für Schritt uns aus dem Evangelium sagen lassen. Er hört auf den Vater (15, 15) in allem Großen und Kleinen, mit gespanntem Ohr und wachem Geiste, so daß Ihm alle andern Menschenworte unendlich gleichgültig sind. Er hört den Vater. Aber mehr. Er sieht den Vater (6, 46). »Ich rede, was ich von meinem Vater gesehen habe« (8, 38). Hören und sehen ist eins bei dem, der nicht durch die Welt der sichtbaren Dinge und durch die Grenze des Todes von Gott getrennt ist, sondern mitten im Staub der Erde doch an der Brust des Vaters liegt. Und darum ist es so begreiflich, daß Johannes uns sagt: »Ich will den Vater bitten« (14, 16), ja, daß Er für die Seinen beim Vater bittet (17, 9). Ununterbrochen ist der Gebetsring zwischen dem Vater und dem Sohn. Wir sehen im ganzen Evangelium Jesus nur in der Anbetung. Ob er am Grabe des Lazarus steht (11, 41) oder in der letzten Nacht für die Seinen bittet (Kap. 17), ob Er vor der Welt der Heiden die Augen aufhebt (12, 27) oder auf dem Wege wandelt vor Johannes und seinen Jüngern als das im Gebet und in der Bereitschaft sich darbringende Lamm Gottes (1, 29 ff.), ob Er mit dem Weibe redet am Brunnen von dem Geheimnis des Gebetes (4, 24) oder am Kreuze zum Vater ruft: »Es ist vollbracht« (19, 30), – Jesus Christus hält Seine Augen ununterbrochen auf den Vater gerichtet, läßt Seinen Geist ununterbrochen erfüllt sein von Seinen Worten. So tut Er die Werke des Vaters (10, 37) ohne Unterbrechung. Darum kann Er von sich sagen: »Der Sohn kann nichts von sich selber tun. Was der Vater tut, das tut gleicherweise auch der Sohn« (5, 19). Darin verherrlicht der Sohn den Vater und ehrt den Vater, ohne eigene Ehre zu suchen (8, 49). Er kennt Ihn, und darum hält Er Sein Wort (8, 55) und weicht keinen Schritt von dem Weg, den Ihm der Vater gezeigt.

4. Aus dieser vollkommenen Gemeinschaft der Liebe und des Gehorsams mit dem Vater strömt die Vollmacht, die Jesus hat »über alles Fleisch« (17, 1). Nun bringt Er den Menschen nicht Steine,

sondern lebendiges Brot (6, 32), Speise, die da bleibt in das ewige Leben (6, 27), weil alles, was Er gibt, erfüllt ist mit dem Atem aus der ewigen Stille und den Kräften aus der ewigen Welt. Wie verständlich wird von daher das Geheimnis des Abendmahls. »Werdet ihr nicht essen das Fleisch des Sohnes und trinken sein Blut, so habt ihr kein Leben in euch« (6, 53). Damit rührt Johannes an das tiefe Geheimnis, daß wir im Abendmahl nicht nur irgendwelche Zeichen empfangen, sondern wirklich den selbst, dem alle Macht gegeben ist und der in sich alles Leben hat, mit dem wir verbunden werden, indem wir Ihn aufnehmen, zum ewigen Leben. Nun verstehen wir weiter alle die gewaltigen Worte, die Jesus sagt: »Ich bin.« Denn dieses »Ich bin« ist ja nur der Ausdruck Seiner vollendeten und unlöslichen Gemeinschaft, Seiner Wesenseinheit und Liebeseinheit mit dem Vater, die Ihm Vollmacht gibt über alles Fleisch. »Ich bin das Licht der Welt.« »Ich bin der Weinstock.« »Ich bin der Weg, die Wahrheit und das Leben.« Durch all diese Worte wird immer wieder nur das eine klar, das Er selber (10, 36) so ausspricht: »Ich bin Gottes Sohn«, der furchtbare Anstoß für die Juden, die sprechen: »Er macht sich selbst Gott gleich« (5, 18). Hier liegt das tiefste Geheimnis der Entscheidung des Glaubens. Ist Jesus Christus nur ein Mensch wie wir, und sind damit alle diese Worte unheimliche Überhebung, oder ist Er wirklich, was Er sagt, steht über Ihm der Himmel offen und gehen die Engel Gottes hinauf und hernieder auf des Menschen Sohn (1, 51)? Entweder – oder. Es gibt im Evangelium des Johannes nur eine Frage, die immer wiederkehrt: »Glaubst du an den Sohn Gottes?« (9, 35). Und die jubelnde Antwort der Seinen: »Rabbi, du bist Gottes Sohn« (1, 49). Es gibt keine andere Frage als diese eine. Sie ist die allein entscheidende, die allein echte Frage. Ach, daß Jesus Christus selbst sie in uns erwecke, zur Antwort mache und wir mit Thomas bekennen: »Mein Herr und mein Gott« (20, 28). Und endlich verstehen wir von daher alle die Worte, die davon reden, daß Jesus lebendig macht (5, 21), freimacht von der Macht der Sünde (8, 36), daß Jesus Christus allein es ist, der das vermag, weil keiner Ihn einer Sünde zeihen kann. »Warum glaubet ihr mir nicht?« (8, 46).

Damit hat uns Johannes das Geheimnis aller Geheimnisse enthüllt, das von Ewigkeit her ist, die Sohnschaft Jesu Christi, die Liebe, mit der Er vom Vater geliebt wird, mit der Gott selbst sich liebt in Seinem Sohn. Mit höchster Vollmacht stellt uns Johannes vor die eine, einzige, entscheidende Frage, daß wir den Sohn sehen und an Ihn glauben sollen, um das ewige Leben zu haben (6, 40). Wohl uns, wenn wir mit Freuden bekennen dürfen, was die Jünger sagen: »Herr, wohin sollen wir gehen? Du hast Worte des ewigen Lebens, und wir haben geglaubt und erkannt, daß Du bist Christus, der Sohn des lebendigen Gottes« (6, 68. 69).

Die Gaben des Gottessohnes an die Welt

Das vierte Evangelium gleicht einem gewaltigen Gefäß, das bis zum Rande voll überfließt von den Gaben, die Christus der Welt bringt. Er selbst ist ja die eine Gabe, in der alles gefaßt ist. Gott selbst gibt sich uns in Seinem Sohne und damit alles, was wir bedürfen. Das entfaltet sich in einer Fülle wundersamer Worte. Wir können nur einigen nachgehen, ohne auch nur von weitem auszuschöpfen den ewigen Reichtum, der in dem Namen Jesus Christus für uns beschlossen liegt.

»So sehet und lernet,
was manche an Seinen durchdringenden Gaben,
ja selber an Ihm,
dem Lebendigen, haben.« (Bengel)

Das Wort

Wenn wir das Evangelium des Johannes aufschlagen, so wird uns nicht wie in den früheren Evangelien der Stammbaum Jesu gezeigt, der doch nur bis zu der geheimnisvollen Grenze reicht, von der Lukas sagt: »Ein Sohn Davids, . . . ein Sohn Adams, der war Gottes.« Es wird uns auch nicht wie im Markus-Evangelium sofort vom Auftreten Jesu, Seiner Taufe und Seiner ersten Predigt erzählt. Johannes greift weiter zurück. Mit einer Gewalt ohnegleichen öffnet er die Tore der Ewigkeit und wiederum schauen wir anbetend in die letzten Geheimnisse: »Im Anfang war das Wort.« Damit ist sofort das zentrale Thema des Evangeliums angeschlagen, die eine heilige Mitte, um die alles andere kreist: Gott hat sich geoffenbart, Er hat nicht geschwiegen: »Im Anfang war das Wort.«

Im Anfang war Er, das Wort, daß wir's gleich genau sagen (1, 1-3). Nicht irgend jemand, ein Mythus, eine Idee ist damit gemeint, sondern Jesus, der Sohn Gottes, dieses geheimnisvolle »Er«, das doch unlöslich eins ist mit dem »Ich« des Vaters. Im Anfang, vor aller Zeit, von Ewigkeit her war Er. Er »war«, nicht Er »wurde«. Er war schon immer da, so wie Er immer sein wird, vor aller Schöpfung, nach aller Weltzeit. Und nun nennt Ihn Johannes »das Wort«, ein tiefes Geheimnis, das wir nicht auszuschöpfen vermögen. Aber dies ist uns klar, daß der Ausdruck »das Wort« nur gebraucht ist, um uns die geheimnisvolle Herrlichkeit der Trinität klarzumachen, daß in Gott zu unterscheiden ist zwischen dem Vater und dem Sohn, zwischen – daß ich's menschlich sage – dem Munde des Vaters und dem Wort, Seinem Sohn. Das Wort war Er von Anfang an. Das Wort, das Gott spricht und das darum Tat ist, Weisheit aller Weisheit, Ursprung alles Sinnes, Urgrund aller Schöpfung. Das Wort, durch das alle Dinge gemacht sind, das Wort, das alle Dinge neu machen wird. Was wollen wir anders tun, als schweigend anbeten vor dem tiefsten Geheimnis: »Im Anfang war das Wort«?

»Und das Wort war bei Gott.« Bestimmt und unterschieden von Gott ist Er, Jesus Christus, und doch wirklich Gott selbst. »Und Gott war das Wort.« Wie können wir das anders ausdrücken, als daß wir das Unbegreifliche sagen: Ein Zweiter neben Gott, eben das Wort, und doch voller Gott, nicht einfach derselbe wie der Vater, und doch eins mit ihm. O unbegreifliches Geheimnis, das wir auch so lesen dürfen: Im Anfang war der Herr. Und der Herr war bei Gott. Und Gott war der Herr, Jesus Christus, unser Herr.

Und daß du dir's wohl merkst, wiederholt es der Evangelist: »Dieser war im Anfang bei Gott«, vor aller Zeit. Er ist beteiligt als der Urheber an der Schöpfung, ja Er ist der Schöpfer selbst, wie Er der Erlöser ist, voll Autorität. Absolute Macht ist Ihm gegeben von Ewigkeit zu Ewigkeit. Wir können an dieser Stelle überhaupt gar keinen Vergleich ziehen zwischen Jesus und irgendeinem anderen. Er ist durch diesen Eingang des Evangeliums völlig hinausgehoben über alles, was Fleisch ist. Und ob du das Höchste oder das Tiefste meinst, von keinem kann es gesagt werden und ist es wirklich, wirklich wahr und wahre Wirklichkeit, was hier von Jesus Christus, dem ewigen Sohn Gottes, gesagt ist. So geheimnisvoll dies Wort auch klingt, so nahe ist es uns auch. Denn wir Menschen leben ja schon unter uns nur davon, daß wir miteinander reden können. Nur im Wort kommt es zur wirklichen Begegnung, nur das Wort schafft wirkliche Brücke von mir zu dir, von dir zu mir. Die Tiere schweigen, und die Bäume rauschen. Aber zum Erwachen des Ichs kommt es nur, wenn das Du zu mir kommt. Und so ist es gemeint, der Ausdruck »das Wort«. Gott selbst schweigt nicht. Gott selbst rauscht auch nicht nur, wie der Wind durch die Bäume geht. Gott redet. Gott spricht sich aus. Und was Er ausspricht, das eben ist – Sein Wort. Das ist Sein Sohn. Und dieses Wort kommt zu uns. Gott bricht Sein Schweigen. Er gibt uns Sein Wort. Er sendet zu uns den Sohn.

Und nun verstehen wir es erst recht, wenn Johannes fortfährt: »In ihm, in dem Wort, war das Leben.« Nicht das, was wir Leben nennen, sondern das, was vom lebendigen Gott kommt und Leben ist und Leben hat und Leben gibt. Wirkliches Leben, ewiges Leben, das war in Ihm. Von unseren menschlichen Worten sagt man ja schon, daß einer von des andern Wort lebt und an seinen Lippen hängt. Und wir wissen, was es heißt, in der Einsamkeit ein Wort der Nähe, im Leiden ein Wort des Trostes, im Sterben ein Wort des Friedens zu hören. Und doch ist das alles nichts, verglichen mit dem, was hier gesagt wird: »In ihm war das Leben«, das Leben, das nicht endet mit dem Tode, das Leben, das nicht beginnt mit der Geburt, das Leben, das Ewigkeit in sich birgt für alle Welt.

»Und das Leben war das Licht der Menschen.« Natürlich, dieses Leben, dieses Christusleben, das ist helle Klarheit. In Ihm wird es hell auf Erden. In Seinem Lichte schauen wir das Licht. Er ist die vollendete Reinheit, Lauterkeit und Klarheit, und nur von Ihm wissen wir um unsere Finsternis und um das ewige Licht.

Und nun, was ist von diesem Worte noch gesagt? Nur noch eines, aber das Größte und Unfaßlichste, und was doch wirklich wahr ist, ewiglich wahr bleibt: »Das Wort ward Fleisch und nahm Herberge unter uns, und wir sahen seine Herrlichkeit, eine Herrlichkeit wie die des einzigen Sohnes vom Vater, voll Gnade und Wahrheit« (1, 14). In diesem Wort, in diesem Vers sind alle Worte und alle Verse deines Lebens beschlossen. Wenn das wahr ist, daß das Wort Fleisch wurde, dann ist es gut, ewig gut auch mit deinem und meinem Leben.

»Das Wort ward Fleisch.« Es heißt nicht: Es wurde zum Fleisch. Vielmehr ist es so, daß Jesus Christus, das ewige Gotteswort, ein Zweites annimmt, was es nicht war, und nun ist für uns alle: Fleisch. Und dabei hört Er nicht auf zu sein, was Er vorher war: Gottes Wort. Wahrer Mensch und wahrer Gott, das ist das Geheimnis der Bibel, das einzige, entscheidende und wahre Geheimnis der Heiligen Schrift.

Denn was heißt denn »Fleisch»? Damit bist du gemeint, der Mensch, der Mensch wie er ist, vergänglich im Schatten des Todes, der Mensch der Tränen und des Leidens, der Mensch, der um die Furchtbarkeit der Schuld weiß. Wenige Verse vorher hat Johannes dasselbe gesagt in dem Ausdruck: »Das Licht scheint in der Finsternis.« Finsternis, das ist die Welt, in der wir stehen, leben und sterben. Dahinein kommt das Licht, dahinein wirkt das Wort. Du kannst es ganz schlicht dir so klar machen: Gott hat es nicht ausgehalten, nur Gott zu sein, und hat in Seiner unbegreiflichen, alles umfassenden Gnade auch noch dies Zweite sein wollen, was Er nicht war: Mensch. Und indem Er wird, was wir sind und auf dieser Erde immer sein werden: Mensch, hört Er doch nicht auf zu bleiben, was Er war von Ewigkeit her: Gottes Sohn. Fasse es, wer es kann. Das ist das Geheimnis, um das es in der Bibel geht. Das ist es, worauf dein Glaube allein gerichtet sein muß. Du sollst nicht an die Kirche, nicht an die Menschen, nicht an dich, du sollst an niemanden und nichts glauben, als an den allein, von dem Johannes in diesen ersten vierzehn Versen wie in einem Jubellied und Lobgesang ohnegleichen kündet: »Das Wort ward Fleisch.«

Aber daß du es weißt: »Er nahm Herberge unter uns.« Ja unter uns, wirklich da, wo wir sind, »schlug Er sein Zelt auf«. Er ist wirklich zu uns gekommen und hat uns wirklich dort gefunden, wo wir sind. Aber Er ist hier nicht geblieben. Wie ein Fremdling hat Er nur Herberge genommen und ist über die Erde gegangen als ein Gast in der Welt, damit in uns das große Heimweh erwache nach den vielen Wohnungen des Vaters in Seines Vaters Hause (14, 2), und wir mit Ihm auf den Weg treten, der zum Leben führt.

Laßt uns hier stille halten, indem wir das unbegreifliche Wort in unser Ohr fassen, das nur noch einmal, im prophetischen Buch der Offenbarung desselben Apostels Johannes steht: »Und sein Name heißt: das Wort Gottes« (19, 13). Das Wort Gottes. Was will es uns anderes bringen als die größte Gabe: Gott hat Sein Schweigen gebrochen. Er hat es nicht gemußt, Er hat es in freiwilliger Liebe getan. Er hat sein Wort gesprochen. Und siehe, Er ist das Wort, und in Ihm hast du den Vater und Sein offenes Herz.

Hören wir an dieser Stelle noch einmal den katholischen Lehrer, der sagt: »In Gott offenbaren sich verschiedene Gestalten. Die erste ist der Vater, Jener, der alles Leben aus sich hat. Lebend erkennt Er die Fülle Seines Gotteswesens und spricht sie aus als Wahrheit und Wort: Der Vater, der sprechende Gott, den gesprochenen Gott, den Sohn. . . Dieses Wort ist der zweite ›Jemand‹, der zweite Er in Gott und in Christus Mensch geworden: Im Anfang war das Wort, und das Wort war bei Gott, und Gott war das Wort« (R. Guardini).

Das Licht

Wiederum ist es derselbe Herr, von dem wir eben vernahmen, daß Er das Wort ist, der nun »das Licht« genannt wird. Wiederum ist es dieselbe Gabe Gottes, die eben das Wort genannt war und nun das Licht. »Das Licht der Menschen« (1, 4), »das Licht der Welt« (8, 12). Damit führt uns Johannes an den Ort, wo in der Dunkelheit der Welt die Ewigkeit selber aufbricht, eine Türe aufgeht, ein Fenster aufgerissen wird, und herein flutet – nicht das äußere Sonnenlicht, sondern »das Licht scheint in der Finsternis«, das ewige Licht.

Es ist merkwürdig, daß erst in dem Augenblick, wo das Bibelwort vom Lichte redet, es den Menschen wie Schuppen von den Augen fällt, daß sie in der Finsternis sind. Alle Religionen rings umher in der Welt reden ja auch davon, daß das Wesen der Welt das Leiden sei, daß die Welt wesenloser Schein sei, düster und dunkel, und ahnen damit irgendwie etwas von dem Licht. Aber keine dieser Religionen weiß von dem, der ist »das wahre Licht, das jeden Menschen erleuchtet« (1, 9). Nun wissen wir, daß diese Welt, daß dieses Menschenleben zwischen Geburt und Tod ein arger Zwischenzustand ist, ein Stückwerk, Spanne und Pause allein zwischen Anfang und Ende, Finsternis Gott gegenüber, der »im Licht wohnt, da niemand zukommen kann«. Auf allem, auch dem Höchsten, was Menschen denken, schaffen und sind, liegt der tiefe Schatten des Todes und die dunkle Finsternis der Schuld. Aber das Licht leuchtet in der Finsternis und so, daß es alle Winkel der Stube und alle Räume der Welt durchdringen will mit seiner alles erleuchtenden Helligkeit. Sowie das Wort Licht genannt wird, bricht ein Kampf auf zwischen Licht und Finsternis, werden wir in einen Streit hineingezogen, der nur damit enden kann, daß das Licht über die Finsternis siegt, auch wenn es heute heißt: »Die Finsternis hat es nicht begriffen« (1, 5). Wiederum sagt derselbe Johannes in seiner enthüllten Offenbarung: »Dann wird keine Nacht sein; denn die Herrlichkeit Gottes erleuchtet sie und ihre Leuchte ist das Lamm« (21, 23). Das Licht der kommenden neuen Welt Gottes, das ist Jesus Christus, der Erlöser.

Hat es denn niemand erkannt? Ach doch, einige nahmen Ihn auf. Von Henoch und Abraham geht die feine, zarte Linie bis zu Mose und den Propheten. Schon das Alte Testament ist erfüllt mit der ganzen Herrlichkeit des ersten Morgenlichtes und von ihnen gilt: »Wieviele ihn aber aufnahmen, denen gab er Macht, Gottes Kinder zu werden, die an Seinen Namen glauben« (1, 12). Und dann, dann ward das Wort Fleisch, dann war das Licht da in der Welt und sammelt sich Seine Gemeinde aus allen Völkern.

Es ist klar, daß dieses Licht eine Entscheidung bringt. Es ist das »Gericht, daß das Licht in die Welt gekommen ist« (3, 19). Denn nun wird offenbar, daß die Menschen die Finsternis mehr lieben als das Licht, ja das Licht hassen und darum nicht ans Licht kommen (3, 20). Aber es ist eine Schar da, die die Wahrheit tut und ans Licht kommt (3, 21), von der Jesus sagt: »Wer mir nachfolgt, der wird nicht wandeln in der Finsternis, sondern wird das Licht des Lebens haben« (8, 12). Nun hellt sich die Lage der Welt auf. Das Wort vom Licht bedeutet ja Erkenntnis, Offenbarung. Nun sehen Menschen sich selbst in diesem Licht und erkennen sich als die, die sie sind: gefallene und verlorene Söhne, die mit heißer Seele das Vaterhaus suchen. Nun wird offenbar, daß diese Welt unter Gottes Gericht steht und dem Fürsten der Welt Raum und Macht gegeben ist, daß ich selbst und du teilhaben an der Finsternis und an dem Widerstand gegen das Licht. Aber das Licht ist ja da für die Welt, und wo du an Ihn glaubst, ja wirklich glaubst, da wandeln wir im Licht und haben Gemeinschaft untereinander, und das Blut Jesu Christi, Seines Sohnes, macht uns rein von aller Sünde (1. Joh. 1, 7).

Aber wie ernst ist die Entscheidung! »Das Licht ist noch eine kleine Zeit bei euch. Wandelt, dieweil ihr das Licht habt, daß euch die Finsternis nicht überfalle« (12, 35). Mit heiligem Ernst ruft uns der Herr zu: »Glaubet an das Licht, dieweil ihr's habt, auf daß ihr des Lichtes Kinder seid« (12, 36). Man kann sich nicht ungestraft vom Lichte abwenden. Es kann sein, daß sich dann das Licht entzieht, und wie Johannes mit großem Ernst bezeugt: »Der Zorn Gottes bleibt über ihnen« (3, 36). Es ist ein bitter schwerer Gang ins Licht, weil da aufgedeckt und enthüllt wird unser ganzes Wesen, wie es ist, und auch nicht ein Winkel des Herzens kann verborgen bleiben. Aber es ist ein heilsamer und seliger Gang in das

Licht, weil in Ihm verzehrt wird alles Böse und gereinigt das Wesen bis in die letzten Falten.
In dem Worte »das Licht«, dieser wunderbaren Gabe Gottes in Christus, liegt noch ein Letztes beschlossen. Das Licht, das ist das Gute, das Heilige, das Lautere, das Reine, das Vollkommene. Dieses Licht gibt Kraft, aus der Finsternis auszubrechen und herauszufliehen, um ins Licht zu treten. »Ich bin gekommen in die Welt, ein Licht, daß, wer an mich glaubet, nicht in der Finsternis bleibe« (12, 46). Menschen, die in der Finsternis wandeln, wissen nicht, wohin sie gehen (12, 35). Aber wer dem Lichte nachfolgt, der wird die Kräfte empfangen, die Finsternis zu überwinden, den macht der Sohn frei, dem schenkt der Herr das Heil. Wir denken an die wunderbare Seligpreisung: »Selig sind die reinen Herzens sind, denn sie werden Gott schauen.« Das will sagen, selig die, denen das Herz gereinigt worden ist vom ewigen Licht, denen alle Finsternis ausgetrieben ist, die werden die neuen Augen empfangen, die Ihn zu schauen vermögen.

Die Wahrheit

Zum drittenmal hebt Johannes an, uns dieselbe umfassende Gabe Jesu zu beschreiben mit dem Wort von der Wahrheit. Der das Wort ist, das der Welt das Licht bringt, der ist die Wahrheit, die volle und die echte Wahrheit, die Offenbarung der vollen göttlichen Wahrheit in Christus. Das Wort, das eigentlich bedeutet »Nichtverheimlichung«, also Aufdeckung, Enthüllung und Offenbarung, hat verschiedenen Klang. Bald ist es mehr die Wahrheit, die Gott offenbart, bald mehr die Wahrheit, die der Glaube erkennt, bald einfach ein Selbstzeugnis Jesu und bedeutet: die Gnade, das Heil, die Erlösung, die wirklich und wahrhaftig geschehen ist.
1. Wir beginnen mit dieser letzten Bedeutung, die uns in 1, 14 und 17 entgegentritt, wenn dort der eingeborene Sohn vom Vater genannt wird: »Voller Gnade und Wahrheit.« Damit ist uns das Wesen Jesu Christi beschrieben. In Ihm wendet sich und neigt sich

Gottes freie Gnade zur Welt. In Ihm ist darum Gott wirklich und wahrhaftig da. Denn wo Gnade ist, da ist Gott, und wo Gott ist, da ist Wahrheit aller menschlichen Lüge, allem menschlichen Schein gegenüber. Man könnte auch sagen, daß Jesus gekommen ist und uns die Realität, die Wirklichkeit Gottes gebracht hat, die die Religionen alle zu erdenken und zu ersinnen versuchten, indem sie sich ihre eigenen Gottesbilder machten. Hier aber ist Gott wirklich erschienen. »Ich bin der Weg, die Wahrheit und das Leben. Niemand kommt zum Vater denn durch mich« (14, 6).

In diesem Zusammenhang müssen wir auch darauf achten, daß Jesus der Gemeinde, von der Er scheidet, dreimal den Geist verheißt, den Tröster, oder wie es eigentlich wörtlich heißt, den Rechtsbeistand und Rechtswalter. Und dieser wird »der Geist der Wahrheit« genannt (14, 17; 15, 26; 16, 13). Der Heilige Geist, der Jesum Christum vertritt in der Gemeinde, bis Er selbst wieder sichtbar und in Herrlichkeit erscheint für die Welt, trägt das Siegel der Wahrheit an sich, wie Jesus auch. Die Welt kann Ihn nicht empfangen; denn sie kennt Ihn nicht. Die Gemeinde aber kennt Ihn und bei ihr bleibt Er. Denn Er kommt von oben und Er zeugt und verkündigt nichts anderes als »daß er es von dem Meinen nimmt« (16, 14). Auch wenn Christus in die unsichtbare Welt zurückgetreten ist, so erleuchtet der Heilige Geist uns doch immer neu. So ist er das große Wunder, das dem Menschen die Augen auftut, damit er sich, die Menschen, die Welt und zuerst und zuletzt Jesus selber als den Sohn Gottes erkenne. Also Christus ist die Wahrheit, Er ist Gottes Offenbarung allein. In Ihm ist Gott wirklich und der wirkliche, wahrhaftige Gott erschienen.

2. Christus spricht ferner davon, daß Er die Welt die Wahrheit lehrt und daß Er das Geheimnis der Wahrheit in helle Worte bringt. Davon ist besonders in Joh. 8 die Rede, in dem großen Streitgespräch zwischen Jesus und den Juden. Er sagt den Menschen die Wahrheit, die Er von Gott gehört hat (8, 40). Jesus ist die Wahrheit, der Teufel ist der Lügner und der Mörder von Anfang an (8, 44). Jesus sagt die Wahrheit, und Er faßt die Wahrheit in klare Worte. Er zeugt für die Wahrheit. Dazu ist Er in die Welt ge-

kommen. So bekennt Er vor Pilatus (18, 37). Damit will Jesus sagen, daß auf Erden nicht die Macht, nicht das Reich von dieser Welt das letzte Wort haben, sondern die Wahrheit der neuen Welt, die kommt, die Wahrheit des lebendigen Gottes allein. Er ist der große Lehrer und der treue Zeuge und sein Wort ist verläßlich. Du kannst darauf bauen in Tod und Leben, es ist wahr und es bleibt ewiglich wahr.

3. Aber daß wir ja nicht denken, die Wahrheit sei nur ein Gedanke, den man erkennen, nur eine Idee, die man auch ohne Jesus haben könne, betont das Evangelium in aller Deutlichkeit, daß sie zur Entscheidung führt und ruft, weil Er die große Entscheidung für den Menschen ist. Dies wird mit drei Worten wunderbar beschrieben. »Wer die Wahrheit tut, der kommt ans Licht« (3, 21). Man kann die Wahrheit nicht nur erkennen, man muß sie tun, sich entscheiden für sie, sich mit ihr verbünden, sein ganzes Leben auf diese Wahrheit gründen. Aber, und das ist das zweite Wort, das geht nur dann, wenn das wahr wird: »Ihr werdet die Wahrheit erkennen« (8, 32). Das sind die rechten Jünger, denen Gott das Auge auftut. Tun und erkennen gehört für das Evangelium unlöslich zusammen. Aber sowohl die Tat wie die Erkenntnis hat noch in einem dritten ihren tiefsten Grund. Man muß »aus der Wahrheit sein«. »Wer aus der Wahrheit ist, der höret meine Stimme« (18, 37). Damit will Christus sagen, daß nur die, die Gott erwählt und beruft, denen Er Anteil gibt an Seinem ewigen Sein, die Wahrheit zu erkennen und zu tun vermögen. Wir stehen damit vor dem letzten, tiefsten Geheimnis des Evangeliums von der freien Gnadenwahl Gottes und haben nur demütig zu schweigen und ehrfürchtig anzubeten mit der Bitte: Herr, laß auch mich aus der Wahrheit sein, damit ich an der Stimme des guten und getreuen Hirten nicht vorübergehe.

4. Und nun verstehen wir auch noch das Letzte. Die Wahrheit ist nicht nur ein Wort, sondern sie ist Macht. »Die Wahrheit wird euch freimachen« (8, 32). Christus ist gekommen, die Werke des Teufels zu zerstören, Er bricht die Bande, Er zerstört die Widerstände in der Welt und im Herzen der Seinen. Die Macht der

Wahrheit ist die Macht der Freiheit ohnegleichen. Darum macht die Wahrheit auch frei, recht zu beten; denn »die wahrhaftigen Anbeter werden den Vater anbeten im Geist und in der Wahrheit« (4, 23). So will es der Vater haben. Hier ist das Gebet nicht ein Rufen in die Nacht zum unbekannten Gott, sondern das Gebet aus der Erkenntnis, daß in Jesus Christus die Fülle der Wahrheit erschienen ist, daß uns in Seinem Angesicht das Angesicht Gottes entgegenleuchtet. Er ist die Türe, Er ist der Zugang zu Gott.
Damit haben wir in den drei Ausdrücken vom Wort, vom Licht und von der Wahrheit immer wieder nur eines gehört und gesehen, daß Christus selbst die volle und erfüllte Offenbarung Gottes ist, und daß nur in Ihm Gott Sein Schweigen gebrochen, das Licht in der Finsternis entzündet und die Wahrheit in einer Welt der Lüge hat aufleuchten lassen. Wir danken Gott für Seine unaussprechliche Gabe.

Die Herrlichkeit

Wenn wir an die Worte »Herrlichkeit und Leben« herantreten, so muß uns ein durchgängiger Zug am vierten Evangelium klar werden. Johannes sieht im Glauben schon jetzt, schon hier über Jesus, dem Sohne Josefs von Nazareth (1, 45) den ganzen Glanz des ewigen Gottessohnes liegen. Mit unerhörter Kraft des Glaubens sieht er das schon hier, schon jetzt aufleuchten, daß es Gottes Sohn ist, der über die Erde wandelt. Darum hat man mit Recht gesagt, es liege über dem vierten Evangelium etwas Zeitloses, unendlich Feierliches, Erhabenes. Christus scheint schon über alle Erdenschranken erhöht, mit Seinem Haupte schon im Lichte zu gehen, während Seine Füße noch den Staub der Erde berühren.
Das vierte Evangelium zeichnet sich aber auch dadurch aus, daß es die menschlich irdische, erdennahe Wirklichkeit, das »wahrer Mensch« in besonderer Weise unterstreicht. Es ist kein Scheinmensch, der hier vor uns tritt. Johannes zeichnet uns den wirklichen, fleischgewordenen Sohn Gottes, »Jesum, den Sohn Josephs von Nazareth« (1, 45). Achten wir auf einige dieser Züge.

Johannes zeigt uns Jesus auf der Hochzeit in Kana und dabei im menschlich nahen Gespräch mit Seiner Mutter (2, 1 ff.). Er ist müde von der Reise (4, 6). Mit tiefem Ernst bittet Er das Weib: »Gib mir zu trinken« (4, 7). Die Geschichte ist bis in die Zeitbestimmung hinein klar beschrieben: »es war um die sechste Stunde« (4, 6, auch 1, 39). Mit unnachahmlicher Klarheit ist uns Seine nur bei Johannes bezeugte Rede zu Nikodemus in der Nacht (Kap. 3) und zur Ehebrecherin (Kap. 8) geschildert. Wie eingehend, fast wie bei einem Prozeß, wird uns das Gespräch Jesu mit dem geheilten Blindgeborenen entfaltet (Kap. 9). Wie unterstreicht Johannes, daß Jesus »Martha lieb hatte und ihre Schwester und Lazarus« (11, 4). Er weint am Grab des Lazarus (11, 38). Und keiner wird die Geschichte vergessen, in der Johannes uns von der Fußwaschung der Jünger durch den Meister erzählt (Kap. 13). So wahr, so echt ist hier das ganz Menschliche, das Erdennahe, die Knechtsgestalt des Sohnes Gottes vor Augen gestellt. Ja, hat nicht Johannes allein geradezu das Wort geprägt: Ecce homo, »Sehet, welch' ein Mensch« (19, 5). Gerade im vierten Evangelium ist mit größtem Nachdruck ernst gemacht mit dem »an Gebärden als ein Mensch erfunden«.

Um so tiefer und klarer leuchtet nun an und über und mit dieser Gestalt all das Geheimnis auf, das uns in den Hoheitsworten entgegentritt.

Wiederum redet der Evangelist Johannes von dem einen Sohne Gottes, der in sich selbst die vollkommene Gabe Gottes ist an die Welt, wenn er von Ihm sagt, daß wir »Seine Herrlichkeit sahen« (1, 14). Das griechische Wort für »Herrlichkeit«, das die Schrift gebraucht, ist in der griechischen Welt weit bekannt und gebraucht worden. Aber es hat in dem Lichtkreis der Offenbarung Jesu Christi einen völligen Begriffswandel durchgemacht. Draußen vor den Toren der Kirche bedeutet es »Meinung«, »Ansicht«, die wankt und sich wandelt, auch »Ansehen« und »Ehre« der Menschen. Aber im biblischen Raum bedeutet das Wort das Wesen Gottes, Seine Ehre, Seine Macht, Seine Majestät, Seine Erhabenheit, Seinen Lichtglanz. Es ist die Übersetzung für ein hebräisches Wort aus dem Alten Testament, das auf diese Linie führt. Wunderbar, wie durch Christus die Worte der Sprache gewandelt werden, um nun seiner Gemeinde etwas ganz Neues zu sagen. Wir wollen auch hier den einzelnen Stufen des Wortes Herrlichkeit nachdenken.

1. Das Wort bedeutet im Gespräch Jesu mit den Menschen zuerst schlicht Ehre. »Ich nehme nicht Ehre von den Menschen« (5, 41). Vielmehr sucht Er die Ehre, die Herrlichkeit Gottes. Sein ganzes Leben ist nichts als ein Zeugnis von der Ehre Gottes. »Wie könnt ihr glauben, die ihr Ehre voneinander nehmet, und die Ehre, die von Gott allein ist, suchet ihr nicht?« (5, 44). So klagt Jesus die Welt an. Lieber suchen die Menschen die Ehre bei den Menschen, als die Ehre bei Gott (12, 43). Aber noch einmal: Er sucht die Ehre des, der Ihn gesandt hat (7, 18), nicht Seine eigene (8, 50 und 54). Sein ganzes Leben ist auf die Formel zu bringen: Zur Ehre Gottes (11, 4). Und wenn die Menschen glauben würden, würden sie in Ihm die verkörperte Ehre Gottes finden, oder wie wir nun übersetzen dürfen, die Herrlichkeit Gottes (11, 40).

2. Wie Er die verkörperte Ehre Gottes ist, wie Sein ganzes Leben ein großes Zeugnis dafür ist, wie man lebt, Gott allein zur Ehre, so wird Sein ganzes Leben zum Ausdruck der Herrlichkeit, die in Ihm erschienen ist. »Wir sahen Seine Herrlichkeit, eine Herrlichkeit als des eingeborenen Sohnes vom Vater« (1, 14). In Ihm leuchtet die unsichtbare Welt herein. Wer Ihn sieht, der sieht, wie in der Verklärung der Nacht auf dem Taborberge, so schon vom ersten Tage Seines Lebens an das Angesicht des Vaters in Ihm aufleuchtet. Auch Seine Wunder offenbaren Seine Herrlichkeit (2, 11) und sind ein Hinweis für die neue Welt Gottes, die voll Leben ist. Die Jünger sind nicht die ersten, die diese Herrlichkeit sehen. »Solches sagte Jesaja, da er Seine Herrlichkeit sah und redete von Ihm« (12, 41). Schon vor dem Angesichte der Propheten des Alten Bundes leuchtet die Christusherrlichkeit, wenn Jesaja bei seiner Berufung bezeugt: »Ich sah den Herrn sitzen auf einem hohen und erhabenen Stuhl und sein Saum füllte den Tempel.« Da schaute er Ihn, den Sohn Gottes, die Herrlichkeit des Vaters. Ehe die Welt

war von Ewigkeit her, war Ihm »die Klarheit«, wie Luther übersetzt, »die Herrlichkeit« vom Vater gegeben (17, 5; 17, 24). Darum vermag Er aber auch auf die Menschen etwas von dem Lichtglanz Gottes zu legen: »Ich habe ihnen gegeben die Herrlichkeit, die Du mir gegeben hast« (17, 22). Und woran wird sie sichtbar? Nicht an unseren großen Tugenden, sondern »daß sie eins seien, gleichwie wir eins sind«. Das was die Welt nicht kennt, wirkliche Gemeinschaft, unlösbares Einssein über alle Völker, Rassen und Sprachen hinweg, durch alle Zeiten und Räume hindurch, die Einheit der Gemeinde Jesu, das ist das Zeugnis der Herrlichkeit, die Er auf Seine Jünger legt.

4. Und nun verstehen wir das große Geheimnis, daß das Wort Herrlichkeit im Evangelium des Johannes aufs engste zusammenhängt mit dem Tode, mit dem Kreuze Jesu Christi. Solange Jesus auf Erden ging im Knechtsgewand, leuchtete die Herrlichkeit noch nicht voll und ganz hindurch. Aber in dem Augenblick, da »die Stunde da ist«, heißt es: »Nun wird Dein Sohn verklärt, auf daß Dich Dein Sohn auch verkläre« (17, 1). Es ist dasselbe Wort, das wir auch mit »verherrlichen« übersetzen können. Die Stunde des Kreuzes ist die Stunde des Sieges in dem doppelten Sinn, daß hier wie an keinem anderen Ort die Gnade Gottes leuchtet über die Welt der Sünde, und daß zum andern über ihr schon der Morgenglanz der Auferstehung leuchtet und der Schritt vom Tode zum Leben nur ein kleiner ist. Hier wird der Vater verherrlicht und offenbar, und der Vater verherrlicht und offenbart den Sohn (13, 31-32). Menschen, denen dies zu glauben und zu schauen geschenkt wird, die bringen viel Frucht und werden Seine Jünger (15, 8). Und das Gebet Jesu in der Stunde des Leidens lautet: »Vater, verkläre Deinen Namen« (12, 28). Leiden und Herrlichkeit gehören unlöslich zusammen; denn die ganze, volle Offenbarung der Herrlichkeit entsteht in der Stunde des Todes. Der Blick auf die Passion ist der Blick auf die Herrlichkeit Gottes, was uns voll aufgeschlossen wird, wenn wir am Ende über den Hohenpriester reden. Die Maler der Kirche haben Jesus und den Seinen den Heiligenschein gegeben, um anzudeuten, daß auf Ihm und durch Ihn

auf Seinen Jüngern schon der Glanz des Lichtes der neuen Welt liegt. Wie können wir diese Bilder anders schauen, als daß in uns die Bitte aufsteigt, daß Er auch uns teilhaftig werden lasse Seines Lichtes und Seiner Herrlichkeit.

Das Leben

Das Leben ist »das Hauptkernwort, in dem Johannes das ganze Evangelium faßt« (Schlatter). Man könnte sagen, daß das ganze Evangelium des Johannes ein Lobgesang für die wunderbarste Gabe ist, mit der Gott sich zu den Menschen neigt, die sterben müssen, die im Schatten des Todes stehen, deren Worte Schall und Rauch und deren Werke vergänglich sind. Wir mögen in die tausend Stimmen der Völker und der Religionen hineinhören; sie dürsten, rufen und schreien alle nach Leben, nach wirklichem Leben, nach Ewigkeit in voller Gemeinschaft mit Gott. Und das, was draußen in der Welt der Religionen Sehnsucht bleibt, ohnmächtig auf das andere Ufer geschossener Pfeil, der das Ziel verfehlt und auf halbem Wege niedersinkt, das ist in Jesus Christus erschienen. Er ist das Leben, Er bringt und schenkt das Leben allen, die an Ihn glauben. Wir versuchen, auch diesem zentralen Wort Schritt für Schritt nachzuforschen.

1. Johannes führt uns, wie mit allen diesen Herrlichkeitsworten zurück zum Geber aller Gaben, zum Geber aller Kraft, zum lebendigen Gott selbst. »Der Vater hat das Leben in ihm selbst« (5, 26). »Der Vater macht die Toten lebendig« (5, 21). Er ist wunderbar genannt »der lebendige Vater« (6, 57). Wer Gott sagt, der sagt ewiges Leben, unzerstörbares, unsterbliches Leben, der rührt an die tiefste Quelle alles Lebens überhaupt. Damit ist klar, daß alles Leben, das wir Menschen haben, empfangenes, geschenktes Leben ist. »Also hat Gott die Welt geliebt, daß er seinen eingeborenen Sohn gab, auf daß alle, die an ihn glauben, nicht verloren werden, sondern das ewige Leben haben« (3, 16). So spricht auch Jesus zu dem Weibe am Brunnen, daß Er ein Wasser habe, das in das ewige Leben quillt (4, 14). Dieses Leben, das den Menschen als

Gnadengabe zuteil wird, ist für die Heilige Schrift unlöslich verquickt mit dem Brunnen, aus dem es quillt, mit der Auferstehung Jesu Christi von den Toten. Davon redet das gewaltige Kapitel 11, die Geschichte von der Auferweckung des Lazarus, an dessen Grabe Jesus bekennt: »Ich bin die Auferstehung und das Leben.« Er hat den Tod überwunden und das Leben ans Licht gebracht. Er ist »der Weg, die Wahrheit und das Leben« (14, 6). Also aus Gottes ewigem Rat und Reich kommt das Leben zu den Menschen in dem Sohn, dem der Vater das Leben schenkt für die Welt. Der Durchbruch des Lebens geschieht ebenso in Seiner Menschwerdung. »In ihm war das Leben und das Leben war das Licht der Menschen« (1, 4), wie in Seiner Auferstehung (11, 25. 26).

2. Darum gebraucht Johannes für Jesus Christus in vielfacher Beziehung das Wort des Lebens. »Wie der Vater das Leben hat in ihm selber, also hat er dem Sohne gegeben das Leben zu haben in ihm selber« (5, 26). Teilhaftig geworden ist der Sohn des ewigen Lebens in unendlicher Fülle. Er ist beteiligt an dem Ursprung alles Lebens, an der Schöpfung der Welt. »Alle Dinge sind durch dasselbe gemacht, und ohne dasselbe ist nichts gemacht, was gemacht ist« (1, 3). In Jesus Christus haben alle Geschöpfe ihre ewige Quelle, ihre Urheimat. Darum kann Er von sich selber sagen: »Ich lebe«. Achten wir darauf, daß Er dies Wort in der Form der Gegenwart spricht. Es ist das Wort der ewigen Gegenwart, der gegenwärtigen Ewigkeit, die in Ihm erschienen ist. »Ich lebe«, das gilt von keinem wie von Ihm. Aber Er fügt hinzu: »Und ihr werdet auch leben«, das Wort in Zukunftsform gesprochen, als Verheißung, aber Verheißung, die sich erfüllt durch Ihn an allen, die glauben.

Wiederum wird im ganzen 6. Kapitel unter dem wunderbaren Bilde »vom Brot des Lebens« dem Menschen gesagt, daß in Jesus Christus allem Lebenshunger und Lebensdurst der Welt zum Segen die Erfüllung gegeben ist. Das ganze Kapitel deutet hin auf das Geheimnis des Sakramentes des Abendmahls. Hier ist das Brot Gottes, das vom Himmel kommt und der Welt das Leben gibt (6, 33), und wer zu Ihm kommt, den wird nicht hungern (5, 35).

Die Väter haben das Manna in der Wüste gegessen, das ja auch Brot vom Himmel war, aber sie sind darüber gestorben (6, 59). Er aber ist das Brot, das vom Himmel kommt, auf daß, wer davon isset, nicht sterbe, das lebendige Brot, Sein Fleisch, Er selbst, der sich dahingibt für das Leben der Welt (6, 50-51). Hier verschlingen sich die Gedanken vom Sterben Jesu, vom Mahl der Gnade und von Seiner Lebensherrlichkeit in eines. Er ist wahrhaftig die große Gabe des lebendigen Brotes, das allen Hunger stillt.
Aber noch umfassender wird das Wort des Lebens. Es ist darin wiederum die ganze Fülle der Offenbarung, die ganze Herrlichkeit des Heils beschlossen. Denn dazu ist ja »des Menschen Sohn gekommen, daß sie das Leben und volle Genüge haben« (10, 10). »Wer Ihm nachfolgt, der wird das Licht des Lebens haben« (8, 12). Und in der wunderbaren Auferweckung des Lazarus wird es offenbar: »Wer an Ihn glaubt, der wird leben, ob er gleich stürbe. Und wer da lebet und glaubet an mich, der wird nimmermehr sterben« (11, 25-26). So ist unlösbar das Leben und der Lebendige, der das Leben in sich hat und das Leben ist, zusammengebunden. Auch der Tod, Sein Sterben unterbricht Sein Leben nicht. Es gilt auch hier: »Ich lebe«, oder wie es im prophetischen Buche desselben Apostels heißt: »Siehe, ich war tot und bin lebendig von Ewigkeit zu Ewigkeit« (1, 17). Alle Worte, die Er spricht, sind »Geist und Leben« (6, 63). Er hat »Worte des ewigen Lebens« (6, 68). Wer von Christus redet, redet vom wahrhaftigen, ewigen Leben.
3. Und nun antwortet das Evangelium in überwältigender Fülle der Worte und Bilder, wie denn der Mensch teilhaftig werde des Lebens allein aus dem Glauben. Wunderbarerweise beginnt Jesus zuerst auf das heilige Alte Testament hinzuweisen, indem Er spricht: »Suchet in der Schrift, denn ihr meinet, ihr habt das ewige Leben darin, und sie ist's, die von mir zeuget« (5, 39). Also auch im Alten Testament ist von Ihm die Rede. Darum sind auch die Worte des Alten Testamentes des ewigen Lebens voll, erst recht die Worte, die Er selbst spricht. Leben empfangen wir, wenn wir auf Ihn hören. »Die Toten werden die Stimme des Sohnes Gottes hören und die sie hören werden, die werden leben« (5, 25).

Was ist das für ein lebenschaffendes Wort, von dem gesagt wird: »die Toten werden hören!« Sein Wort macht Tote lebendig und schafft in Toten das neue Hören, die Teilnahme am ewigen Leben. Oder Er kann bezeugen, daß, »wer an ihn glaubt, der wird leben« (11, 25; 3, 16). »Wer an den Sohn glaubt, der hat das ewige Leben« (3, 36). Hier wird uns klar, welch umfassende Bedeutung der Glaube hat. Er ist nicht nur die Bejahung Seines Wortes und Anspruchs, nicht nur das persönliche Vertrauen zu Ihm, sondern glauben heißt »Jesus verbunden sein in der ungeteilten Ganzheit des Wesens« (Büchsel), in vollem Gehorsam, in tiefer Erkenntnis, in brennender Liebe. Das alles faßt sich zusammen in dem Wort: »Wer mein Wort hört und glaubt dem, der mich gesandt hat, der hat das ewige Leben« (5, 24; 6, 40; 6, 47).
Und damit ist unser Leben befreit. Es kommt nicht ins Gericht. Es gilt schon für diese Zeit, schon für das Jetzt: »Er ist vom Tode zum Leben hindurchgedrungen« (5, 24). Darum kann Jesus auch sagen: »Meine Schafe hören meine Stimme, und ich kenne sie und sie folgen mir, und ich gebe ihnen das ewige Leben« (10, 27. 28). Schon seine Stimme, nicht erst seine Worte sind es, in denen das ewige Leben beschlossen liegt, das Er den Seinen gibt. Von daher ist auch das wunderbare Gleichnis zu verstehen, wo Er vom Weinstock spricht, an dem die Seinen als die Reben leben, wachsen und reifen dürfen. Das ist Glaube, in Ihm bleiben in unlösbarer, inniger Lebensgemeinschaft mit Ihm selbst. Umfassend beschreibt der Herr das Geheimnis unseres Teilhabens am ewigen Leben, das schon hereinragt in diese Erdenwelt, wenn Er im letzten Gebet spricht: »Das ist das ewige Leben, daß sie Dich, der Du allein wahrer Gott bist, und den Du gesandt hast, Jesum Christum, erkennen« (17, 3). Es ist außerordentlich bezeichnend für das vierte Evangelium, daß das ewige Leben im Glauben schon da ist und angebrochen ist. Jetzt, heute wird leben, wer an Ihn glaubt. Und dieses Leben hat eine ewige Zukunft (4, 14; 6, 27). Wer sein Leben auf dieser Welt haßt, der wird es erhalten »zum ewigen Leben« (12, 25). Wahrhaftig, es geht im Christenstand nur um das Eine, daß wir Ihn finden. Und »wer dich hat, ist still und satt, wer dir

kann im Geist anhangen, darf nichts mehr verlangen.« Er selbst, Jesus Christus, der Sohn Gottes, ist die ewige und unaussprechliche Gabe, die uns zuteilgeworden ist.

4. Aus dem Wort Leben entspringen auch alle die anderen herrlichen Worte der Liebe, der Freiheit und der Freude, von denen uns Johannes kündet. »Bleibet in meiner Liebe« (15, 9-17). In diesen Versen wird uns von der Liebe geredet, die Jesus zu uns hat, indem Er uns versetzt in die neue Welt des Lebens, daß wir uns untereinander lieben können in voller Freiheit von Furcht, Tod und Gericht. Und nach innen zu gewandt ist dieses Leben Freude, eine Freude, die mitten in der Traurigkeit entspringt. »Eure Traurigkeit soll in Freude verkehrt werden« (16, 20). Denn Er will uns ja wiedersehen, und unser Herz soll sich freuen, und unsere Freude soll niemand von uns nehmen (16, 22). Die Botschaft vom Leben ist zu uns geredet, auf daß Seine Freude in uns bleibe (15, 11; 17, 13), vollkommene Freude uns zuteil werde. Die große Sehnsucht des Menschenlebens ist in Ihm erfüllt. Und wie Er Freude und Freiheit gibt durch das Leben, so gibt er den Frieden. »Den Frieden lasse ich euch, meinen Frieden gebe ich euch« (14, 27). So umfaßt die Lebensbotschaft das ganze Leben des Menschen des Todes und erfüllt den ganzen Raum von Zeit und Ewigkeit. So enthüllt das Wort vom Leben die tiefste Gabe, die Gott uns in Christus gibt. Die Furcht, das Gericht, der Tod und die Traurigkeit sind überwunden. »Das Leben, das ewig ist beim Vater, ist uns erschienen« (1. Joh. 1, 2). Wir verstehen, warum über dem ganzen Evangelium nicht nur der Geist der Anbetung, sondern auch des Lobgesangs, des Jubels, der Freude liegt. »Wir haben den gefunden, von dem Mose im Gesetz und die Propheten geschrieben haben, Jesum, Josephs Sohn von Nazareth«, das Leben und das Licht der Welt (1, 45). »Wir haben gefunden!«

Die Gabe des Kreuzes

Das Werk des Hohepriesters. Wir wollen uns in diesem letzten Abschnitt einführen lassen von Johannes in die Geheimnisse des

Kreuzes Jesu Christi. Für Johannes ist das Kreuz nicht ein Rätsel, sondern nur die letzte, vollendete Offenbarung der Sohnschaft und Herrlichkeit Jesu Christi. Mehr noch als in den anderen Evangelien ist hier das Leben und das Sterben Jesu eine völlige Einheit. Das Ganze Seines Lebens ist die große Gabe Gottes an die Welt, Jesus Christus, der in die Welt gekommen ist, für die Welt sterben muß und aus der Welt zum Vater geht. Es ist ein einheitliches Ganzes, Sein Leben, das zum Sterben geht, und Sein Sterben, das das Leben schafft. Wir wollen auch hier Schritt für Schritt den geheimnisvollen Worten des Apostels nachforschen.

1. Um das Geheimnis des Kreuzes zu verstehen, müssen wir einen Augenblick das im Evangelium des Johannes überaus häufige Wort »Welt« betrachten. Johannes sieht die ganze Schöpfung als eine Gott entfremdete und Gott feindliche Menschheit. Darum hat für ihn das Wort »Welt« einen ganz eigenartig schweren Klang. Die ganze Welt liegt »im Argen«, in den Armen des bösen Feindes, des Argen (1. Joh. 5, 19). Er ist der Fürst dieser Welt, der den Menschen die Augen blendet und das Leben nimmt, aus ihm Finsternis macht und die Menschen knechtet (12, 31; 14, 30). »In der Welt habt ihr Angst« (16, 33), weil niemand den Vater sieht und die Menschen in der Finsternis tappen (1, 18; 6, 16). Der Fürst dieser Welt nimmt den Menschen das Leben, innerlich und äußerlich. Er ist ein »Mörder von Anfang« an (8, 44). Diese Not der Welt tritt im Evangelium am schärfsten heraus an der Welt der Juden. Johannes weiß, daß das Heil von den Juden kommt (4, 22), und daß Jesus der König von Israel ist, der verheißene Messias (1, 49; 18, 33; 19, 19). Aber in ungeheurer Schärfe offenbart er, wie eben dieses Volk Gottes den Sohn verwirft und sich durch Seinen Tod das Gericht, und damit das Gericht über die ganze Welt zuzieht. Die Juden, das sind recht eigentlich die Menschen der Welt und bilden die Welt der Menschen, die »von unten her« sind (8, 23). Und eben diese Welt, und eben diese Menschen sind es, die Gott geliebt hat, um sie durch die Sendung Seines Sohnes zu retten (3, 16. 17).

2. So wird das Werk des Hohepriesters vor allem ein Kampf zwi-

schen Jesus und dem Satan. In Judas tritt der Satan dem Herrn zum Kampfe entgegen (13, 2 und 27). In den Juden begegnet der Feind dem Sohne Gottes (8, 44). Und mit dem Eintritt in den Entscheidungskampf in der Nacht vor dem Kreuze kommt der Fürst der Welt selbst, aber er »hat nichts an Mir« (14, 30). Vielmehr bedeutet das Sterben Jesu das Gericht und das Ausgestoßenwerden des Fürsten der Welt (12, 31; 16, 11). Dieser Kampf Jesu Christi mit dem Satan hat eine ungeheure Bedeutung für die Geschichte der Kirche erhalten. Gerade auch unserem Volk wurde von den ersten Missionaren dieses Geheimnis verkündigt, wie es im »Heliand« wiederklingt. Christus wird dort als der Sieger über den Teufel, als der Herr über den Fürsten dieser Welt geschildert. So klingt es auch noch in den Liedern Luthers wieder: »Es war ein wunderlich Krieg, da Tod und Leben rungen. Das Leben behielt den Sieg, es hat den Tod bezwungen.« Das ist recht eigentlich aus dem Evangelium des Johannes geschöpft und zeigt uns eine Linie im Bilde des hohepriesterlichen Werkes mit klarer Deutlichkeit.

3. Neben dem Bilde des Kampfes deutet uns Johannes das Kreuz mit dem Bilde vollkommenen Friedens. Das Kreuz, das Sterben Jesu ist die Heimkehr des Sohnes zum Vater. »Da Jesus erkannte, daß seine Zeit gekommen war, daß er aus dieser Welt ginge zum Vater« (13, 1). Er verläßt die Welt und geht zum Vater (16, 28). Dadurch hat Er die Welt überwunden (16, 33). Unser Herz soll nicht erschrecken, wir Menschen sollen uns nicht fürchten, der Heimweg ist offen, der Sohn hat stellvertretend für uns die Heimat aufgetan. Dasselbe wollen auch die wunderbar stillen Worte sagen, daß der Tod nichts anderes sei als daß »des Menschen Sohn erhöht werde« (3, 14; 8, 28). Dadurch, daß Er »erhöht wird«, zurückkehrt an den Thron der Herrlichkeit, kann Er nun die Seinen alle zu sich ziehen (12, 32). Es liegt über dem ganzen Kreuzesweg Jesu der Glanz der Heimat und das Licht des Sieges, wenn auch der Weg für Ihn und die Seinen durch das Sterben geht. Er ist ja das Weizenkorn, das in die Erde fällt und erstirbt, um viel Frucht zu bringen (12, 24). Das ist auch der Weg der Seinen; denn »wer Mir dienen will, der folge Mir nach« (12, 26). Wir verstehen nun viel

besser, daß für Johannes nicht die Marter Jesu zuerst, sondern die Siegesherrlichkeit das Bild des Gekreuzigten bestimmt.
4. Tod und Herrlichkeit, Sterben und Verherrlichung gehören unlöslich zusammen. Davon kündet uns besonders Kap. 13. Dort sehen wir Jesus in der letzten Nacht, wie Er den Jüngern die Füße wäscht und sich so zum Knecht und Diener aller macht. Aber eben dieser demütige Weg ist der Weg der Verklärung. »Nun ist des Menschen Sohn verklärt und Gott ist verklärt in ihm« (13, 31). Dieser Weg des Sterbens ist der Weg der Herrlichkeit, der Weg der Liebe und damit auch das große Vorbild, das Er den Seinen hinterläßt. »Dabei wird jedermann erkennen, daß ihr meine Jünger seid, so ihr Liebe untereinander habt« (13,35).
5. Damit sind wir auf das Wort Liebe gestoßen. Als die vollendete Offenbarung der Liebe deutet uns Johannes das Werk des Kreuzes. »Wie Er hatte geliebt die Seinen, die in der Welt waren, so liebte Er sie bis ans Ende« (13, 1). Das Sterben Jesu ist nichts anderes als die Vollendung Seiner Liebe zu den Menschen und zum Vater. »Auf daß die Welt erkenne, daß ich den Vater liebe«, spricht Er auf dem Wege nach Gethsemane (14, 31). Darum zeichnet uns Johannes auch die Freiwilligkeit des Sterbensweges mit wundersamen Bildern. »Darum liebt mich mein Vater, daß ich mein Leben lasse, auf daß ich's wieder nehme. Niemand nimmt es von mir, sondern ich lasse es von mir selbst« (10, 17. 18). Für die Welt gibt der Sohn freiwillig hin, was Er hat, und offenbart dadurch die grenzenlose und unergründliche Liebe zu den Seinen »Denn niemand hat größere Liebe denn die, daß er sein Leben läßt für seine Freunde« (15, 13). So spricht es Jesus selber aus. »Ich bin der gute Hirte. Der gute Hirte läßt sein Leben für die Schafe« (10, 12). Wir können gleichermaßen sagen, daß das Geheimnis des Kreuzes die Vollendung der Liebe ist, wie auch der vollkommene Gehorsam, den Er dem Vater schuldet und tut, »wie mir der Vater geboten hat« (14, 31).
6. Und nun achten wir noch auf die besonderen Worte, in denen Johannes das Kreuz als das geheimnisvolle Opfer beschreibt, das Selbstopfer, das Gott darbringt, weil alle Opfer der Welt und der

Religionen nicht genügen, um die Sünde der Welt aufzuwiegen. Dahin gehört zuerst das wunderbare Wort, das wir Johannes verdanken, indem er Jesus nennt: »Siehe, das ist Gottes Lamm« (1, 29. 36). Das Lamm, das Opferlamm ist es, das die Sünde der Welt trägt. Das »Tragen« hat den doppelten Sinn, daß nun alle Schuld auf Ihn, den Unschuldigen und Reinen, gelegt ist, und daß Er die Sünde aufzuheben und wegzutragen vermag als der Sohn Gottes. Er ist ja vom Vater dahingegeben, um die Welt zu retten (5, 34), gekommen, nicht daß Er die Welt richte, sondern daß Er die Welt selig mache (12,47). Wiederum stehen wir vor dem letzten Geheimnis der Todesweihe oder, wie Johannes sagt, der »Heiligung« des Sohnes zum Sterben. »Ich heilige mich selbst für sie, auf daß auch sie geheiligt seien in der Wahrheit« (17, 19). Dieses Wort bedeutet, daß Er sich selbst zum Opfer weiht und darbringt, indem Er so Priester und Lamm, Mittler und Opfer in einem wird. Und dies alles geschieht durch Ihn, den Sohn, den Einen, der für das ganze Volk stirbt (11, 51. 52). Durch Sein Sterben schenkt Er der Welt das Leben. »Ich gebe mein Fleisch für das Leben der Welt« (6, 51). »Ich lasse mein Leben für die Schafe« (10, 15). So vollendet Er das Werk des Priesters, indem Er sich selber, Priester und Opfer in einem, dahingibt für die Welt. Johannes ist das einzige Evangelium, das uns als letzten Ruf Jesu überliefert: »Es ist vollbracht.« In diesem einen Wort ist alles gesagt. Er hat das Werk des Hohepriesters für die Welt vollendet.

Und nun nahen wir uns zum Schluß dem kostbaren Heiligtum des Johannesevangeliums, dem hohepriesterlichen Gebet (Kap. 17). Nicht nur das Werk, sondern auch das Gebet des Hohepriesters deutet uns das vierte Evangelium in besonderer Weise.

In drei Kreisen beginnt der große Hohepriester für sich, Seine Jünger und Seine Gemeinde zu bitten.

1. »Vater.« Das Wort, das uns als erstes aus dem Munde Jesu überliefert ist, ist auch Sein letztes. Grenzenlos ist das Vertrauen des Sohnes, völlig der Gehorsam des Kindes, unlösbar die Einheit mit dem Vater.

»Die Stunde ist da«, die Stunde des Kreuzes, nein: des Sieges, der

Verklärung. Die ganze Leidensgeschichte ist in dieser einen Stunde zusammengefaßt. Es ist alles erfüllt. An dieser einen Stunde hängt alles, um dessentwillen Er zu uns kam. Es ist die Stunde, auf die nun alles für die Welt ankommt.

»Verkläre Deinen Sohn.« Die Stunde der tiefsten Niedrigkeit am Kreuz wird die Stunde der höchsten Herrlichkeit werden. Darum bittet Er, daß die Treue, der Gehorsam und das Leiden verherrlicht werden, teilbekommen an dem Glanze des offenen Himmels, der über dem Ostermorgen aufbricht.

»Verkläre Deinen Sohn«, nimm die letzte Hülle weg, die auf der Menschengestalt des niedrigen Knechtes liegt, damit offenbar werde, daß das Kreuz das Zeichen des Sieges und die Stunde des Todes der Anbruch der Herrlichkeit sei.

»Auf daß Dein Sohn Dich auch verkläre.« Alles, was Gott Ihm gab, gibt Er zurück. Von Ewigkeit her wollte er ja nichts anderes sein als der, welcher dem Vater dient und Seinen Willen tut und die Seinen liebt bis ans Ende. Daß es in seinem Leben um nichts ging als um die Verherrlichung Gottes und um Seine Ehre, das soll nun offenbar werden. Das Kreuz, »die Stunde« bedeutet, daß »Dein Name geheiligt werde, Dein Reich komme und Dein Wille geschehe«.

Er dankt dem Vater, daß Er Ihm Macht gegeben hat über alles Fleisch. Er bittet ja nicht um Seinetwillen, verklärt zu werden, sondern daß diese Stunde für uns die offene Türe werde zum ewigen Leben.

Die Macht, die Ihm der Vater gab, die in die Ohnmacht eingegangen ist, in das Fleisch, soll nun offenbar werden als die Macht zur Rettung, zum Trost, zur Freude, zur Erfüllung Seines Werkes. Es ist die Macht der Liebe über alles Fleisch, die der Vater Ihm gab. Sie ruht nun allein in Jesu Händen, und wir in Ihm. Das ist unsere Kraft und unser Trost. Er hat die Welt überwunden.

»Auf daß Er das ewige Leben gebe allen, die Du Ihm gegeben hast.« Die Macht, dem Tode Verfallenen das Leben zu geben, wird nun offenbar werden. Er gibt, und Er gibt allen und schlägt nun die große Brücke, damit wir von Seiner Gabe allein leben.

Und was ist dies ewige Leben, das Er gibt? »Daß sie Dich, der Du allein wahrer Gott bist, und den Du gesandt hast, Jesum Christum, erkennen.« Der Blick auf den wahrhaftigen Gott, das ist das Leben. Dann leben wir, wenn wir jetzt im Glauben, einst im Schauen, Ihn sehen wie Er ist.

Und solches Erkennen ist die tiefste Liebe, schon heute geboren in unseren Herzen zu einem lebendigen Brunnen, der in das ewige Leben quillt. Das heißt Leben, den allein wahren Gott zu erkennen, nicht den Gott, den unsere Menschengedanken sich erdenken. Das ist das Leben, den großen Gesandten Gottes, Jesum Christum, zu erkennen. Der Vater und der Sohn sind ja eins.

»Ich habe Dich verklärt auf Erden.« Nichts anderes war ja Sein Auftrag und Sein Werk in Wort und Zeichen. Vollendet ist das Werk im Gehorsam und in der Liebe. Nicht schwere Last war es, sondern leichte Gabe, die Ihm der Vater gegeben hatte, daß Er sie tun sollte. Nun ist Er mit seinem Dienst am Ziel.

Und wiederum erbittet er: »Verkläre mich Du, Vater, bei Dir selbst, mit der Klarheit, die ich bei Dir hatte, ehe die Welt war.« Er erbittet, was Er hatte von Ewigkeit und was Er nur abgelegt hatte auf Zeit, und was Er doch nie aufgehört hatte zu sein. Das ist das Geheimnis Jesu, daß Er alles schon hatte, was Er war.

Damit hat Er alles zum Vater gesagt, was Er Ihm zu sagen hatte im Gedanken an sich. Nun ist der Heimweg frei, nun dankt Er für das, was war und das, was kommen wird »bei Dir«.

2. Der Blick weitet sich. Er geht hinaus auf die Jünger, mit denen und für die Er vor dem Vater steht. Ehe Er für sie bittet, zeigt Er uns, was uns mit Ihm verbindet.

»Ich habe Deinen Namen geoffenbart den Menschen, die Du mir von der Welt her gegeben hast.« Nichts anderes hatte Er getan. Wer Ihn sah, der sah den Vater, »eine gar süße, tiefe und herzliche Rede«, wie Luther sagt. Nun ist der Name Gottes des Wahrhaftigen uns bekannt, uns, die wir von der Welt her Ihm gegeben sind. Gott gab Ihm die Jüngerschar, sie war Sein von der Schöpfung her durch Gottes Gnadenwahl. Die Menschen gehörten Gott und sind nun zum Vater gekommen durch den Sohn. Alle Jünger sind Gabe des Vaters, dafür dankt Er. Er dankt, daß sie Sein waren, daß Er sie Ihm gab und daß sie »Dein Wort gehalten haben«. Für die Armen dankt der Herr, die das Wort behielten aller Sünde zum Trotz in letzter Treue.

»Nun wissen sie, daß alles, was Du mir gegeben hast, sei von Dir.« Nichts Menschliches kommt von Jesus, alles, was Er hat und ist, kommt vom Vater, alles von Ihm. Nun offenbart Er die volle göttliche Autorität für uns.

»Denn die Worte, die Du mir gegeben hast, habe ich ihnen gegeben.« Es waren nicht Menschenworte, sondern Gottes heilige Worte selbst, die Er gab, wie Er sie empfing, der treue Zeuge.

»Und sie haben es angenommen«, nicht erfunden und nicht errungen, sondern demütig und schlicht empfangen und im Glauben erkannt, daß Er vom Vater kam und nicht aus der Menschen Geblüt. Und sie haben geglaubt, daß Er Gottes ewiger Gesandter sei.

Damit hat Er gesagt, was Er den Jüngern tat. Nun muß Er für das begonnene Werk bitten, daß es vollendet werde.

»Ich bitte für sie.« In diesem Wort liegt die größte Treue Jesu Christi, der nicht das Kleinste vergißt und nicht das Größte. Wofür Er bittet, das wird Er nicht lassen. Ein Wort des Trostes und der Kraft für die Kirche. Und in diesem Bitten hält Er an vor dem Throne des Vaters. Und diese Bitte hält aus und durch, auch für uns in der letzten Stunde.

Er bittet nicht für die Welt, sondern für die, die Gott Ihm gab und die Seiner Fürbitte bedürfen, und Er fügt hinzu, »sie sind Dein«. Das ist die Frucht Seines Lebens. Freiwillig haben sie, aus dem Geheimnis der Wahl – »sie waren Dein« – das Geheimnis des gehorsamen Glaubens gemacht – »sie sind Dein«. Für wen der Herr so bittet, der ist geborgen in Ewigkeit.

Denn der so bittet, der weiß, daß »alles, was mein ist, das ist Dein und was Dein ist, das ist mein«. Unlöslich ist die Gemeinschaft mit dem Vater. Sein eigen Bild hat Er hineingelegt in Seine Jünger und sich in ihnen verklärt. Ohne Sorge scheidet Er von ihnen, denn sie sind ja Gottes Eigentum.

Dreifach ist der Grund Seiner Fürbitte. Einmal: Er kann für sie bitten, weil sie »Sein eigen sind«. Über Seiner Gemeinde, die Er erwarb, steht das Gebet des Herrn Tag und Nacht.
Zum andern, weil Er nun nicht mehr in der Welt ist, »sie aber sind in der Welt«. Nun bittet Er den Vater, daß Er für sie sorge, damit sie im Kampf erhalten bleiben in Seinem Namen, während Er daheim im Frieden, dem Streit enthoben ist. Er bittet, daß Gott sie bewahre vor der Sünde, vor dem Tode und dem Teufel. Dieses Erhaltenwerden im Namen Gottes ist Grund und Kraft unlöslicher Gemeinschaft mit Ihm und untereinander. Einig ist die Gemeinde nur dann, wenn sie erhalten wird in Seinem Namen. Nur in Jesus werden Menschen wirklich eins.
Sein Werk ist nun vollendet. Dieweil Er bei ihnen war in der Welt, erhielt Er sie in des Vaters Namen, bewahrte sie, und keiner ist verloren als das verlorene Kind, wie die Schrift sagt.
Solche Fürbitte geschieht in der Welt, damit unsere Herzen voll Ruhe und Freude werden. »Ich rede solches in der Welt, auf daß sie in ihnen haben meine Freude vollkommen.« Quelle vollkommener Freude ist es. Seiner Frucht, der Gemeinde, hinterläßt Er vollkommene Freude.
Und das ist der dritte Grund der Fürbitte: »Weil die Welt sie haßt; denn sie sind nicht von der Welt.« Sie haben das Wort, das für die Welt unausstehlich ist und bleibt, das Schmerzen und Anfechtung bringt. Aber Gott läßt uns nicht im Stich. Wir sind befreit von der Welt, in der Hut des guten Hirten bewahrt.
Nicht bittet Er, daß nun die Gemeinde mit Ihm weggenommen werde, sondern »daß Du sie bewahrest vor dem Übel«, daß sie unversehrt bleiben vor dem Bösen. Schmerz und Leiden kann Er nicht hindern, will Er nicht mindern. Stark sollen sie werden und mutig gegen das Böse und weit überwinden in tapferem Kampf, aber bewahrt von Ihm. Das ist nur möglich für Menschen, die nicht von der Welt sind, geschieden von den Mächten der Finsternis, und für Menschen, die teilhaftig werden der Kräfte Seiner Heiligung.
»Heilige sie in Deiner Wahrheit«, bittet Er. An Ihn gebunden sol-

len sie werden, erneuert durch das Wort Seiner Wahrheit. Wie heiligt uns der Herr? Eben durch das Wort der Wahrheit und durch die Wahrheit des Wortes. Dies Wort ist wahr, weil es uns klar macht, wer wir sind, und klar macht, wer Er ist.
Und dabei denkt Er sofort auch an ihren Beruf. »Wie Du mich gesandt hast in die Welt, so sende ich sie auch in die Welt.« Die Gemeinde hat den gleichen Beruf wie der Herr. Wie auf Seiner Sendung ihre Sendung beruht, so beruht auf Seiner Heiligung die unsrige.
»Ich heilige mich selbst für sie, auf daß auch sie geheiligt seien in der Wahrheit.« Dieses Wort, das Sich-selbst-heiligen will sagen, daß Er sich weiht zum Opfer für die Seinen, priesterlich darbringt sich selber vor dem Vater. Daraus kommt die Frucht, daß nun auch Seine Jünger ihr ganzes Leben freudig darbringen und zum Opfer geben können für Ihn.
3. Und nun kommt der dritte, weiteste Kreis, die große Gemeinde, zu der auch du und ich gehören. »Ich bitte nicht allein für sie, sondern auch für die, so durch ihr Wort an mich glauben werden.« Umfassend wird Sein Gebet. An alle Jünger denkt Er bis an das Ende der Welt. Und denkt auch an dich. Deine Rettung ist Ihm das tiefste Anliegen im letzten Gebet. Welchen Frieden schenkt dieses Wort gegen alle Anfechtung und Kampf! So bringt der Herr uns in Seiner letzten Stunde in Seinen Händen vor den Vater.
In dem einen ist alles gesagt: »Durch ihr Wort an mich glauben.« Nicht nur Erkenntnis, erst recht nicht nur Gefühl will Er, sondern Glauben, der zur vollen Gemeinschaft führt. Dies wird immerdar nur geschehen durch den Glauben an das Wort. Nur im Wort sind wir gesichert und geborgen und gedeckt vor den Mächten der Welt. Nur aus dem Wort kommt der Glaube.
Wunderbar genug, daß Er mit solcher Frucht rechnet. Er hofft und wartet auf uns. Dies kann Er nur, weil Er sich selbst opfert für die Welt und sie erkauft hat durch Sein Blut. Das ist nicht vergeblich gewesen. »Durch ihr Wort.« Wie weitherzig ist der Herr! Unser armes Amt trägt das Siegel des großen Lichtes. Wir sollen Menschen, Menschen zu Ihm bringen.

Aber je größer die Schar wird, um so dringender die Bitte um die Einheit in der rechten Liebe. »Auf daß sie alle eins seien, gleichwie du, Vater, in mir und ich in dir.« Die Einheit der Gemeinde ruht auf Seiner Einheit mit dem Vater. Und darin ist sie gesichert, nur Er vermag Menschen wirklich zusammenzuschließen. »Daß sie in uns eins seien und die Welt glaube, Du habest mich gesandt.« Solche Einheit ist nicht Einförmigkeit. Jeder soll seine Eigenart hineintragen, jeder ein Einzelner bleiben vor Ihm. Aber eins sollen sie werden in seinem Namen, im Glauben und in der Liebe, in aller Verschiedenheit eins, weil Er sie geeint hat und Frieden gebracht durch sein Blut.

So legt Er auf uns alle den ganzen Reichtum, den Er hatte: »Ich habe ihnen gegeben die Herrlichkeit, die du mir gegeben hast, daß sie eins seien, gleichwie wir eins sind.« Alles hat Er ja ihnen gegeben, den Vaternamen, die Wahrheit, die Liebe, das Leben und dadurch wiederhergestellt die Einheit, die die Sünde zerstört hatte.

In letzte Tiefen führen die Schlußworte des Gebetes. Der, in dem Gott selber bei uns ist, will in uns bleiben, auf daß wir vollkommen seien und eins in diesem zerrissenen Leben. An dieser unlösbaren Einheit zwischen Vater, Sohn und Gemeinde soll die Welt erkennen, daß der Vater Ihn gesandt und geliebt hat von Ewigkeit her. Endlich kehrt das Erschaffene wieder zurück zu seinem Ursprung, die große Heimkehr der Menschen zu dem, der sie geliebt hat, wie Er den Sohn liebte.

Das letzte Ziel ist die Heimat bei Ihm. »Ich will, daß wo ich bin, auch die bei mir seien, die Du mir gegeben hast.« Und solches »Ich will« wird erhört und erfüllt. Schauen sollen sie Seine Herrlichkeit und in diesem Schauen Gemeinschaft mit dem Vater empfangen für ewiglich. Über allem Weh des Scheidens steht die große Hoffnung, und sie hat ihren tiefsten Grund darin, »daß Du mich geliebt hast, ehe die Welt gegründet war«. Wie der heilige Vater die Seinen bewahrt, so soll der gerechte Vater letzte Gerechtigkeit üben, Recht behalten in allem Seinem Tun. Die Welt kennt Ihn und Seine Gerechtigkeit nicht. Er aber kennt den Vater und die Gemeinde erkennt, was Er ihr in Christus gab.

So faßt Er im letzten Wort das Ganze zusammen: Seine Arbeit, die er tat, als Er ihnen den Namen Gottes kundgetan, geoffenbart hat, den Dienst, den Er von droben aus tun will durch den Heiligen Geist, indem er fort und fort offenbar macht, wer Er ist: der Heiland der Welt. »Auf daß die Liebe, damit Du mich liebst, sei in ihnen und ich in ihnen.« So endet die Passion und das hohepriesterliche Gebet Christi mit dem Lobpreis der Liebe. So wird Sein Scheiden Verklärung, die Stunde Seines Todes zum Sieg der Gemeinde.
In Seinen Händen, aufgehoben zum Vater im Gebet, trägt er die Gemeinde durch das Tal der Leiden, trägt Er sie vor den Vater. Es wird der Schutz, die Kraft und der Friede der Gemeinde zu allen Zeiten bleiben, daß sie sich getragen weiß durch die betenden Hände des »Fürsprechers bei dem Vater« (1. Joh. 2, 1). Das Gebet Jesu für die Seinen ist erhört.

Schluß

Wenn wir noch einmal das Christuszeugnis und das Christusbild des Johannes überschauen, so drängt sich uns als erstes der Eindruck auf: Das vierte Evangelium ist eine große Anbetung des Sohnes Gottes. Johannes, der Apostel, erleuchtet durch den Heiligen Geist, schaut in die Tiefen der Gottheit Jesu Christi und in das Geheimnis des dreieinigen Gottes, und anbetend legt er in seinem Evangelium nieder, was ihm der Geist gab auszusprechen. Man kann das vierte Evangelium nur so verstehen, daß man es als großes Gebet vor dem in Christus offenbarten Gott liest. Daraus werden auch die mancherlei Wiederholungen verständlich, die in diesem so wundersam liturgischen Beten sich dem Apostel-Jünger immer neu auf die Lippen legen. Man muß das Evangelium des Johannes, um es geistlich in sich aufzunehmen, laut lesen, mit gefalteten Händen, im Gebet, um zu fassen, was an überwältigender Tiefe und Klarheit sich dem Evangelisten aufgedrängt hat.
Ein zweites ist sehr wichtig zum Verständnis des Ganzen. Wir können uns das an einem Bilde klarmachen. Ludwig Richter hat

einmal ein liebevolles Bild gezeichnet von der Heiligen Nacht. Man sieht eine stille, verschneite Stadt in der Heiligen Nacht. Im Vordergrund auf dem Kirchturm stehen die Bläser der Stadt, um in dieser Nacht ihr Loblied über Dächer und Häuser hin erklingen zu lassen, und in der Tiefe des Bildes sieht man die Engel einen brennenden Christbaum vom Himmel tragen, um ihn der nach Licht hungernden Erde zu bringen. Dieses Bild drängt sich uns auf, wenn wir an das Christusbild des Johannes denken. Denn das ist das Geheimnis des vierten Evangeliums. Er schaut hinein in die unendliche Tiefe und Herrlichkeit des Sohnes Gottes beim Vater. Keinem von den Evangelisten ist diese Schau in die göttlichen Tiefen der Dreieinigkeit anvertraut. Und nun sieht er, wie sich dieses Geheimnis Gottes niederläßt, wie Jesus Christus als Gottessohn herniederkommt, um einer nach Licht und Leben hungernden Welt zu bringen, was sie bedarf. In jedem Kapitel ist diese Begegnung des Niederkommens der göttlichen Herrlichkeit zu spüren. Wo der Heilige Gottes diese Erde, die Finsternis ist, berührt, da geschehen, was Johannes »die Zeichen« nennt, die Zeichen Seiner Herrlichkeit. Zum erstenmal leuchten sie auf bei der Hochzeit von Kana (2, 11). »Das ist das erste Zeichen, das Jesus tat, und offenbarte seine Herrlichkeit.« So geht es weiter: die Zeichen Seiner Herrlichkeit geschehen beim Weibe am Brunnen (Kap. 4), bei der Heilung des 38jährigen Kranken am Teiche Bethesda (Kap. 5), bei der Speisung der Fünftausend (Kap. 6), bei der Heilung des Blindgeborenen (Kap. 9), und umfassend und gewaltig bei der Auferweckung des Lazarus (Kap. 11), die uns Johannes allein überliefert hat. Diese Zeichen sind nichts anderes als das Zeugnis davon, daß das Gottesgeheimnis die Erde berührt und durch diese Berührung die Erde, ihre Sünde, ihr Leid, ihren Tod verwandelt. Die Zeichen und Wunder des Evangeliums sind nichts anderes als die ersten Lichter der kommenden neuen Welt, die mit Christus Jesus angebrochen ist. Sie sind die Morgenröte, die angebrochen ist in Ihm, dem ewigen Licht Gottes.

Es ist nun sehr bezeichnend für Johannes, daß er bei diesen Zeichen nicht lange verweilt. Keusch und zurückhaltend werden sie geschildert, aber sofort bedarf es der Deutung, um sie recht zu verstehen. Darum gehen im vierten Evangelium in all den genannten Kapiteln die Berichte über die Zeichen sofort über in wundersame, tiefe, heilige Gespräche, in denen Johannes das Wort Gottes den Menschen mitteilt, sie die Zeichen recht verstehen läßt als den Anbruch des neuen Tages über der Welt und als den Ausdruck dafür, daß dies alles seinen letzten Sinn nur darin findet, daß Christus da ist. Darum diese Zeichen, darum der Sieg über den Tod, über die Sünde, über das Leiden, darum die Gewißheit, daß die neue Welt, das Reich Gottes, im Kommen ist.

Und endlich ist dies gerade das Eigentümliche des Johannesevangeliums, daß ihm der Blick dafür geöffnet wurde, wie dieses Gottesgeheimnis die Welt nur berührt, nur die ersten Zeichen schenkt, um dann wieder zurückzukehren in das Haus des Vaters. Von hier gewinnt das Wort 1, 14 »Er nahm Herberge unter uns« seinen besonderen Klang. Nur wenige Jahre weilt die Ewigkeit in der Zeit, nur wenige Augenblicke berührt, wenn ich es im Bilde sage, der Vogel den stillen See mit seinen Flügeln. Es gibt Ringe, Zeichen, aber schon hat er wieder den Ort verlassen, um dahin zurückzukehren, von wo er ausgegangen ist. Das Entscheidende ist, daß nun Gemeinde da ist, die glaubt, der die Augen aufgetan sind für das wundersame Gottesgeheimnis in Jesus Christus, die Licht und Wahrheit, Leben und Frieden empfangen hat.

Zu diesem Bilde friedevollen Kommens der Ewigkeit in die Zeit tritt nun aber gerade im Johannesevangelium das kämpferische Bild, die geradezu dramatische Unruhe, die das ganze Evangelium durchzittert. Denn Jesus Christus ist ja gekommen, um die Werke des Teufels zu zerstören. So kurz Seine Zeit auf Erden, so flüchtig Sein Besuch in der Welt war, Er hat in dieser Zeit den entscheidenden Durchbruch durch die Mächte der Finsternis, den Sieg über den Fürsten der Welt erfochten. Geradezu leidenschaftlich sind die gegensätzlichen Worte geprägt: oben und unten, Licht und Finsternis, Lüge und Wahrheit, Leben und Tod, Friede und Angst, Freiheit und Knechtschaft – in all diesen Worten prägt sich die ganze Kampfsituation aus, die in den Kapiteln 7 und 8 und dann in der Leidensgeschichte ihren Höhepunkt findet. Jesus Christus ist da. Das heißt, ein Kampf auf Tod und Leben hat begonnen. Die Mächte des Lichtes, der Wahrheit, des Friedens und des Lebens haben sich in Ihm aufgemacht, um die Gewalten der Finsternis, des Todes, der Lüge und der Angst zu überwinden. Dieser Kampf ballt sich in zwei entscheidenden Begegnungen im Evangelium zusammen. Da ist einmal Kap. 7 und 8, der Kampf Jesu mit den Juden, die leidenschaftliche Auseinandersetzung des Heiligen Gottes mit seinem Volk, des Herrn der Ewigkeit mit den Menschen der Welt. Und noch schärfer sehen wir diesen Kampf in den beiden Gestalten, die allein das vierte Evangelium in der Leidensgeschichte herausarbeitet, Jesus und Pilatus. Hier kommt es zum letzten Ausdruck und Austrag des Kampfes zwischen dem Reich, das nicht von dieser Welt ist, und dem Vertreter des Weltreiches, zwischen dem, der die Wahrheit ist, und dem, der zweiflerisch nach der Wahrheit fragt. In den beiden Gestalten Jesus und Pilatus treten die Welt Gottes und die Welt von unten her, die gefallene Welt, einander in unbeschreiblicher Schärfe und Klarheit gegenüber. Aber wer diese Geschichte geistlich und gläubig aufnimmt, dem kann ja keinen Augenblick ein Zweifel kommen, wer hier der Sieger ist. Es ist eben nicht der Mensch der Macht und des Weltreiches, es ist der gefesselte Gottessohn, der Recht hat und Recht schafft und darum auch die Macht empfangen wird in der Stunde Seiner Wiederkunft. Dann wird nicht mehr der gefesselte Christus vor Pilatus stehen, dann wird Pilatus und mit ihm die ganze Welt vor dem Richtstuhl dessen stehen, der gekommen ist, um für die Wahrheit zu zeugen.

Es ist darum die Eigenart des vierten Evangeliums, daß es gleichzeitig schweigende Anbetung ist und Entscheidung fordernder Ruf an jeden, der es liest: Wo gehörst du hin? Auf die Seite des Lichtes oder der Finsternis? Der Wahrheit oder der Lüge, des Todes oder des Lebens? Entscheide dich!

Dieser Doppelklang der Anbetung vor dem Wunder des Geheimnisses Seines Kommens und der heißen, leidenschaftlichen Auseinandersetzung zwischen oben und unten, zwischen Licht und

Finsternis, Friede und Krieg, Anbetung und Entscheidung, das bestimmt das Christuszeugnis des vierten Evangelisten. Du darfst nicht müde werden zu meditieren, dich zu versenken, anzubeten, aber du darfst auch nicht ablassen, dich leidenschaftlich zu entscheiden, auf Seine Seite zu treten und dich auf Leben und Tod mit Ihm zu verbinden.

Und an dieser Stelle ist noch eine besondere Eigenart des Christuszeugnisses des Johannes zu nennen. Wir verdanken dem Zeugnis dieses Apostels das Bild für die Verbindung der Gemeinde Jesu mit ihrem erhöhten Herrn und Haupt. Das ist das Bild vom Weinstock (Kap. 15). Die Gemeinde Christi lebt von ihrem Herrn, der wohl wieder zurückgekehrt ist in des Vaters Haus, aber uns Sein Wort und Seinen Geist gelassen hat in dem täglichen Zugang zu Ihm. Sie lebt von Ihm in derselben geheimnisvollen, unlösbaren Verbindung, in der die Rebe mit dem Weinstock steht. Solange der Weinstock die Rebe trägt und erhält, strömt Saft und Kraft zu ihr, kann sie Frucht bringen, Beeren ansetzen, wachsen und reifen. Nur dann, wenn die Rebe die Gemeinschaft und die Verbundenheit mit dem Weinstock verloren hat, verdorrt sie und stirbt. Damit macht der Herr selbst uns klar, daß nur in engster und innigster Verbundenheit mit Ihm, nicht nur in Gedanken, nicht nur in Glauben und Gebet, sondern in wesenhafter Einheit Gemeinde Jesu Christi auf dieser Erde bestehen kann. Es gibt dafür kein anderes Gleichnis, als das aus der Schöpfung Gottes genommene Bild vom Weinstock und den Reben. Alles hängt davon ab, daß wir in Ihm bleiben und daß Er in uns bleibt. Die ganze Entscheidung, auch der Kirche, steht und fällt durch die Gemeinschaft mit Christus ohne Ende.

Darum dürfen wir gerade die Abschiedsreden (Kap. 14-17) als das Testament Jesu Christi für Seine Gemeinde sehen. Hier wird die Gemeinde unterwiesen darüber, daß sie nur zu leben vermag in der Einheit mit ihrem erhöhten Herrn. Hier wird ihr der Heilige Geist, der Tröster, der Rechtsbeistand verheißen, der sie in alle Wahrheit leitet, der ihr das Wort Jesu immer neu aufschließt, der ihr vor der Anklage des bösen Feindes tröstend Beistand leistet und sie vor Gott vertritt. Hier wird ihr der Weg klar zum Gebet in Christi Namen, der die Schlüssel des Himmels enthält und durch den wir offenen Zugang zum Vater haben. Hier wird der Gemeinde das Gebot der Liebe vorgelegt, das jetzt kein Gesetz mehr ist, sondern ein innerstes Müssen, aus der Verbundenheit mit dem, der uns zuerst geliebt hat. Und hier wird endlich der Gemeinde ihre eigene Stellung klar, die nur ein Übergang ist. »Über ein kleines« wird sie ihren Herrn selber von Angesicht zu Angesicht schauen dürfen (Joh. 16, 20-27; 1. Joh. 3, 1-5). Gerade aus diesen vier Kapiteln, die alle getragen sind von der letzten fürbittenden Kraft des Hohepriesters, muß die Gemeinde allezeit lernen, sich und ihre Aufgabe als Kirche Jesu auf Erden zu verstehen. Hans Holbein hat ein Bild gemalt. Man sieht Jesu Christus auf dem gewaltigen Bogen der Schöpfung sitzen, zu Seinen Füßen wie ein Schemel die Erde. Seine Hände sind ineinandergefaltet, Sein Blick ist auf den Vater gerichtet, dessen Antlitz am Himmel sichtbar wird. Holbein hat dem Bilde den Namen gegeben: Jesus, der Fürbitter. Dies ist das tiefste Geheimnis des Evangeliums, daß es uns hineinsehen läßt in die innigste Zwiesprache des Sohnes, der nicht abläßt, vor dem Throne des Vaters für die Welt zu bitten, die Er erlöst und geliebt hat. So mündet das Evangelium aus in der Gewißheit, daß Christus »sitzet zur Rechten Gottes und vertritt uns«.

Da es nun Morgen war

Johannes 21

Der geheimnisvolle Charakter von Johannes 21

Das 21. Kapitel, das Schlußkapitel des Johannesevangeliums, trägt einen besonderen Charakter. Es schließt das Evangelium und beginnt gleichzeitig etwas Neues. Es ist ein Teil des Evangeliums und steht doch schon außerhalb desselben. Es ist wie ein heiliger Nachtrag und Anhang und das Wort eines geheimnisvollen Übergangs hinein in die Geschichte der Apostel und der Urgemeinde. Es verrät eindeutig die Hand des Jüngers, der das vierte Evangelium schrieb. Und doch hat man das Gefühl, er habe es unter besonderen Umständen geschrieben, die anders sind, als da er »schrieb, damit ihr glaubet, daß Jesus der Christus sei, der Sohn Gottes und daß ihr als Glaubende Leben habt in seinem Namen« (20, 31).

Warum, fragen wir, trägt dieses Kapitel einen besonderen Charakter?

Sooft man es liest – und man muß es laut lesen – spürt man, daß es voller geheimnisvoller Beziehungen, voll bedeutungsvoller Worte, voller Zeichen ist für die unsichtbare Welt wie für die kommende Geschichte der Kirche. In diesem Kapitel bedeutet jedes einzelne Wort etwas. Etwas, was man in der menschlichen Sprache eigentlich kaum mehr auszudrücken vermag. Wir spüren, wie die ganze Schöpfung und die menschliche Geschichte durchleuchtet ist von der Herrlichkeit der Auferstehung, von dem neuen Leben in Christus. Es tritt in diesem Kapitel in besonderer Weise der Goldgrund des Lebens Jesu hervor, so wie die frommen Maler die heilige Geschichte auf Goldgrund gemalt haben. Sie wollten eben das damit andeuten, daß diese Jesus-Christus-Geschichte, daß diese Apostelgeschichte durchleuchtet ist von der ewigen Welt des unvergänglichen Lebens. Gold ist die Farbe des Reiches Gottes und der kommenden Welt, auf deren Hintergrund man diese alten Bilder sehen muß. Dieser Goldgrund der Ewigkeit will das Geheimnis sichtbar machen, das dahinter steht und ohne das wir auch kein Wort und kein Bild verstehen können. Es bricht in diesem Kapitel in besonderer Weise die Welt Gottes geheimnisvoll herein.

Es ist ein Kapitel, das uns den Übergang des Lebens Jesu aus der Zeit in die Ewigkeit wunderbar schildert. Die Zeit ist vorüber, da er ein Mensch war wie wir, da er mit uns auf den Straßen der Welt gewandert ist. Er ist zwar noch Mensch und ist doch schon nicht mehr ganz Mensch. Die Jünger sehen ihn und wissen doch nicht, daß es Jesus ist. Er ist plötzlich da und ebenso plötzlich verschwunden. Es ist das Kapitel der heiligen vierzig Tage zwischen Auferstehung und Himmelfahrt.

Man kann über das Geheimnis der vierzig Tage nicht tief genug nachdenken, die Jesus Christus mit seinen Jüngern noch auf dieser Erde und doch schon als der Herr der Ewigkeit durchschreitet. Es sind die Tage, in denen den Jüngern, wie uns die Emmausgeschichte erzählt, die Augen geöffnet werden dafür, wer Jesus Christus ist: der Sohn Gottes, der Herr der Zeit und der Ewigkeit. Nun tut sich ihnen das Alte Testament im Lichte der Auferstehung und des Kreuzes auf. Nun beginnen die prophetischen Bücher zu reden, berührt von der Erfüllung in Christus. Nun leuchtet der Erdenweg Jesu in seiner ewigen Bedeutung auf. Nun entstehen die Evangelien, die ja alle von der Auferstehung her geschrieben sind. Nun wissen die Jünger, wer das Kind in der Krippe und wer der Mann am Kreuz, wer der Sieger über den Tod ist. Nun werden aus Jüngern Zeugen seiner Auferstehung, die hingehen können in alle Welt, um diese unbegreifliche Wunderbotschaft zu verkündigen. Die vierzig Tage sind der Quell des apostolischen Zeugnisses, der Predigt der Zwölfe, die hinausgehen in alle Welt, die heilige Schule, in der den Aposteln das Christusgeheimnis in seinen letzten Tiefen offenbar wird.

Aber auch nach vorwärts gesehen bedeuten diese vierzig Tage Entscheidendes für die Apostel. Sie werden eingeübt auf die Zeit, da

Christus nicht mehr sichtbar unter ihnen sein wird. Er beginnt, sie vertraut zu machen mit dem Geheimnis der Himmelfahrt und Erhöhung, mit dem Geheimnis seines ersten Kommens im heiligen Geist. Die vierzig Tage sind darum der Beginn der Kirchengeschichte, des Weges der Gemeinde durch die Zeiten und Völker. Der Vers »Da es aber jetzt Morgen war, stand Jesus am Ufer« (21, 4) gießt ein machtvolles Licht auf ihren kommenden Weg. Sie werden auf dem Meer der Zeit sein, sich mühen und fischen, arbeiten und leiden. Aber das alles wird geschehen im Angesicht des Herrn, der am Ufer der Ewigkeit steht, auf sie zu warten, sie zu stärken und zu segnen. Er wird nicht mehr leiblich unter ihnen sein, aber dennoch ganz wirklich, ja, vielleicht wirklicher als zuvor, als der, der droben ist und bei ihnen alle Tage, als der, der ihnen im Geist näher ist als je zuvor im Fleisch. So beginnt in diesen vierzig Tagen der Weg der Apostel, die Gründung der christlichen Kirche. Es beginnt der Weg der Gemeinde Gottes zwischen den Zeiten und in allen Völkern. Es beginnt die Zeit zwischen den Zeiten Gottes, zwischen Himmelfahrt und Wiederkunft des Herrn, die die unsrige ist.

So ist dieses Kapitel der Übergang vom Leben Jesu auf Erden in das Leben Jesu im Geist in seiner Gemeinde, der Übergang in die Geschichte der Kirche hinein. Es ist, als ob in diesem Kapitel der Herr ganz still zurücktrete, in die ewige Welt zum Vater ginge, aber im selben Augenblick wiederkomme, um in seiner Gemeinde gegenwärtig zu sein. Was ist die Kirche? Der Ort der verborgenen, aber wirklichen Gegenwart Jesu Christi in Wort und Geist, in Taufe und Abendmahl, wie uns dieses Kapitel wunderbar verkündet. So hat denn jedes Wort dieses Kapitels Sinn und Bedeutung für die Gemeinde, für unseren Dienst in ihr und für die gewaltige Hoffnung, die die Kirche hat auf die kommende Welt. Hier schreibt bereits die Feder dessen, der einmal von Patmos aus das ganze Geheimnis der Heilsgeschichte und des Planes Gottes mit der Welt und seiner Gemeinde schauen sollte, der Verfasser der Offenbarung. Wie Johannes ihn sah, unter den Jüngern wandelnd am See Tiberias, so wird er ihn wieder sehen »mitten unter den sieben

Leuchtern«, durchleuchtet vom Licht der Ewigkeit, den König und Priester der Welt, der ihm das heilige Geheimnis des Heilsplanes Gottes bis zum Ende auftun wird (Offb. 1, 10-20). An die Stelle der Apostel treten die sieben Leuchter, an die Stelle der Jünger, die in den vierzig Tagen mit dem Herrn wandelten und die er aussandte in alle Welt, um den Grund der Gemeinde zu legen, tritt nun das Geheimnis der Gemeinde selbst, das durch alle Zeiten und durch alle Völker hindurch zum Ort wird, an dem Jesus Christus wohnt. Die Kirche ist der »Stellvertreter Christi« auf Erden, nicht ein einzelner Mensch, erst recht nicht der Mensch, der sich diesen Namen beilegt. Die Gemeinde Jesu in allen Völkern ist das Geheimnis der Gegenwart und der Stellvertretung des Herrn. Und nur wenn wir in dieser Gemeinde leben, wird uns auch das Geheimnis dieses letzten Kapitels offenbar werden.

Es ist der Herr

Johannes 21, 1-14

»Danach offenbarte sich Jesus abermals den Jüngern. Er offenbarte sich aber also.« Es heißt nicht nur »er erschien«, sondern «er offenbarte sich«. Dies ist ein viel bedeutungsvolleres und umfassenderes Wort. Damit ist das ganze Geheimnis Christi gemeint, auch das Geheimnis, das die Gemeinde mit ihm und unseren Dienst in der Gemeinde umfaßt. Das griechische Wort, das hier gebraucht wird, ist von Johannes und Paulus in besonderer Weise geprägt. Johannes will damit deutlich machen, was in der Person des Sohnes Gottes beschlossen liegt und diese ganze Welt von der Ewigkeit her durchleuchtet. Für Paulus liegt in dem Wort mehr das, was als Widerschein an uns Christen aufleuchtet, wenn wir im Licht des Herrn und seiner Auferstehung unseren armen und schwachen Dienst tun.
»Er offenbarte sich an dem Meer bei Tiberias.« Auch der Ort ist sehr bedeutungsvoll. An diesem Meer berief er die Ersten und erfüllte den Beruf des Fischers durch das Amt, zu dem er sie berief,

Menschenfischer zu werden. An diesem Meer hielt er, wie uns Luk. 5 erzählt, die erste Predigt am See, aufgrund deren Petrus und die anderen berufen wurden. Über diesen See war er einst in der Nacht, um die vierte Nachtwache, zu den Seinen gekommen, um sie durch seine Gegenwart zu trösten. Und über diesen See war auch Petrus geschritten, bis ihn die Hand des Herrn ergriff. Tiberias liegt im Südwesten, Kapernaum, die Stadt, die die großen Wunder Jesu sah, im Nordwesten. Im Norden liegt Bethsaida und nahe dabei Chorazin – was hatten die Jünger Jesu mit ihrem Herrn an diesem Meere erlebt!

Aber nun bekommt dieses »Meer« noch einen ganz neuen, umfassenden Sinn. Es wird zum Zeichen der Zeit und der ganzen Weltgeschichte, so wie es dann der Seher Johannes in der Offenbarung gebraucht, wenn er davon kündet, wie aus dem »Meer« die Tiere aufsteigen und am Ende der Geschichte »das gläserne Meer« gleich dem Kristall zum Abbild der zu seiner ewigen Ruhe und Klarheit gekommenen verwirrten Menschheitsgeschichte wird. An jenem Morgen am See geht den Jüngern auf, daß ihr Weg immer über das Meer, durch seine Stürme und Gefahren, durch seine Finsternisse und Abgründe gehen wird, daß aber dieser Weg hingerichtet ist auf das Ufer, das Gestade der Ewigkeit.

Sieben Jünger zählt der zweite Vers auf. Die Zahlen sind bei Johannes alle wichtig. Es ist sozusagen das Ganze der Jüngerschar, die heilige Zahl der Gemeinde Jesu. Simon Petrus ist an der Spitze. Der Mann, der ihn verleugnete und dem er in der Auferstehung persönlich erschienen war. Thomas ist da, der Zweifler, den, wie Johannes in Kapitel 20 erzählt, Jesus selbst überwand, indem er ihm die heilige Schau seiner Wundmale gestattete. Nathanael ist dabei, der Israelit ohne Falsch, den er einst nicht weitab von diesem See berufen hatte. Dazu Johannes selbst und Jakobus, der Bruder, und zwei ungenannte Jünger. »Sie waren beieinander«, heißt es. Aber es liegt eine merkwürdige Ratlosigkeit über diesen Menschen, die ihren Weg noch nicht sehen. Sie alle waren Zeugen seiner Auferstehung gewesen. Aber nun warteten sie auf den neuen Weg, den Jesus ihnen befehlen würde. Was sollten sie jetzt tun? Sie wußten es nicht. Und darum taten sie das Eine, was zunächst lag. Sie gehen einfach an ihre Arbeit. Sie fischen. Simon Petrus bricht das Schweigen mit dem Wort: »Ich will hin fischen gehen.« Und die Antwort lautet: »So wollen wir mit dir gehen.« Nur wenige, knappe Worte, wie überhaupt über dieser ganzen wunderbaren Geschichte ein unaussprechliches Schweigen liegt, das aus der ewigen Welt kommt.

Und nun werden sie es erleben, daß eben das Alltäglichste zum Zeichen des Ewigen wird. »Fischen« bekommt nun den tiefen Sinn des Dienstes für den Herrn, um Menschen für ihn zu gewinnen. Das, was sie jetzt auf dem Meer tun, werden sie nun immer und ausschließlich zu tun haben, um die Gemeinde für ihn zu bauen. »Sie gingen hinaus und traten in das Schiff alsobald. Und in derselben Nacht fingen sie nichts.« Es ist Abend und damit die Zeit der Ratlosigkeit, des Dunkels, da man den Weg nicht sieht. Sie gehen in das Schiff und fahren auf den See. Aber sie fangen nichts, die ganze Nacht nicht. Man kann diese Worte nicht oft genug lesen. So sind wir dran, sagen diese Worte. Das ist unsere Lage im Schiff der Kirche, daß uns immer wieder nichts gelingt und daß wir durch die Dunkelheiten und Anfechtungen der Weltzeit hindurch müssen. Aber wunderbar genug, daß das Schiff das Bild für die Kirche geworden ist, das große Zeichen für die Gemeinde, die der Herr über die Meere der Zeit und der Völker, durch den Sturm und die Nacht der Weltzeit hindurch bringt. Einst waren sie auch mit dem Herrn über den See gefahren und mitten im Sturm hatte der Herr geschlafen. Aber er war doch da gewesen. Sie hatten ihn wecken können. Er hatte den Sturm gestillt. Und hatte sie dann doch gefragt: »Ihr Kleingläubigen, warum seid ihr so furchtsam?« (Matth. 8, 26). Dachten sie in dieser Nacht nicht an das Geheimnis, daß der Herr im Schiff war und sie wußten es nicht? Mußten sie die Anfechtung in dieser ersten Nacht erleben, die den kommenden Geschlechtern nicht erspart bleiben würde, die Ungewißheit, die fragt: Ist der Herr da? Sind wir allein?

Diese Geschichte aus der Nacht trägt das geheimnisvolle Zeichen des Übergangs an sich, des Eintritts in einen neuen Abschnitt der heiligen Geschichte. Das eben sollten sie lernen, was ihr Beruf sein würde. Aber daß er doch bei ihnen sei und daß sie in keinem Augenblick den Glauben aufgeben sollten, daß er im Schiff war – und am Ufer. Zeiten des Übergangs, des Eintritts in ein neues Amt, in eine neue Gemeinde, in einen neuen Dienst bedeuten immer Anfechtung. Gerade dann soll uns diese Geschichte stärken und seiner Gegenwart gewiß machen. Gerade dann dürfen wir in diesen Worten ruhen, in diesen wenigen Worten voll tiefer Bedeutung, die uns das ganze Geheimnis unserer Arbeit in der Nachtzeit, auf dem Meer der Geschichte und im Schiff der Kirche deuten.

Und dann kommen jene Worte, von denen einer unserer christlichen Dichter gesagt hat: Wer diese Worte geschrieben hat, ist ein Größerer als wir alle. Und wer sie verstanden hat, der soll Pinsel und Feder aus der Hand legen und anbeten. »Da es aber jetzt Morgen war, stand Jesus am Ufer. Aber die Jünger merkten nicht, daß es Jesus war.« Wer einmal dieses Wort gehört, entdeckt hat mit seiner tiefen, unerschöpflichen Kraft, der ist getröstet für ein ganzes Menschenleben und für ein Menschensterben. Denn immer und in jeder Stunde zwischen Geburt und Grab dürfen wir uns in diesem Wort stärken: »Da es aber jetzt Morgen war, stand Jesus am Ufer.« Dieses Wort enthält den Schlüssel zur Lösung aller Geheimnisse der Geschichte und aller Ängste und Nöte unserer Seelen.

Wir gehen dem Morgen entgegen. Wir wissen um den Tag, der alles klar macht, da alle Lasten von uns fallen. Und dann wird Jesus am Ufer stehen. Unser ganzer Lebensweg durch alle Dunkelheiten, Zweifel und Anfechtung hindurch ist der Weg durch die Nacht dem Morgen Gottes entgegen. Wie wunderbar singen unsere Lieder davon. »Morgenglanz der Ewigkeit, Licht vom unerschaffnen Lichte!« Was heißt Christsein? Dem Tag entgegengehen, dem Tag, da Jesus am Ufer steht. Er hat das Meer der Zeit, die Finsternisse der Welt und die Unruhe des Lebens hinter sich. Der Strand Tiberias dort wird zum Gestade der großen Ewigkeit, das uns jeden Morgen, wenn es tagt, ganz nahe ist, wenn wir es nur schauen können, nahe jedem, der glaubt. Ich weiß von einem

Sterbenden, dem in der schwersten Stunde dieses Wort zugerufen wurde als der größte Trost in seinem Leiden. Und wir können dieses Wort nur jedem, der ehrlich dient und tapfer kämpft, der geduldig leidet und ohne Ermüden wartet, zurufen: »Da es aber jetzt Morgen war, stand Jesus am Ufer«!

Die Männer im Schiff denken, daß sie noch weit draußen auf dem Meere sind. Aber plötzlich wird es Morgen und sie erkennen »sie waren nicht ferne vom Land, sondern nur bei zweihundert Ellen« (21, 8). Wie oft sind unsere Augen blind und gehalten. Wir meinen, noch mitten im Dunkel und in der Ratlosigkeit zu sein. Und siehe da, das Ufer ist ganz nahe. Und am Ufer steht der Herr. Nicht das Dunkel steht am Ufer, sondern der Herr, das Licht, die Wahrheit, das Leben, der Friede. Und du gehst mit jedem Tag und mit deinem ganzen Lebenstag dieser Stunde entgegen, da es auch für dich heißt: »Da es aber jetzt Morgen war, stand Jesus am Ufer.« Es mag dir gehen, wie den Jüngern, »sie wußten nicht, daß es Jesus war«. Die Tränen können unsere Augen blind machen. Der Schmerz und die Leiden dieser Weltzeit können unseren Geist umdüstern und verhüllen. Und es bleibt doch wahr: Es steht Jesus am Ufer. Und einmal wird es für uns alle so werden, wie diese Geschichte erzählt. Wir werden am Ufer sein. Wir werden bei Jesus sein. Und es wird alles, alles gut werden.

Nun folgt die wunderbare Geschichte, die in dem jubelnden Wort ihr Ziel hat, der Ruf, den Johannes ausstößt: »Es ist der Herr!« Wie hat er ihn erkannt? Wie konnte er es wissen? Jetzt verstehen wir, warum mit dem ersten Vers zweimal davon die Rede ist, daß sich Jesus »geoffenbart« habe. Er bleibt nicht der Schweigende. Er offenbart sich seinen Jüngern, seiner Gemeinde im Schiff, im Sturm der Welt. Es ist eine vierfache Offenbarung, die uns immer tiefer hineinschauen läßt in das ewige Geheimnis des Sohnes Gottes.

Er offenbart uns, das ist das erste, unsere Armut. »Aber die Jünger wußten nicht, daß es Jesus war.« Aller echte Glaube wird einmal und immer wieder aus der großen Armut der Seele geboren. Nur wer um die Anfechtung der Welt und um die Versuchlichkeit des

Herzens, um den Zweifel der Gedanken und um die Verzweiflung der Seele weiß, wird wirklich zum Glauben kommen. Solange wir befangen sind in der eigenen Selbstgewißheit, Kraft und Zuversicht, daß wir schon fertig werden mit dem Leben und seinen Schwierigkeiten, können wir nicht glauben. Erst der beginnt zu glauben, dem diese ganze Welt und das eigene Herz verdunkelt ist und der sich weder auf sich noch auf die anderen mehr verlassen kann. Aller echte Glaube wird in der Finsternis der Seelen geboren, nirgend anderswo.

Aber eben in dieses Dunkel hinein erklingt die Stimme vom Ufer: »Kinder«, ruft sie, »habt ihr nichts zu essen?« Wunderbar jedes Wort. »Kinder«, ruft er sie an. Wie der Vater, der davon weiß, daß seine Söhne und Töchter sich verlaufen und verirrt haben. »Kinder« ruft er sie an. Das ist der Heimruf, der Ruf in das Vaterhaus. Kein Wort davon – und er weiß es doch –, daß sie nichts gefangen haben, daß sie ohne Trost und Rat sind. »Kinder« ruft er sie, so wie nur der Vater im Himmel die auf der Erde verirrten Söhne und Töchter zu rufen vermag.

»Habt ihr nichts zu essen?« Auch dieses Wort hat einen tiefen, doppelten Klang. Einmal offenbart sich auch Jesus in diesem Wort in seiner Armut. »Habt ihr nichts zu essen?« Das werden die Jünger auf den Wegen durch die Welt oft genug zu hören bekommen von den Gefangenen und Kranken, von den Nackten und Hungrigen. Und sie sollen es nie vergessen, daß im Schrei des Elends und der Ärmsten seiner Brüder Jesus selbst ruft. Aber das Wort hat einen noch tieferen Sinn. Jesus nimmt das Wunder voraus. Sie werden ihm antworten: Nein, Herr. Wir haben nichts gefangen. Und sollen doch glauben an das Wunder, »daß sie es nicht mehr ziehen können vor der Menge der Fische«. Er ruft uns an, um uns zum Danken und zur Zuversicht und zur Gewißheit zu führen, daß er die Fülle ist und die Fülle der Gnade und Gaben hat für alle, die ihm entgegengehen.

Aber sie müssen ihre Armut bekennen. Sie antworteten ihm: »Nein.« Er will es hören, das Bekenntnis der Armut, des Unvermögens, der eigenen Leere. Denn dies gehört zum Wesen der Be-

gegnung mit dem Herrn. Der Herr kennt kein Christenleben und keine Gemeinde, die nicht in der Armut ist und aus der Armut kommt, die auf dem Wege ist. Erst auf dem Weg und noch nicht daheim. Die in der Buße steht und nicht in der Sicherheit. Der Herr kennt nicht die laute, lärmende Kirche, die sich ihrer Geistesgaben rühmt, die mit Zungen redet, die durchströmt ist von den Kräften der ewigen Welt. Er weiß nur von der Kirche, die auf dem Meer der Zeit ihm entgegengeht. Nur in der wirklichen Armut können Menschen nicht mehr verführt werden, sondern sind offen für das Geheimnis der Offenbarung, für den Anruf von oben: »Kinder, habt ihr nichts zu essen?« Wenn er sich offenbart, wird unsere Armut offenbar. Weigern wir uns dessen nicht. Bekennen wir sie demütig und tapfer.
Aber er offenbart mehr. Er offenbart die Kraft seines Wunders und seiner Fülle. »Er sprach zu ihnen: Werfet das Netz aus zur Rechten des Schiffs, so werdet ihr finden. Da warfen sie und konnten es nicht mehr ziehen vor der Menge der Fische.« Die Gemeinde Jesu lebt von der Macht und dem Reichtum Gottes allein, von der Herrlichkeit und Wahrheit seines Wortes. Unter seiner Gegenwart, unter seinem Wort verwandelt sich alles. Jesus ist Helfer. Er ist die Hilfe. Du brauchst nicht mehr als ihn, wie er in der Morgenfrühe vom Ufer der Ewigkeit dir zuruft, um dir alles zu geben, was du bedarfst, und noch mehr, um deinen Dienst zu segnen, den du für ihn tust und um das arme Schiff zu füllen. Denn wieder bekommt dieses Wort nun seine tiefe Bedeutung für die kommenden Wege der Kirche. Wer wird die Kirche erhalten? Der Herr, der am Ufer über das Schiff wacht. Der Herr, der durch sein Wort den Gehorsam der Seinen erweckt. Und im Gehorsam wird aller Segen beschlossen liegen, den dein Leben bedarf. Wenn wir heute denken, und wir haben wahrlich manchmal Grund dazu, das Christentum werde so langsam eines Tages aussterben, der große Abfall werde die Gemeinde zum Verschwinden bringen, so nimm dir dieses Wort vor. Höre auf ihn. Gehorche ihm und dein Schifflein wird die Fülle haben.
»Da warfen sie.« Blinder Gehorsam ist es, den der Herr auf sein

Wort erwartet. Ein Gehorsam, der nicht rechnet und rätselt und räsoniert, sondern dieses treue, reiche Wort Gottes nimmt, mit ihm arbeitet und fischen geht. Es ist der Kirche verheißen, daß, wo sie diesem Worte allein traut, das Netz nicht zerreißt, wie es uns die ganze Welt täglich weissagt. Immer wieder gehen Fische hinein. Welche Verheißung für allen wahren Dienst, daheim und draußen in der Mission. »Und wiewohl ihrer so viele waren, zerriß doch das Netz nicht.«

Laßt uns nicht müde werden, mit diesem Wort umzugehen, uns dieses Wort sagen und zurufen zu lassen vom Ufer der Ewigkeit, uns an dieses Wort zu klammern wider allen Anschein und gegen alle Gedanken des Herzens. Wir werden mit diesem Wort Wunder erleben. Es wird dieses Wort zu der persönlichen, guten, stillen, klaren Stimme werden des Mannes, der am Ufer steht. Denn der Herr ist das Wort. Er ist nicht nur im Wort. Er ist das Wort selbst. Wo du auf dieses Wort hörst, begegnet er dir selbst. Und von dir erwartet er nur eines, den Gehorsam.

Aber mehr. Der Herr offenbart und erweckt in uns das Bekenntnis, das Echo, den Widerhall. »Da spricht der Jünger, welchen Jesus lieb hatte, zu Petrus: »Es ist der Herr!« Es soll auch aus uns herauskommen, wozu uns das Wort ruft. Wir sollen den erkennen, der dort unerkannt auf uns wartet am Ufer der Ewigkeit. Die Kirche lebt vom Bekenntnis zum Herrn, vom unbeugsamen Glauben an ihn, vom persönlichen Zeugnis. Der erste, der es merkt, ist der Stillste. Es ist Johannes, der zu Petrus spricht: »Es ist der Herr!« Diese Augen müssen wir uns erbitten und dieses Bekenntnis erflehen. Denn nur aus diesem Glauben und aus dieser Liebe und aus diesem Warten wird das Bekenntnis wach: Es ist der Herr! Es ist der Herr! Es ist in der griechischen Sprache wunderbar gesagt: Ho Kyrios estin! Man kann das übersetzen: Es ist der Herr! oder auch: Der Herr ist da! Es ist das Bekenntnis der Kirche, das von der ersten Stunde durch alle Zeiten bis zum Ende der Tage die Kirche allein trägt und verbindet. Jesus Christus ist der Herr. Er ist der Herr der Gemeinde und der Welt. Und dieser Herr ist da, gegenwärtig, wirklich, offenbar. Aber es muß mein persönliches

Zeugnis und deine persönliche Antwort werden. »Der Herr ist da!« Jedes Bekenntnis der Kirche ist von ihm erwecktes, durch ihn geborenes Bekennen, einfach und einfältig, daß es ein Kind fassen und ein Weiser dieser Welt sich daran nicht zu Ende denken kann. »Es ist der Herr!« Und: »Der Herr ist da!«

In diesem Wort liegt ein alles überwindender Jubel, der durch so viele Gesangbuchlieder geht. »Weg Jammern! Weg Klagen!« Weg Zweifel! Weg Anfechtung! »Der Herr ist da!« Es erklingt aus dem Schiff der Kirche, aus der Tiefe der Nacht, aus der Verzweiflung der Seelen heute in den Gefangenenlagern, in den Katakomben Rußlands, in den kleinen Gemeinden des fernen Chinas. Es erklingt überall, wo Christus offenbar wird und Menschen sich von ihm rufen und erleuchten lassen.

Aber Johannes bleibt im Schiff. Er ist der Jünger der großen, priesterlichen Stille, der sieht, aber warten kann. Die wahrhaft Weisen sind allezeit die großen Stillen gewesen. Aber von dem anderen wird gesagt: »Da Simon Petrus hörte, daß es der Herr war, gürtete er das Hemd um sich und warf sich ins Meer.« Das ist der andere, der Täter, der ohne zu bedenken, ohne sich umzusehen, sich ins Meer wirft, so wie er damals in jener Nacht auf das Wort des Herrn: Komm! aus dem Schiff gestiegen und auf das Meer getreten war. Die Kirche braucht beide, die Stillen und die Täter, die Erleuchteten und die zur Tat Bewegten. Dabei ist es wichtig zu sehen, daß es heißt: »Da Petrus hörte, daß es der Herr war.« Es heißt nicht, daß Petrus ihn auch erkannt habe und dann erst ins Meer gesprungen sei. Wir sollen nicht meinen, wir brauchten immer eine unmittelbare Offenbarung direkt von ihm. Wir sollen auch dem Bruder und der Schwester und dem Nächsten trauen und auf sie hören. Das ist das Geheimnis der Gemeinde. Er wird sehr oft durch einen, der dir begegnet, dir zurufen: Es ist der Herr! Petrus ist der erste Christ, der auf das Bekenntnis des Nächsten hin mitbekennt und damit in die große Gemeinschaft der Bekennenden und der Täter des Glaubens tritt. Lang genug hat jede Kirche ihr eigenes Bekenntnis formuliert und sich von den Bruderkirchen getrennt. Und nun in unserer Generation erfüllt sich, was wir hier im Anfang schauen: Die Bekennenden finden einander. Der Ökumenische Rat unserer Kirchen ist nichts »als eine Gemeinschaft von Kirchen, die Jesus als Gott und Heiland bekennen«. Man könnte auch sagen, es ist die Gemeinschaft der Kirchen, die darin einig sind: Ho Kyrios estin! Es ist das johanneische Bekenntnis, das die ganze Christenheit heute verbindet, das Bekenntnis, das aus der Erleuchtung und der Liebe geboren ist, das Bekenntnis, das alle einigt, die sich zu Jesus Christus bekennen, die wissen, daß nur der Eine es ist, der die Kirche und die Kirchen erhält, die Gemeinde, die sein Leib ist, der eine Leib des einen Herrn. Es ist nicht zu sagen, was in diesen einfachen Worten beschlossen liegt, welche Geschichte sie gehabt haben durch die Jahrhunderte in allen Sprachen und Völkern, und was in diese wenigen Worte von Lebenden und Sterbenden an Zeugnis und Bekenntnis hineingelegt wurde, bis es heute zu der Formel wird, die alle Christen auf Erden verbindet. Wahrlich, »er offenbarte sich seinen Jüngern«.

Und endlich. Wo der Herr sich offenbart, wird auch das Mahl der Gnaden, das heilige Sakrament erkannt, von dem die Kirche lebt auf dem langen Weg ihrer Geschichte. Hier enthüllt der Herr das Geheimnis des Mahles der Gnaden.

Als sie ans Land gehen, liegt das Mahl bereit, Fische und Brot. »Spricht Jesus zu ihnen: Kommt und haltet das Mahl! Da kommt Jesus und nimmt das Brot und gibt's ihnen, desgleichen auch die Fische.« Es kann kein Zweifel sein, daß Johannes in seiner geheimnisvollen Sprache an dieser Stelle davon redet, daß die kämpfende Gemeinde im Schiff der Kirche vom Sakrament des heiligen Abendmahls lebt. Das Mahl, das am Gestade der Ewigkeit gefeiert wird, ist uns hineingegeben in alle Anfechtungen und Dunkelheiten der Zeit. Johannes hat die Stiftung des heiligen Abendmahls, wie sie uns die drei ersten Evangelien berichten, nicht erzählt. Er hat uns dafür das Sakrament des Wortes in den Abschiedsreden (Joh. 13-17) gegeben und die Deutung des Sakraments in der geheimnisvollen Rede vom Brot des Lebens (Joh. 6, 48 ff.). Aber es ist nun entscheidend, daß er uns die Feier des Mahles in den vierzig Tagen beschreibt, in denen die Kirche geboren wird, als das entscheidende Mahl der Gnaden für die Gemeinde aus allen Völkern und für alle Zeiten. Es muß uns an dem Vers »Da kommt Jesus und nimmt das Brot und gibt's ihnen, desgleichen auch die Fische« gehen, wie es den Jüngern zu Emmaus gegangen ist: »Da wurden ihre Augen geöffnet und sie erkannten ihn. Und sie erzählten, wie er von ihnen erkannt wäre an dem, daß er das Brot brach« (Luk. 24). Wir achten darauf, daß diese Geschichte am See in einem ebenso wunderbaren Schweigen endet, in dem Jesus Christus das Mahl mit seinen Jüngern feiert. Es ist hier kein Wort nötig. Die Jünger »wußten, daß es der Herr war«. Im Mahl der Gnade offenbart sich der Herr am tiefsten für seine Gemeinde und für alle Zeiten.

Es ist das Mahl der Hungernden. Sie hatten die ganze Nacht gearbeitet und nichts gefangen. Nun sind sie hungrig. Keinem schmeckt das Brot der Gnade als dem, der kommt mit dem Hunger der Seele, mit der Angst der Schuld, mit der Last der Leiden der Welt. Und so, wie nur aus der Armut der Glaube geboren werden kann, kann das heilige Mahl nur dem Hungernden munden. Und wir sind doch wahrlich heute alle hungrig und stärkungsbedürftig im Schiff der Kirche, auf dem Meer der Zeit und in der Nacht der großen Armut. Jesus Christus rechnet mit einer hungernden Kirche und mit hungernden Knechten. Müssen wir nicht um das eine bitten, daß der Herr unter uns einen Hunger erwecke nach seinem Mahl? Alle die Versuche, das Mahl der Gemeinde wieder zu öffnen, werden scheitern, solange nicht der Geist den Hunger schafft, der sich zum Altar drängt, weil er weiß, daß er ohne dieses Mahl nicht zu leben vermag. Wenn nicht alles täuscht, sind wir dieser Stunde nahe.

Der Herr reicht Brot und Fisch. Er feiert das Mahl so, wie die Jünger das Mahl hielten am See, jedesmal wenn sie vom Fischen hungrig und müde zurückgekehrt waren. Brot und Fisch, die Speise der Menschen am See. Und doch sind die beiden Worte heilige Zeichen für das Christusgeheimnis. Denn mit Brot und Fisch reicht er den Jüngern sich selbst. Er ist ja »das Brot des Lebens, das vom Himmel gekommen ist«, wie uns in Joh. 6 geschrieben wird. »Wer von diesem Brot essen wird, der wird leben in Ewigkeit.« Und »das Brot, das ich geben werde, ist mein Fleisch, welches ich geben werde für das Leben der Welt«. Das Brot ist der Herr, dessen Leib gebrochen und dessen Blut vergossen wird für uns. Das Brot ist nicht nur die Hälfte, es ist das Ganze des Mahles. Es ist Er selbst.

Und der Fisch. Wir rühren an ein Geheimnis, das die Urgemeinde durch die Jahrhunderte hin verstanden und doch nicht verstanden hat. Das Fischzeichen ist das erste Christusmonogramm der Urgemeinde. Die fünf Buchstaben, aus denen das griechische Wort für Fisch »ichthys« besteht, sind die Anfangsbuchstaben der griechischen Worte für »Jesus Christus, der Sohn Gottes«. Die Urgemeinde sah im Fisch in geheimnisvoller Weise das Zeichen, den Namen des Christus. Wir wissen über die Urzusammenhänge nichts. Aber die Urgemeinde hat es so gedeutet und sie hat dabei immer wieder an diese Stelle gedacht, an der der Herr mit dem Fisch sich selbst den Jüngern zu eigen gibt.

Nur ein Wort spricht der Herr in diesem Zusammenhang: »Kommt und haltet das Mahl!« Nehmet und esset, spricht er zum erstenmal nach der Auferstehung, am Morgen in der Frühe des neuen Gottestages, der über der Welt angebrochen ist in ihm. Nehmet, esset, ist der Ruf dieser Stelle an die Gemeinde, sich nicht mit der Sitte zu begnügen, die das Mahl der Gnaden an den Rand und in den Winkel gedrängt hat, sondern es sooft als möglich zu erbitten und zu halten. Das Mahl für die Hungernden, Angefochtenen, für die Menschen im Schiff auf dem Meer der Zeit. Das Mahl, das vom Gestade der Ewigkeit zu uns gekommen ist. Diese Geschichte deutet uns das Geheimnis des Mahles in seiner ganzen Herrlichkeit. Es ist das Mahl, das wohl durch den Diener gegeben, doch Christus selbst hält, sooft es gefeiert wird. Es ist das Mahl, wo wir nur die Zeichen, Brot und Wein, sehen, und Jesus doch sich selber der Gemeinde gibt als der, der für sie starb und auferstand. Es ist das einzige Mahl, das unsere Seelen speist und erhält zum ewigen Leben. Es ist das Mahl, das wir im Schatten des Todes fei-

ern zusammen mit der Gemeinde, die es droben am Gestade der Ewigkeit unablässig feiert, das Freudenmahl der kommenden Herrlichkeit.
Wichtig ist gerade in unserer Lage das Wort: »Niemand unter den Jüngern wagte, ihn zu fragen, wer bist du? denn sie wußten, daß es der Herr war.« In dem Augenblick, da die Kirche zu fragen begann, wie sich denn die Zeichen und die Person des Herrn zueinander verhielten, ist aus dem Liebesmahl das Hadermahl geworden. Nun können wir es nicht mehr miteinander feiern, nicht einmal die Kinder der reformatorischen Kirchen untereinander. Wir haben vergessen, daß alles Fragen überwunden und in die Gemeinschaft des Schweigens gebracht werden darf, »denn sie wußten, daß es der Herr war«. In dem Augenblick, da uns das wieder geschenkt ist, werden wir es auch wieder miteinander feiern können.
»Das ist nun das dritte Mal, daß Jesus offenbart ward seinen Jüngern, nachdem er von den Toten auferstanden war.« Und wie oft ist es seitdem so gewesen, daß er sich uns offenbart! Wir bitten, daß es heute und morgen und immer wieder so sei.

Weide meine Schafe!

Johannes 21, 15-23

»Da sie nun das Mahl gehalten hatten.« Aus der unergründlich tiefen Stille des heiligen Mahles des Herrn mit den Aposteln steht das Wort des Herrn auf. Der Zusammenhang ist wichtig. Erst nach dem Mahl erfolgt die neue Berufung des Apostels, die Neueinsetzung in das Amt des Hirten der Gemeinde. Jeder Berufung geht die Vergebung voraus. Jeder Dienst ist aus der Gnade geboren. Erst nachdem sich der Herr den Jüngern zu eigen gegeben hat, kann er sie einsetzen in das Amt und den Dienst an seiner Gemeinde.
Noch ein anderes wird sichtbar. Wir sahen die Jünger im Schiff auf dem Meer, in der Dunkelheit der Welt, in der Ratlosigkeit der

Herzen, in der Armut vor ihrem Herrn. Wir sahen sie unter der Offenbarung des Wunders und schweigend am Mahl ihres Herrn. Aber noch fehlt für den kommenden Weg der Kirche ein entscheidender Zug. Gleichzeitig mit der Gemeinde wird auch das Amt geboren. Gemeinde und Amt, Amt und Gemeinde gehören unlöslich zusammen. Es hängt alles in der Gemeinde daran, daß sie aus Menschen besteht, die sich das Amt nicht selber genommen haben, sondern die von dem großen Hirten selber berufen sind, die nicht, wie Joh. 10 sagt, »anderswo hineingestiegen sind«, sondern zu der Türe eingehen, von der Jesus selbst sagt: »Ich bin die Tür zu den Schafen.« Gerade an dieser Stelle greifen wir es mit Händen, wie die Geschichte endet, in der der Herr selbst unter seinen Jüngern war, und die Geschichte der Gemeinde durch die Völker und Zeiten hin beginnt. Sie beginnt, das ist entscheidend, mit einer Ordination, mit der Neuberufung des Jüngers zum Hirten und Leiter der Gemeinde.

Der Herr, wenn er scheidet, läßt nur seine Zeugen zurück. Er hinterläßt ja nichts, buchstäblich nichts als sie: kein Buch, keinen Thron, keine Kanzel, kein Dogma. Er hinterläßt nichts als seine Zeugen, in denen er selbst gegenwärtig bleibt im Geist. Und er hinterläßt ihnen allen – und dafür ist Petrus nur ein besonderes Zeichen – das Amt, das Hirten-, Lehr- und Zeugenamt an der Gemeinde. Vielleicht gehen wir alle einer Zeit entgegen, in der die Kirche Christi nichts mehr sein wird als eine Handvoll Menschen, die er gerufen hat zum Dienst, da alles Institutionelle und Organisatorische verschwindet. Aber das eben ist das Entscheidende der Kirche: Der Herr und die Zeugen, der Herr, die Gemeinde und das Amt.

Was bedarf die Kirche heute? Der Menschen, die sich Christus zur Verfügung stellen, der Hände, der Herzen und der Füße, der Christusträger, die das Evangelium hineintragen in die Gemeinde und hinaustragen unter die Völker.

Wir stehen mit den kommenden Versen vor der einzigartigen, einmaligen und grundlegenden Berufung und Einsetzung des Petrus und mit ihm der Apostel in das Amt der Kirche, das Apostolat.

Es ist wunderbar genug, daß es eine Wieder-Einsetzung, eine Neuberufung ist. Ein großer Trost für alle, in deren Leben es durch einen tiefen Fall hindurchgegangen ist. Es gibt ein Amt der Wieder-Angenommenen.

Die Berufung des Petrus und der Apostel haben eine einmalige, grundlegende Bedeutung für die Kirche Christi. Die Gemeinde ist »erbaut auf den Grund der Apostel und Propheten, da Jesus Christus der Eckstein ist«, wie Paulus im Epheserbrief sagt. Es gibt nur die zwölf Apostel, keine neuen mehr, wie die Neu-Apostolischen sagen. Es gibt nur die zwölf Apostel und nicht, wie die katholische Kirche sagt, eine direkte Fortsetzung des Apostolats im Papstamt. Petrus ist nicht der erste Papst, und der Papst ist nicht der zweite und dritte Petrus. Es ist ein grundlegender Unterschied zwischen den Zeugen Jesu der ersten Hand, die den Grund gelegt haben für die Gemeinde, und allen, die danach kommen im Gehorsam und im Glauben, auch berufen, aber mit anderem, neuem Dienst und Amt. »Darum kann vom Standpunkt der alten Kirche aus ein Wort, das sich im Neuen Testament auf den Apostelberuf bezieht, nicht ohne weiteres auf das Bischofsamt bezogen werden. Der Apostelberuf ist einmalig, nicht übertragbar. Denn der Apostel ist im Neuen Testament Zeuge der Auferstehung Jesu Christi, des im Fleisch Erschienenen. Das können spätere Leiter der Kirche nicht mehr sein. Die Verkündigung hat weiterzugehen bis ans Ende, aber die Grundlegung dieser Verkündigung, nämlich das Zeugnis der Apostel, die den Herrn gesehen haben, kann nicht weitergehen« (Cullmann). Das Fundament kann nur einmal gelegt werden, nämlich am Anfang in den vierzig Tagen, in dem Dienst der Apostel an der Urgemeinde.

Die Berufung des Petrus ist das Vorbild aller echten Berufung seiner Hirten und Diener, das Urbild aller echten Ordination. Es gibt eine Stafette der Zeugen und eine Kette der Diener am Wort, aber erst aufgrund der Berufung der Apostel und in demütigem Gehorsam und gläubigem Abstand von ihnen. Jeder der Kommenden bis heute trägt das Zeugnis der Apostel von Jesus Christus weiter bis an die Enden der Erde und bis an die Enden der Zeiten. Ihnen gibt

der Herr weiterzusagen, was er den Aposteln anvertraut hatte, sein ewiges, Leben schaffendes Wort. Ihnen gibt er den Auftrag zur Verkündigung des Wortes, das die Apostel von ihnen empfingen. Es ist entscheidend für jeden Diener des Herrn, daß er auf dem vollen, uneingeschränkten, apostolischen Worte bleibt.
Nun beginnt der Herr zu reden. Dreimal erklingt die Frage: »Simon Jona, hast du mich lieb?« Das erstemal sogar: »Hast du mich lieber denn mich diese haben?« Dreimal geschieht die Antwort des Jüngers: »Ja, Herr, du weißt, daß ich dich liebhabe.« Zuletzt: »Du weißt alle Dinge, du weißt, daß ich dich liebhabe.« Und dreimal erklingt die Berufung ins Amt: »Weide meine Schafe!«
Der Herr fragt so, wie der Sohn Gottes allein zu fragen vermag. Denn mit jeder Frage setzt er die Gnade eines neuen Anfangs. Wie Gott einem Jünger, der gefallen ist, die Gnade eines neuen Auftrags gibt und wie er ihn neu beruft zum Dienst und Amt, das ist das Thema dieser wunderbaren Worte.
»Simon Jona!« beginnt er. Der Herr nennt ihn nicht mit dem Wort der Verheißung: Petrus oder Kephas. Er nennt ihn mit dem Namen der Geburt, der reinen Menschlichkeit: Simon, Sohn des Jona. So nennt er ihn, um ihm deutlich zu machen, daß in dieser Lebenslinie etwas zerbrochen ist. Petrus war berufen worden vor den anderen. »Ich will dich zum Menschenfischer machen.« Er war mit dem Herrn gewandelt die drei Jahre hindurch. Ihn hatte er zum Fels, zur Grundlage der Gemeinde berufen. Aber er war gefallen. Gerade er war in der entscheidenden Stunde schwach geworden. Er hatte den Herrn verleugnet: »Ich kenne den Menschen nicht!« Und dann waren jene drei Tage und Nächte gekommen, in denen es mit diesem Simon Jona zu Ende war. Wohl hatte er den Auferstandenen gesehen, aber zwischen ihm und seinem Herrn lag etwas, was noch nicht ins reine gebracht und geordnet war. Nun verstehen wir erst recht, was das Mahl bedeutet, das der Herr mit den Jüngern gefeiert hatte. Das Wort von der Vergebung war gesprochen worden für alle. Aber nun fällt der Blick des Herrn auf Petrus persönlich. Nun wird diese Sache in Ordnung gebracht und das Leben des Jüngers wieder in Dienst gestellt. Nun wird aus Si-

mon Jona wieder Simon Petrus. Das sind die Heiligen Jesu Christi, nicht wie man heute in der katholischen Kirche sagt, die unfehlbar reden, wenn sie »ex cathedra« in Sachen der Lehre und des Lebens der Kirche reden, nicht die Sündlosen, wie die Schwärmer heute sagen, die vom Geist durchströmt, die Schuld des Lebens hinter sich gelassen haben. Die kennt der Herr nicht. Er kennt nur die Heimgefundenen, die Zurückgekehrten, die Wiederangenommenen.

Wir hören aus dieser dreifachen Frage des Herrn an Petrus vier große heilige Worte des Neuanfangs, die uns allen gelten, wenn Christus uns in seinen Dienst ruft.

Das erste Wort ist die Vergebung. Der Herr macht klar, daß aller Dienst von Anfang bis zu Ende aus Gnaden gegeben, unter der Gnade erhalten, aus der Gnade gelebt wird. Die Fragen gehen ja an einen Menschen, der Christus verleugnet hatte in der Stunde, da alles darauf ankam, ihn zu bekennen, in der Stunde des Ernstfalls. Das Wort ergeht an einen Menschen, der ihn dreimal verleugnet hatte und der darum dreimal gefragt wird, um die ganze Buße zu tun, den ganzen Weg des Falls zurückzumachen. Das Wort ergeht an einen Mann, der sich geschworen hatte, sich nicht am Herrn zu ärgern, auch wenn sich alle an ihm ärgerten. Darum wird er mit jener schmerzvollen Steigerung daran erinnert. »Hast du mich lieber als mich diese haben?« Der Herr Christus vergißt nichts. Aber das unbeschreiblich Wunderbare dieser Fragen ist, daß diese Schuld mit keiner Silbe genannt wird. Er rührt sie an und verschweigt sie im gleichen Augenblick. Er nennt sie und überwindet sie in derselben Stunde. In der Frage des Herrn an uns, in jeder Frage des Herrn an uns, sie mag noch so demütigend, schmerzvoll und bitter sein, liegt schon immer die Gnade eines neuen Anfangs. So kann keiner vergeben wie er, so wahrhaftig und so zart, so ernst und so gütig. »Simon Jona, hast du mich lieber, denn mich diese haben?« So fragt die Liebe, die vergibt, weil sie die Schuld getragen hat, die Liebe, die alles trägt, glaubt, hofft und duldet, die sich nie erbittern läßt, die das Böse nicht zurechnet, die leibhaftige Liebe Gottes, erschienen in Christus. Wir haben in unserem Amt

und Dienst nichts zu tun als diese Liebe zu loben und von dieser Kraft der Vergebung zu leben.
Jesus fragt nach der Liebe. Die Frage bedeutet mehr als: Glaubst du an mich? Sie schließt den Glauben ein, aber eben den wirklichen Glauben, den Glauben, dem Christus mehr ist als alles, was wir sind und haben, den Glauben, der in uns zu der alles hingebenden, leidenschaftlichen und doch so nüchternen Liebe zu Christus wird. Er fragt mit diesem Wort alles, was er bei uns sucht und alles, was wir zu seinem Dienst nötig haben. Wenn wir alle Erkenntnis hätten und alle Theologie unser eigen nennten, wenn wir mit Menschen- und Engelszungen redeten und alles darbrächten, was wir hätten – größer als dies alles ist die Liebe zu ihm. Wir vermögen dieses Wort nicht auszuschöpfen, was es heißt, Jesum lieb zu haben. Es umfaßt alles, was Amt und Dienst von uns fordern.
Das zweite große Wort, das aus der Vergebung entspringt, ist das Bekenntnis. Petrus war immer ein Bekenner gewesen, rasch, schlagfertig und sicher. Er war es gewesen, der auf die Frage nach Christus geantwortet hatte: »Du bist Christus, der Sohn des lebendigen Gottes.« Aber sein Bekenntnis war beschattet. Er war es gewesen, der es selbst verneint hatte. »Ich kenne den Menschen nicht.« Nun gibt ihm der Herr den Weg zu einem neuen Bekenntnis frei durch die Frage aus Gnaden. Und Petrus bekennt sehr demütig, ohne Selbstrechtfertigung und doch entschlossen und klar: »Ja, Herr, du weißt, daß ich dich liebhabe.« Es ist wichtig, daß er nicht genau darauf antwortet, was er gefragt wurde. Der Herr hatte ihn zuerst gefragt, ob er ihn lieber habe als ihn diese haben. Das kann er nicht mehr sagen. Er vergleicht sich nicht mehr mit den anderen. Er beugt sich über der Erinnerung seines vermessenen »und wenn sich alle an dir ärgerten«. Er beginnt auch nicht mehr mit dem sicheren: Ich habe dich lieb. Die Zeit der Sätze, die mit Ich beginnen, ist bei Petrus vorüber. »Du weißt, daß ich dich liebhabe.« Er faltet das ganze, große, stolze Petruswesen in die Einfalt des »Du weißt« zusammen, einmal, zweimal und unter Schmerzen und Tränen dreimal: Du weißt alle Dinge, alle Schuld,

all mein Versagen, all meinen Trotz. Aber du weißt mehr, du weißt, daß ich dich liebhabe. Petrus hatte gemerkt, daß Christus ihn besser kennt, als er sich selber kennt und ihm nur eines blieb, sich dem, der ihn durchschaut bis in die Wurzeln seines Wesens, zu übergeben mit dem einfältigen und demütigen: »Du weißt, daß ich dich liebhabe.«

Wir haben davon Wichtiges zu lernen. Vom Herrn berufen zu werden, erfordert nicht nur seine Gnade, sondern auch unser Bekenntnis. Aus unserem Munde will der Herr es hören, ob wir ihn liebhaben, ob wir mit unserem ganzen Leben ihm zu dienen bereit sind. Und hier erfahren wir, was Bekenntnis ist. Es ist nicht das Nachsprechen einer großen, geheimnisvollen und unverstandenen Formel. Das Bekenntnis ist das wahrhaftige, persönliche Bekennen, das demütige sich Versehen seiner Wahrheit und Gnade, so wie wir im Deutschen sagen: Ich versehe mich deiner. Das Zutrauen zu dieser Gnade, die alles gut macht, das sich Anvertrauen dem Einen, der alles für uns getan hat, das sich Übergeben dem, der uns kennt wie niemand, das heißt bekennen. Das Geheimnis des Bekenntnisses und das Geheimnis der persönlichen Liebe zu Christus ist eins. Und anders sollten wir dieses Wort nicht mehr verwenden.

Dahinter steht das dritte herrliche Wort vom neuen Dienst. »Weide meine Schafe!« Diese großen Ordinationsworte gehen von diesem Augenblick an durch die ganze Geschichte der Kirche hindurch. Sie umschließen den ewigen Auftrag des Herrn, der allein Kraft hat, zum Amt des Hirten in der Kirche zu berufen.

Es ist bedeutsam, daß der Herr den Petrus hier nicht wieder zum Menschenfischer beruft, sondern zum Hirten der Gemeinde. Nicht als ob damit das erste ausgeschlossen wäre. Im Gegenteil. Er hatte das ja in der Nacht erfahren, was es heißt, im Gehorsam gegen Christus zu fischen. Es war ihm klargeworden, daß er nichts anderes zu tun habe, als Menschen für Christus zu gewinnen. Aber nun taucht vor dem Herrn und den Aposteln das geheimnisvolle Bild der Gemeinde auf, der Kirche Christi, deren Geborenwerden und Entstehen wir hier wunderbar sehen können. Zuerst heißt es: »Weide meine Lämmer!« ein zartes Wort, das die schwachen, die angefochtenen, die gefallenen Glieder der Gemeinde bezeichnet. Der starke Mann wird für die Schwachen berufen. Und er soll jeden Augenblick daran gedenken, daß er selbst ein Schwacher gewesen ist. Er soll in der tiefen Solidarität eben an den geringsten seiner Brüder dienen und arbeiten.

Und dann heißt es zweimal: »Weide meine Schafe!« Man muß das recht verstehen. Man kann nicht Hirte sein, ohne gleichzeitig selbst ein Schaf zu sein, ein Glied der Gemeinde, aber eben ein Schaf, das nur für die anderen da ist, nämlich um geschoren und um geschlachtet zu werden. Niemandem fällt das schwerer als den starken Naturen, dies zu fassen. Und darum redet der Herr zu Petrus nicht von den Starken und Mächtigen an Geist und Seele, sondern von den Schafen, denen Petrus zu dienen berufen wird. So wird kein Papst eingesetzt und auch kein Haupt einer Sekte, sondern nur ein demütiger Diener Jesu Christi berufen, an denen zu dienen, die Christus gehören.

»Weide meine Schafe!« Weiden soll er sie. Joh. 10 steht vor uns und der 23. Psalm und Ezechiel 34 und alle die machtvollen Worte der Heiligen Schrift, die davon sagen, daß die Diener Christi berufen sind, den Menschen zu essen zu geben, Brot des Lebens, davon sie leben können, das wahre und lebendige Wort selbst. »Weiden« heißt, den Menschen Christus zubringen und zutragen, den Heiland und Herrn ihres Lebens, der für sie ins Fleisch kam, ans Kreuz ging, in den Tod schritt und sie erlöst hat. Das ist das Entscheidende, was die Kirche tun kann, daß sie in dem Meer der menschlichen Schuld Inseln der Gnade schafft, Menschen zur Erkenntnis und zum Bekenntnis ihrer Sünden führt, um ihnen die Vergebung zuzusprechen. Davon lebt die Kirche. Damit sollen die Schafe geweidet werden. Das ist das Entscheidende, was die Kirche tun kann, in der Welt des Todes Stätten des Lebens zu bauen, in denen wirklich gelebt wird in aller Verzweiflung aus der Kraft der Auferstehung und der Gewißheit des ewigen Lebens. Das heißt »Weiden«, Menschen das Geheimnis Christi als des lebendigen Herrn zuzusprechen.

Petrus hat genau zugehört. Denn in seinem ersten Brief schreibt er im 5. Kapitel: »Die Ältesten, so unter euch sind, ermahne ich, der Mitälteste und Zeuge der Leiden, die in Christo sind, und auch teilhaftig der Herrlichkeit, die offenbart werden soll« – dies beides hatte er am See Tiberias gelernt –, »weidet die Herde Christi, die euch befohlen ist. Sehet wohl zu, nicht gezwungen, sondern willig, nicht um schändlichen Gewinnes willen, sondern von Herzensgrund, nicht als die übers Volk herrschen, sondern werdet Vorbilder der Herde« – das hatte er gelernt am See Tiberias –, »so werdet ihr, wenn erscheinen wird der Erzhirte, die unvergängliche Krone der Ehren empfangen.« Die ganzen Verse sind Echo auf das, was er in jener Morgenstunde gehört hatte.
Und noch einmal: »Weide meine Schafe!« Sie sind nicht des Apostels eigen, sondern des Herrn. Er hat sie darum nicht an sich zu binden, sondern an ihn. Es geht darum nicht zuerst um die besonderen Formen der sich bildenden Kirchen, sondern um Christus allein und zuerst. Die Alleinherrschaft Jesu Christi in seiner Gemeinde – das ist es, was uns in den vergangenen Kämpfen um die Kirche neu klargeworden ist. Wir sind Diener, nur Diener und nichts als Diener.
Und nun steht das vierte, letzte Wort machtvoll und mit tiefem Ernst hinter den Worten der Berufung. Dreimal hatte ihn der Herr gefragt. Dreimal hatte er sich darunter gebeugt und die Gnade des neuen Anfangs angenommen. Dreimal hatte ihn der Herr neu berufen zum Dienst als Hirten. Nun fragt er nicht mehr. Nun sagt er ihm, was kommen wird. »Da du jünger warst, gürtetest du dich selbst und wandeltest, wohin du wolltest. Wenn du aber alt wirst, wirst du deine Hände ausstrecken und ein anderer wird dich führen, wohin du nicht willst. Das sagte er aber zu deuten, mit welchem Tode er Gott preisen würde. Da er das gesagt, spricht er: Folge mir nach!« Ob wir leiden wollen oder nicht, darüber werden wir nicht gefragt. Das wird uns, den Dienern und Zeugen am Wort, das wird allen, die dem Herrn Christus angehören, verheißen. Aber wunderbar genug. Es wird uns zugesagt, daß wir es bestehen werden mit ihm bis zum Tode, bis zum Martyrium.

In diesen Worten steht das ganze Leben des Petrus vor den Augen des Herrn. In der Morgenfrühe am See zieht jene Nacht herauf, in der dieser schlichte Fischer in den Gärten des wahnsinnig gewordenen Kaisers in Rom – in jener Stadt Rom, die Johannes später »die große Hure« nannte, in der «das Tier« aufsteigen wird –, als brennende Fackel seinen Herrn durch den Tod preisen wird. So gnädig ist der Herr, daß er ihn auf dieses Ende vorbereitet. Einst warst du jung, sagt er, noch bist du es, aber du wirst alt werden wie alle, und dann wirst du dich nicht mehr selbst gürten, sondern, im Dienste Jesu alt geworden, die Hände ausstrecken nach den Fesseln, um dorthin geführt zu werden, wohin du nicht wolltest. Je älter in der Nachfolge, um so tiefer unter dem Kreuz. Es ist ein Trugschluß zu meinen, daß je älter man als Christ werde, es umso leichter gehe. Es ist umgekehrt. Es wird schwerer. Mit jedem Schritt in der Nachfolge wird auch die Schuld und die Erkenntnis der Schuld tiefer. Und es mag sein, daß wir dem Petrus auch darin gleichen werden, daß wir wehrlos wie die Gefangenen zum Schafott geführt werden. »Ein anderer wird dich gürten.« Dieser »Andere« ist in der Auslegung der Kirche immer auf den großen Feind Gottes in der Menschheit gedeutet worden. Die Nachfolge des Herrn ist der Kampf nicht nur mit Menschen, sondern mit dem hohen, unheimlichen Geist und Widerspieler Gottes. Die Nachfolge bekommt vom ersten Augenblick an den Ton der Bereitschaft zum Leiden in dem doppelten Sinn: das Leiden, das uns auferlegt wird um unserer Heiligung willen, und das Kreuz, das uns bestimmt ist um Christi willen.

Damit schließt der Herr die große Prüfung und Neu-Einsegnung mit dem Wort, das er ihm einst als Erstes zugerufen, das er ihm nun als Letztes sagt, in dem alles beschlossen liegt: »Folge mir nach!«

Und nun folgt in den letzten Versen 20-23, aus denen die alten Ausleger das Geheimnis herausgehört haben, das unserer Generation wie keiner zuvor offenbart wird, das Geheimnis der Einheit des Leibes Christi. So singt Zinzendorf: »Der du noch in der letzten Nacht, eh du für uns erblaßt, den Deinen von der Liebe Macht so schön gepredigt hast, erinn're deine kleine Schar, die sich so leicht entzweit, daß deine letzte Sorge war der Glieder Einigkeit.« Beides bringen diese letzten Verse des Evangeliums erschütternd zum Ausdruck, die Entzweiung der Gemeinde und die letzte Sorge des Herrn um die Einheit der Glieder.

Der nun eingesetzte, in die Nachfolge und in das Amt des Hirten gerufene Petrus »wandte sich um«, fällt aus der Einheit und fragt »Was soll aber dieser?«. Er meint damit den Jünger, der Jesus auch nachfolgt, den er liebhatte, der an seiner Brust beim Abendessen gelegen war und der gesagt hatte: Herr, wer ist's, der dich verrät? »Was soll aber dieser?« Seit Petrus klingt diese Frage durch die ganze Zeit der Kirche hindurch. So fragt die katholische Kirche den Lutheraner und der Lutheraner den Reformierten. So fragt der Landeskirchler den Freikirchler und die Sekte die Großgemeinde, »die sich so leicht entzweit«. Denn Petrus ist überzeugt, daß dieses Amt nun ihm allein gehört, daß alle sein müssen wie er und alle werden wie er, und daß also er selbst – der erste Papst sein wird und von ihm alle anderen ihren Anfang nehmen. Aus dieser Frage ist die ganze Zerrissenheit der Kirche entstanden. »Was soll aber dieser?«

Es gibt nichts Schwereres für den Christen, für den berufenen Zeugen und Diener am Wort, als den anderen gelten zu lassen, ihn anzuerkennen wie sich selbst und sich also zu bescheiden und zu begrenzen. Ich kenne kein Werk der Kirche, der Mission und der Diakonie, wo die Frage »Was soll aber dieser? – oder diese?« nicht Anlaß zum schmerzlichen Riß geworden ist. Wie tief sitzt uns der Schaden Adams im Blute, daß wir und gerade die Begnadeten, gerade die Berufenen, sich selber sehen und damit den andern in irgend einer Weise abwerten.

Die Antwort Jesu ist wunderbar und offenbart die ganze Sorge um die Einigkeit der Glieder. »Jesus spricht zu ihm: So ich will, daß er bleibe, bis ich komme, was geht es dich an. Folge du mir nach! Da ging eine Rede aus unter den Jüngern: Dieser Jünger stirbt nicht. Aber Jesus sprach nicht, er stirbt nicht, sondern so ich will, daß er bleibe, bis ich komme, was geht es dich an.« Es liegt ein großes

Geheimnis über diesen Versen, in denen nur eines ganz klar ist. Der Herr verweist dem Petrus solches Fragen mit dem strengen »Was geht es dich an?«. Ohne Zweifel, die herrliche Geschichte am Meer schließt mit einem schmerzvollen Mißklang. In die Geschichte der Gemeinde hinein wird die Wurzel des Streites und der Ernst des Tadels des Herrn getragen. Offenbar will der Herr ihm sagen: Weißt du nicht, Petrus, daß jeder der Apostel sein Amt, seinen Auftrag und seine besondere Gabe hat? Der eine wird leiden, der andere wird warten. Für beide aber gilt: Folge du mir nach! »Du«, was der Herr hier (V. 22) betont hinzufügt gegenüber dem »Folge mir nach« (V. 19). Ihr beide, sagt der Herr, sollt in der Nachfolge stehen und im Bekenntnis zu mir, so wie es Petrus von Johannes empfangen hatte, als dieser im Schiff zu ihm gesprochen: »Es ist der Herr!« Es zeichnet sich hier in einer tiefen Weise die Verschiedenheit der Zeugen, Dienste und Aufgaben an dem einen Leib der Christenheit ab. Der Herr will nicht eine Uniformität der Gemeinde, so wie der Leib aus sehr verschiedenen Gliedern besteht. Aber er will die Einheit in der Verschiedenheit. Und das ist es, was die Gemeinde Jesu und was wir alle so schwer begreifen.

Man hat dieses wunderbare Bild, mit dem die Kirchengeschichte beginnt, in die diese beiden Jünger Petrus und Johannes hineinschreiten, oft genug ausgelegt und ausgemalt. Man sagte, Petrus ist der Liebende, Johannes der Geliebte, Petrus ist der Täter, Johannes der Seher, Petrus ist der Kraftvolle, Johannes der Stille, Petrus ist der Märtyrer, Johannes der Prophet. Man sah in Petrus den Vater der Kirche des Westens, in Johannes den Vater der Kirche des Ostens, dort die Kirche des Rechts und der Ordnung und der Macht, hier die Kirche der Liebe und der Leiden und der Bruderschaft. Und man hat dann den dritten hinzugefügt, der unsichtbar neben diesen beiden schon steht, Paulus, den Zeugen von der Wahrheit des Allein-durch-den-Glauben. Mag es sein wie es will. Ganz klar ist, daß der Herr hier der Kirche auf ihren Weg das Geheimnis der Einheit in der Verschiedenheit mitgegeben hat. Langsam beginnen wir heute in der Ökumene zu verstehen, daß

doch endlich die Frage »Was soll aber dieser?« zum Schweigen kommen muß, und die Kirchen wieder zusammenfinden in dem einen Bekenntnis: »Es ist der Herr!« und »Folge mir nach!«
Noch ist ein Letztes zu bedenken, wovon jene geheimnisvollen Worte reden: »So ich will, daß er bleibe, bis ich komme, was geht es dich an?« Wir wissen nicht, was der Herr damit eigentlich gemeint hat. Klar ist nur, daß er dem Johannes einen anderen Weg weist als dem Petrus. Petrus hatte er verheißen, daß er gebunden werde und hingehen müsse, um für ihn zu sterben. Dem Johannes hat er verheißen ein Bleiben, bis er kommt. Dieses letzte Wort hat eine große Bedeutung in der Kirchengeschichte bekommen. Denn nicht nur durch die Urchristenheit geht die Rede: »Dieser Jünger stirbt nicht.« Es hat sich in vielen Kirchen Asiens der Glaube erhalten, daß Johannes im Grabe nur schlafe und daß die, die den Herrn liebhaben, seinen Atem hören können bis zur Stunde, da der Herr wiederkommt.
Wir wissen nicht, was der Herr mit diesem Worte gemeint hat. Aber eines wissen wir, er hat den Johannes aufbewahrt weit über das Todesjahr des Petrus hinaus für das Schauen des prophetischen Bildes der Offenbarung des wiederkommenden Herrn. Und die Hand des Mannes, der hier neben Petrus steht, wird das gewaltige letzte Buch der Schrift schreiben mit eigener Hand bis zum letzten Wort: »Siehe, ich komme bald! Amen, ja, komm Herr Jesu!«

Der neue Weg

Über den Kolosserbrief

Wir haben uns einen schweren Brief ausgewählt, einen Brief, der auch in seiner irdischen Gestalt uns nicht ohne Beschädigung erhalten ist. Es ist, wie wenn an einigen Stellen eine Hand auch in den alten Kopien und Texten radiert hätte, wie wenn schon die frühen Kirchengemeinden und Abschreiber dieses heiligen Wortes nicht mehr alles verstanden hätten. Besonders in Kapitel 2 sind außerordentliche Schäden an dem heiligen Text. Aber wenn man an diesen Brief klopft, so enthält er ein Gold, das unerhört ist, und gibt uns Einblick in die tiefsten Zusammenhänge und in die tiefste Herrlichkeit Jesu Christi. Mich dünkt, daß wir Menschen heute eben nicht nur Erbauung bedürfen, sondern auch Erleuchtung, nicht nur etwas für unser Gewissen und Herz, sondern auch etwas für unsere Gedanken, für unser Verstehen, für die Weisheit, von der dieser Brief redet. Die, die einen nicht leichten Weg mitgehen, werden reichlich belohnt werden. Wir geben dem ganzen Brief des Paulus an die Kolosser die Überschrift: Das Geheimnis um die Herrlichkeit Christi.

Das Geheimnis um die Herrlichkeit Christi

Kolosser 1, 1-23

Schon diese wenigen Verse des Kolosserbriefes haben gezeigt, daß wir es mit dem großartigsten, umfassendsten und kühnsten Christuszeugnis zu tun haben, das die Heilige Schrift des neuen Bundes kennt. Es ist einer der letzten Briefe des Apostels, wohl zitternd unterschrieben mit seiner Hand, wie im letzten Vers geschrieben steht. Er trägt nämlich die Fessel. »Gedenket an meine Bande« (4, 18). Er ist wahrscheinlich in Rom gefangen und harrt

auf seine Aburteilung. Und nun sind zwei Brüder zu ihm gekommen, Tychikus von Ephesus und Epaphras von Kolossae, zwei – würden wir heute sagen – Vorsteher der Gemeinden der Jungen Kirchen in Kleinasien. Er gibt dem Tychikus zwei Briefe mit, einen nach Ephesus und einen nach Kolossae. Und er, der Gefangene, von den Menschen abseits Geführte, entwirft nun ein großartiges, umfassendes, kühnes und tiefes Bild, das auf die Frage antwortet: Was ist es eigentlich um Jesus Christus?
Ignatius, das geistliche Kind Johannes des Sehers – wir haben sieben Briefe von ihm erhalten, die er an die Jungen Gemeinden in Asien fünfzig Jahre später schrieb –, schreibt in seinen Briefen an die Römer: Die Sache des Christentums ist nicht eine Sache der Überredung, sondern eine Sache der Großartigkeit. Mich dünkt, daß dieses Ignatiuswort genau das Geheimnis des Kolosserbriefes trifft. Während der Römer- und der Galaterbrief um eine einzige Frage kreisen: Wer rettet uns? Wer ist der Erlöser? Und darauf antwortet: Jesus Christus allein, an seinem Kreuz und seiner Auferstehung entscheidet sich unser ewiges Schicksal, fragt der Kolosserbrief: Wer ist der Herr der Welt? Wer gebietet über die Sterne und Welten, über die Geschicke und Geschichte der Menschen? Und er antwortet wiederum: Christus allein!
Und nun hebt dieser Brief an zu loben und zu singen und sagt: Der Erste, der Schöpfer der Welt, das ist der Herr Christus, der Herr aller Kreatur, der Versöhner der Welt, ja des ganzen Alls, Himmels und der Erden. Das ist der Herr Christus. Und der Vollender der ganzen Schöpfung? Das ist der Herr Christus. Und alle die Menschen und die Geistermächte, die Engel und die Dämonen sind seine Diener und Werkzeuge. Gewiß, sie gibt es. Wir werden davon zu reden haben. Und was sind diese kosmischen Mächte? Er dirigiert sie, in seiner Hand stehen sie. Er ist der Sieger über alle Schicksalsgewalten. Und darum brauchst du dich nicht zu fürchten. Der Kolosserbrief ist ein großer Protest gegen alle Weltangst. Und mit einem Blick umfaßt dieser Brief den ganzen Kosmos und legt ihn in die Hände des Mannes am Kreuz.
Wenn ihr den Kolosserbrief verstehen wollt, müßt ihr das alte Bild

euch vor Augen stellen, das unsere Künstler so oft in den mittelalterlichen Kirchen malten, das Kind Jesus Christus und in diesen leichten Händen die ganze Erde, und er trägt sie und heilt sie und bringt sie heim.

Das sagt der Kolosserbrief: Er ist der Erste aller Kreaturen. Er ist älter als alle Herrscher, Geister und Dämonen. Er trägt das Ganze in seinen Händen. »Denn in ihm wohnt die Fülle der Gottheit leibhaftig« (2, 9). Sein Versöhnungswerk umfaßt das ganze All. Er wird das ganze All heimbringen und wiederherstellen. Das haben unsere Väter von Michael Hahn bis Oetinger aus diesem Brief herausgehört, das heilige Erbe der ersten Väter Ignatius und Irenäus, das kühnste, großartigste und tiefste Zeugnis von Jesus Christus.

In einer Zeit, in der so viele Weltanschauungen um uns herum aufbrechen, in einer Zeit, da alle Religionen sich durcheinanderschichten, in einer solchen Zeit der großen Vermengung der Geister wie dort in der Zeitenwende des ersten nachchristlichen Jahrhunderts ist es der Gemeinde von großer Bedeutung zu wissen, was sie an Jesus Christus hat, dem Schöpfer der Welt, der ersten Schöpfung, dem Versöhner, dem Herrn der zweiten Schöpfung und dem Vollender der ganzen Kreatur, des ganzen Kosmos, dem Wiederhersteller der Schöpfung in Gott.

Paulus beginnt diese Gemeinde anzureden wie immer und zeigt uns dabei ein Doppeltes. Christen sind immer eine Schar derer, die zu danken und die zu bitten haben.

Denn auch dieser Brief beginnt (1, 3) mit dem herrlichen »Wir danken Gott«. Wofür dankt er? Daß mitten in dieser heidnischen Halbinsel, die heute Türkei heißt und damals Klein-Asien hieß, Gemeinde entstanden ist, in diesem kleinen, gottverlassenen Kolossae eine Gemeinde der Glaubenden, an Jesus Christus Glaubenden, eine Gemeinde der Liebenden, eine Gemeinde, die Hoffnung hat, die weiß um das Ziel, um das große und herrliche Ende unseres Lebens. Und zwar unterstreicht er, daß das keine Illusionen sind, was sie gehört haben, keine Mythologien. »Das Wort der Wahrheit ist zu euch gekommen.« Gott hat es hineingestellt in die Völkerwelt. Es läuft. Und vom ersten Tage an, als es zu euch kam, hat es Frucht gebracht (6). Es ist in Kolossae Gemeinde geworden wie in aller Welt. »Wir danken Gott.«

Gemeinde entsteht über dem Wort der Wahrheit, das in Wahrheit, wie Paulus sagt (V. 6), geglaubt wird.

Und nun hören wir V. 7 und 8, daß einer der ihrigen aus Kolossae den langen Weg nach Rom zu gehen gewagt hat, Epaphras. Er hat schwere Fragen mit sich gebracht und den Apostel und Zeugen um Antwort gebeten.

Bitte, Gemeinde, lernet täglich das Danken. Wir danken Gott für euch, daß wir Glieder der Gemeinde sind, daß wir nicht irgendwie so herumgeweht werden bei irgendeiner Sekte, die sich anpreist, daß wir nicht preisgegeben sind irgendeiner Weltanschauung, wie sie vor 20 Jahren aufkam, dem Mythus des 20. Jahrhunderts, wie sie jeden Augenblick wieder aufsprossen kann aus dem ungesegneten Boden dieser Zeit. Wir danken Gott, daß wir Kinder Gottes und Glieder seiner Gemeinde sind, des Herrn der Wahrheit.

V. 9-12. Paulus bittet für die Gemeinde allezeit. Die Gemeinde ist die Schar der Beter und derer, die Fürbitte brauchen und tun. Gemeinde ist eine Schar, die dadurch vereinigt ist, daß eins das andere vor Gott bringt. Wofür bittet der Apostel für Kolossae und für uns?

V. 9. Daß ihr erfüllt werdet mit Erkenntnis seines Willens in allerlei Weisheit. Christen müssen wissen, was sie tun sollen. Und darum müssen sie wissen, was Gott sie tun heißt, damit sie keine eigenen Wege gehen. Dazu bedarf es Weisheit und Verständnis. Der Wille Gottes fällt uns nicht ein. Er will erbeten und errungen sein. Und viele von euch und vielleicht alle wissen aus ihrem Leben, wie schwer es oft ist, den Willen Gottes zu erkennen und, wenn erkannt, zu tun. Darum achten wir auf zwei geistliche Hinweise, in denen Paulus V. 10 sagt, »daß ihr wandelt dem Herrn zu Gefallen und fruchtbar in allen guten Werken«. Die Frage nach dem Willen Gottes ist zuletzt immer eine Frage des Gehorsams, nicht des Kopfes, sondern des Tuns. Und zwar was für eines Tuns? Jesus zuliebe leben. Das heißt das Wort »wohlgefallen«. Willst du wissen, was sein Wille ist, dann überlege dir, was dem Herrn Christus zuliebe getan wird! Und das andere, ein wichtiger Hinweis: »und wachset in der Erkenntnis Gottes.« Gott will uns nicht stillstehen lassen. Es geht nach dem Willen Gottes vorwärts. Du kannst den Willen Gottes daran erkennen, daß er dich weiterbringt, so schwer und so dunkel er sein mag. Paulus bittet, daß wir Gottes Willen erkennen.

V. 11. Er bittet: »und gestärkt werdet in aller Geduld und Langmut mit Freuden«. Wir Menschen brauchen alle, und die Gemeinde besonders für ihr Warten, Kämpfen und Leiden der Stärkung zur Geduld. Das ist das Gegenteil von Feigheit: Beharren, Ausharren, Druntenbleiben, keine Flucht. Langmut, das ist das Gegenteil von Bitterkeit; es ist die stille Beugung, die Bereitschaft zur Vergebung, das tapfere Herz. Das ist es, wofür wir füreinander bitten sollen. Und der Klang geht durch das Ganze »mit Freuden«, so schließt er hier.

V. 12. »Danket dem Vater, der uns tüchtig gemacht hat zu dem Erbteil der Heiligen im Licht.« Das ist die tödliche Krankheit unserer Zeit, daß wir immer tiefer hineinkommen in die Traurigkeit der Welt. Dieser Schatten über allem, dieses Zerbrechen und Zerbröckeln aller festen Ordnungen, dieses Versinken. Man spürt ja ordentlich, wie der Boden nachgibt. Und ihr wißt, welches Unmaß von Traurigkeit in den Herzen der Menschen sich angehäuft hat. Mit Freude und Dank zu stehen, das muß erbeten sein und kommt daher, daß uns ein Los gezogen ist – Erbteil heißt eigentlich Los –, das wahrhaft große Los, daß wir um Heimat wissen, um Heimat auf Erden und um große, ewige Heimat im Licht. Das Wissen, wem wir gehören und wohin wir gehören, in diesen geheimnisvollen Leib der Gemeinde Christi, »zum Erbteil der Heiligen im Licht«. Wer das vergißt, der wird mit der Traurigkeit und mit der Undankbarkeit und Anklage der Herzen nicht fertig.

Wollen wir uns das nicht zusprechen, wie wichtig es ist, daß uns dies Dreifache erbeten wird, den Willen Gottes zu erkennen, in Geduld und Langmut gestärkt zu werden und in Dank und Freudigkeit den Weg dem Licht entgegenzugehen?

Diese zwölf Verse in ihrer wunderbaren Tiefe – wir können sie ja nur andeuten – unterscheiden den Kolosserbrief nicht von den anderen Briefen. Solches und ähnliches enthält die ganze Fülle der paulinischen Briefe.

Aber nun bricht es plötzlich auf mit dem 13. Vers, der wie ein Thema über dem Ganzen steht: »Er, Christus hat uns errettet von der Macht der Finsternis und uns versetzt in das Reich des Sohnes der Liebe Gottes, an dem wir Erlösung haben durch sein Blut, Vergebung unserer Sünden.« Hier ist mit einem Wort das ganze Geheimnis des Christseins gesagt. Was ist eine Gemeinde der Christen? Sie ist eine Gemeinde der Geretteten. Paulus kann nur so denken: entweder gehören wir unter die Hand und in die Knechtschaft der Geister dieser Welt, der Dämonen, der unreinen Phantasien, der Gebundenheiten, wo täglich die Kette klirrt, oder wir sind frei geworden, versetzt unter eine andere Hand, in eine neue Herrschaft durch den Retter Jesus Christus. Das ist Licht und das ist Liebe, und das ist der Herr selbst, Jesus Christus.

Es ist mit diesem Wort ganz klar, daß Paulus uns sagen will, in der Tat herrschen auf dieser Welt unheimliche, teuflische und dämonische Gewalten. Aber ihr, ihr gehört ihnen nicht. Das sage ich euch. Ihr seid befreit. Es geht im Glauben um einen Kreuzzug, nun im tiefsten Sinn des Wortes, der durch das Kreuz, durch sein Blut begonnen hat. Dort ist der Sieg erfochten über die Welt und Schicksalsmächte, und ihr gehört dem Christus und seid versetzt in seine Herrschaft und in das Geheimnis von Licht und Liebe hinein. Ihr habt euch nicht zu fürchten. Es ist keine dumpfe Angst vor dem, was kommt, in euren Herzen. Ihr dürft euch nicht fürchten. Ihr seid daheim, ihr seid in den Händen und unter der Herrschaft Jesu Christi.

Und wie er das ausspricht, dieses Geheimnis des Sieges auch über die hohen Geistermächte, reißt plötzlich ein Vorhang auf, und nun hören wir V. 15-20, eines der ältesten Urbekenntnisse der Kirche, ein unerhört großartiges Zeugnis, herrlich, kühn, tief, ein Zeugnis, das uns nicht nur sagt: Jesus Christus ist dein Heiland, sondern das sagt: Er ist der Heiland der Welt. Die ganze Natur, der

Kosmos, die Sterne, das Größte und das Kleinste gehören ihm. Es liegt in diesen Worten eine heilige Philosophie, eine christozentrische Weltschau größten Ausmaßes. In dieser Hand des Kindes von Bethlehem liegt der ganze Kosmos, mit all seinen Gewalten und Mächten. Ein heilsgeschichtliches Bekenntnis ohnegleichen.

Ich kann nur stammeln in der Auslegung und ein paar Worte zu diesem zweistrophigen Urbekenntnis der Christenheit sagen.

V. 15-17 die erste Strophe. Wer ist er und was tat er?

Beide Fragen bestimmen den Aufbau der beiden Strophen. Wer ist er? Und nun beugt sich Paulus in das ganze Mysterium hinein. »Er ist das Ebenbild des unsichtbaren Gottes, der Erstgeborene vor aller Kreatur.« Haben wir recht gelesen? Du sollst dir kein Bildnis machen von Gott, nicht in einem Menschen und nicht in deinen Gedanken. Aber Gott hat sein Bild uns gegeben. »Wer mich sieht, der sieht den Vater.« Jesus Christus ist das Abbild, das sichtbare Abbild des unsichtbaren Gottes. Ein unerhörtes Wort. Und damit ist er das Urbild für alles wahre Menschenwesen, der Erstgeborene vor allen Kreaturen, wie es hier wörtlich heißt. Wenn du Jesus Christus siehst, dann siehst du beides, Gottes Antlitz und zugleich das Antlitz des wahren, des Menschen, wie er von Gott gewollt und wie er von Gott vollendet werden wird. Darum heißt es in diesem Brief, auch in Kapitel 3, daß wir erneuert werden sollen nach dem Ebenbild des, der uns geschaffen hat.

Das also ist Jesus Christus, Gott selber, ganz eins mit Gott und gegenwärtig bei uns, das Bild, das Gott selbst uns gab und der Mensch, der wahre Mensch, so wie ihn Gott geschaffen und gewollt hat, unwandelbar und ewig.

Und was tat er? Und nun singt diese erste Strophe (V. 16. 17) das Schöpfungslied 1. Mose 1 ganz neu. In ihm ist alles geschaffen, Erde und Himmel, Sichtbares und Unsichtbares. In ihm, das heißt nach seinem Bilde. Und wenn es auf dieser schrecklichen Welt noch ein bißchen schön ist, und wenn uns aus dem Angesicht eines Menschen, den das Licht Gottes erleuchtet hat, wieder etwas anblickt von der Herrlichkeit, dann ist es von ihm. In ihm ist alles geschaffen. Und darum ist der tiefste Sinn deines Lebens und dieser

ganzen Welt und Schöpfung: Gott die Ehre zu geben, Gott allein anzubeten, so wie es uns Jesus Christus geoffenbart hat, dessen ganzes Leben Eines ist, »ich gebe dem Vater die Ehre«.
Es ist durch ihn, fährt der Apostel fort, alles geschaffen. Also wenn Gott sprach: Es werde Licht! dann ist das lebendige Wort Jesus Christus dabei. Er ist der Vollstrecker des göttlichen Willens von Anfang bis zu Ende. Und er fährt fort: In ihm (V. 17) hat alles Bestand, dein Leben, die Völkerwelt, die Geschichte dieser kleinen Erde, diese riesigen Welten der Sterne und Nebel, das ist alles in ihm zusammengefaßt. Und was sich von ihm trennt, das stirbt. Und was sich zu ihm kehrt, zurückkehrt, das lebt. Ein Hauch von ihm, und wir vergehen. Ein Wort von ihm, und wir leben. Und endlich »zu ihm ist das All geschaffen«. Alles hat ein einziges Ziel, zurückgebracht und wiedergebracht zu werden in dem Angesicht und in dem Wesen Jesu Christi zu der Rettung und dem Frieden der ganzen Welt. Wem stockt da nicht das Herz, und wem versagen da die Worte nicht? Das ist mein Heiland, der Schöpfer des Alls und das Ziel aller Schöpfung, aller Wege der Menschen und Kreaturen, Sterne und Welten. Das ist christozentrische Weltschau, das ist Weisheit Gottes.
Und die zweite Strophe, die mit V. 18 beginnt und bei V. 20 endet, wird eingeleitet durch das wunderbare Wort, dieser Eine hat ein ganz besonderes Verhältnis zu uns. Er ist nämlich das Haupt der Gemeinde. Es ist, als ob mit diesem Worte gesagt würde, die Welt weiß davon nichts mehr, und ihr wißt es, ihr sollt es neu wissen, die ihr ihm gehört wie die Glieder am Leib, der euch gehört wie das Haupt auf den Körper. Euch gilt nun auch das Zweite zu wissen. Er ist nicht nur der Schöpfer der ersten Schöpfung. Er ist auch der Schöpfer der zweiten Schöpfung, der neuen, der erlösten Kreatur. So hebt V. 18 an: »Er ist der Anfang und der Erstgeborene von den Toten. Es ist das Wohlgefallen Gottes gewesen, in ihm die Fülle wohnen zu lassen und das All versöhnt werden zu lassen zu ihm selbst.«
Wer ist er und was tat er? fragt auch diese zweite Strophe. Er ist euer Erlöser. Ihr habt von ihm nicht nur das Leben, sondern auch

das neue Leben, nicht nur die Geburt, sondern auch die Wiedergeburt. Ihr entrinnt ihm nicht, und ihr verdankt ihm alles. Er hat euch gerettet, dieser Erstling der neuen Kreatur, der Osterfürst, der Sieger über den Tod, der Mann am Kreuz. Durch sein Blut hat er alles versöhnt, was auf Erden und im Himmel ist. Was tat er? Er ist in einem einzigen kleinen Menschenkind, an einem ganz verborgenen Ort, Krippe, Kreuz und Grab, die Fülle Gottes, das ganze Geheimnis der Ewigkeit. Und darum kann er das Ganze, das All versöhnen, das Himmlische und das Irdische. Er ist der Friedensstifter des Alls. Alle Dinge und alle Menschen sind angelegt auf seinen Frieden. Es steht hier in V. 20 die unerhörte Tatsache, daß es eine universale Erlösung gibt, eine Wiederherstellung und Heimholung der ganzen Kreatur. Wodurch? Allein durch das Kreuz. Wohin? In den Frieden Jesu Christi.

Das großartigste, das kühnste und das tiefste Christuszeugnis tritt uns in diesen Versen entgegen, das uns kündet von Jesus Christus als dem Schöpfer der ganzen Welt. Und alle Naturwissenschaft und alle Philosophie hat sich und wird sich einmal vor ihm beugen: Jesus Christus, der Versöhner der ganzen Menschheit und der ersten geschaffenen Kreatur. Jesus Christus, der Wiederhersteller des Alls, der nicht ruht, bis das Ganze heimgebracht ist. Paulus schließt: »Auch ihr, weiland Fremdlinge und Feinde durch Vernunft in bösen Werken, seid versöhnt.« Auch ihr, Gemeinde! Gott hat den Frieden geschlossen für euch und mit euch. Und es gibt nur eine einzige Bedingung, daß das uns gelten darf.

Hört dies Zeugnis und glaubt ihm. Es ist wahr.

Vom Geheimnis der Gemeinde

Kolosser 1, 24-2, 23

Nun stehen wir vor einer der schwersten Stellen der Heiligen Schrift überhaupt. Wir wollen darum einteilen und die drei Fragen zu finden versuchen, die dieser Epaphras, der Kolossaemann, ihm, dem Apostel in Rom, vorgelegt hat.

Das Ganze handelt von dem Geheimnis der Gemeinde.

Die erste Frage: Warum heißt Christsein und in der Gemeinde stehen Leiden? Darauf antwortet Paulus mit V. 24-29. Warum hat das große Licht einen so tiefen Schatten? Warum heißt Christsein Kreuz tragen? Warum ist die Gemeinde die Lastenträgerin der Welt? Paulus ist gefangen in Rom. Da drüben im Osten, die junge Gemeinde in Kolossae steht unter Verfolgung und Haß. Muß das sein?

»Ich freue mich meiner Leiden.« Das ist das große, sieghafte, überlegene Ja des Christuszeugen zum Leidensamt. Daß wir Christen leiden müssen, ist nicht unser Schicksal, so sehr wir auch teilhaben am Schicksal des Weltleids. Das ist unser Amt. Und das Leiden der Welt wird zu unserem Kreuz, das wir tragen müssen für euch, stellvertretend für die Gemeinde und die Gemeinde stellvertretend für die Welt. Das ist das Geheimnis der Gemeinde. Gott braucht Menschen, die die geschichtliche Lebenslast auf sich nehmen, zu tragen bereit sind.

»Und erstatte an meinem Fleisch, was noch mangelt an Trübsalen in Christo« für die Gemeinde. Nicht als ob wir am Versöhnungswerk Christi beteiligt wären. Das ist ein für allemal vollbracht für uns. Aber so, daß der Kampf der Welt gegen Christus weiter geht bis zu Ende, ja, zunimmt und ausreift, und daß diesen Kampf zwischen Licht und Finsternis, zwischen Christ und Antichrist die Gemeinde zu tragen hat.

Warum? Damit wir in die ganze, letzte und tiefste Leidensgemeinschaft mit dem leidenden Christus eintreten. Warum? Damit die Gemeinde erbaut werde, die lebt vom Leiden und Sterben der Glaubenden. In der Kirche sind die Toten stärker als die Lebenden und die Leidenden mächtiger als die Starken. Das ist das Geheimnis der Gemeinde. Es muß gefüllt werden das Maß der Leiden Christi für die Welt. Und es muß erfüllt werden das Wort Gottes bei allen Völkern. Paulus redet hier von einem Geheimnis, das verborgen war von Anfang und jetzt geoffenbart ist. Ein Geheimnis voller Herrlichkeit, ein Geheimnis, das unter den Heidenvölkern ist, und das lautet: Christus in euch.

Dieses Wort ist ja heute geradezu das große Schlagwort der Anthroposophie geworden, und die Christengemeinschaft beruft sich auf diese Stelle als die neue Erkenntnis, die ihr gegeben ist. Sie versteht dieses »Christus in euch« von ihrer Lage her, diese Hineinversenkung des Christusgeheimnisses in uns, in unser Wesen, in unser Blut, in unseren Geist. Es ist ganz anders gemeint, dieses »Christus in euch«. Das ist das große Geheimnis der Völkergemeinde, daß Jesus Christus durch die Welt geht, durch das Wort und durch das Blut seiner Zeugen von Jahr zu Jahr, von Generation zu Generation und von Volk zu Volk, und daß Er unter der ganzen Menschheit seine Völkerkirche baut, den Christus in euch, den Deutschen und den Chinesen und den Indern und den Afrikanern. Das ist das große, herrliche Geheimnis der Gemeinde. »Christus in euch.« Ihr gehört alle in den Leib des Christus, welche Sprache ihr sprecht, welcher Rasse ihr angehört, welcher Generation oder welchem Volke ihr zugehört. Christus in euch, die Kirche ist die Gegenwart des lebendigen Herrn Christus in der Welt, in der ganzen Welt, in der Völkerwelt. Christus in euch, das muß gefüllt werden. Das geht nicht anders als durch den Weg des Leidens. Die Missions- und die Glaubensgeschichte ist eine große Blutspur durch die Zeiten und Völker bis auf unsere Zeit und unser Volk.

Wir denken in dieser Stunde auch in ehrerbietiger Dankbarkeit an die Brüder, die im Dritten Reich für uns gelitten haben und gestorben sind, um nur Dietrich Bonhoeffer und Paul Schneider für alle die anderen zu nennen. Das ist das Geheimnis. Gefüllt werden muß das Maß der Leiden und das Maß des Wortes Gottes durch die ganze Welt hin. Dazu ist der Apostel berufen. Das verkündet er allen Menschen (V. 27 und 29) und lehrt sie alle, um sie darzustellen, einen jeden vollkommen in Christo.

Das ist die erste Frage, die ihm offenbar Epaphras gestellt hat: Warum der schwere Schatten neben dem großen Licht? Warum der Leidensweg für jeden, der sich Christ nennt? Und weitergehen muß das Wort Gottes durch die Völkerkirche, bis der eine Leib in der ganzen Welt herausgerufen, herausgestaltet, vollendet ist.

Und nun die zweite Frage. Paulus, sagt Epaphras, es gibt doch um alles in der Welt nicht nur die christliche Religion. Weißt du, was für Religionen in Kleinasien blühen? Philosophien und Weltanschauungen, und jede sagt, sie finde Gott, sie habe einen Weg zur Erkenntnis Gottes. Paulus, was ist es um die vielen Weltanschauungen und Religionen? Haben sie auch Wahrheit neben Christus? Darauf antwortet Paulus in Kap. 2, 1-14: Ihr habt in Jesus Christus nicht nur den Heiland, ihr habt in ihm auch die Wahrheit, die alle Philosophie und Religion sucht, ohne sie zu finden, die vollkommene Wahrheit. Es gibt eine Christusphilosophie, eine heilige Denkkunst, in deren Mittelpunkt das Kreuz steht. Und alle Sophia und alle Gnosis Gottes ist verborgen in ihm. Dieser V. 3 ist ein ganz herrliches Wort. Die beiden Worte, die wir hier griechisch sprachen, sagten wir, um darauf aufmerksam zu machen, daß etwas Besonderes damit gemeint ist. In Christus liegen verborgen alle Schätze der Sophia und der Gnosis Gottes. Davon redete man nämlich damals so wie heute in der Anthroposophie und Philosophie. Und nun sagt Paulus, alle Gnosis und alle Sophia, die ganze Wahrheit ist in Christus verborgen und geoffenbart. Sophia, das ist das Geheimnis der Weisheit der Wege Gottes. Keine Philosophie vermag sie zu schauen. Gott allein enthüllt und verbirgt, verbirgt und enthüllt sie an dem Einen, der der allein Weise, der Philosoph Gottes ist, Jesus Christus. Und alle Gnosis, alle Erkenntnis, wie es hier heißt, des Wesens Gottes, das Geheimnis der Trinität, der Menschwerdung ist erfüllt in dem einen Gnostiker Gottes, dem Herrn Christus. Du brauchst nicht zu all den vielen Brunnen der Weisheit zu gehen. In dem Einen, sagt Paulus, in dem Einen ist die ganze Erkenntnis, die ganze Weisheit und die ganze Wahrheit Gottes verborgen und enthüllt.

Dieser V. 3 hat die größte Bedeutung für die Geschichte der Kirche bekommen. Denn seitdem man diesen Vers verstand, gibt es wirklich Theologie im tiefsten Sinn des Wortes: Gottes-Weisheit. Menschen, die durch den Geist entzündet in Jesus Christus nicht nur den Heiland fanden, sondern den Erfüller aller Denker und den Erfüller aller Gottsucher und Religionen. Haben sie ihn nicht, so haben sie nicht die ganze Erkenntnis und die ganze Weisheit Gottes.

Darum ist die Theologie durch die ganze Geschichte der Kirche hindurch dieses Ringen, aus Jesus Christus die Schätze der Weisheit und der Erkenntnis zu erheben, eine besondere Funktion und Arbeit der Kirche gewesen.

Paulus warnt an dieser Stelle mit großem Ernst vor den »vernünftigen Reden«, vor den Philosophien und Weltanschauungen. Jesus Christus, sagt er, ist kein Philosoph und kein Denker und Dichter gewesen. Er ist die Gottesfülle (V. 9), die Wahrheit im Fleisch. Du brauchst nicht dahin und dorthin zu gehen. Hier hast du alles. Paulus nennt geradezu die Weltanschauungen und Religionen jener und unserer Zeit nur Lug und Trug. Er sagt, es sind das Menschengesetze (V. 8), Menschengedanken, die keine Gewißheit und Kraft geben. Sie entstammen den Weltsatzungen, d. h. eigentlich wörtlich, sie sind nur Buchstaben, aber keine Worte und keine Sätze, die Sinn haben. Die Philosophen und Denker und Dichter haben auch etwas gemerkt, aber das ist etwas, wie wenn sie nur Buchstaben hätten, aber das Wort haben sie nicht, den Sinn, den Satz, den Zusammenhang, das Geheimnis Gottes; das ist allein in Christus verborgen. Theorien, Vermutungen, Gedanken, genug und übergenug. Die ganze Geschichte der Menschheit ist ein Zeugnis dafür. Es spricht hier zu uns das leidenschaftliche Nein der Offenbarung Gottes gegen die menschliche Vernunft.

Und damit wir das recht verstehen, deutet Paulus noch auf zwei Dinge, mit denen er sagt: Seht, diese ganze Welt der Philosophie und der Weltanschauungen ist für euch überwunden. Wodurch? Durch die Taufe und durch das Kreuz.

Durch die Taufe. Offenbar gab es in Kolossae auch Juden, die aus dem Judentum in die Gemeinde kamen, und die damals erfüllt waren mit so vielen tiefen Gottesgedanken, die sie aus trüben Quellen jener Zeit schöpften. Aber sie beriefen sich darauf, daß sie die Beschnittenen seien, dadurch gekennzeichnet als Glieder der Gemeinde Gottes. Zu ihnen sagt Paulus: die Beschneidung des Leibes, des Fleisches mit dem Messer in der Hand, die tut's nicht. Es geht um die Jesus-Christus-Beschneidung. Euer ganzer Mensch muß sterben und auferstehen. Euer ganzes Wesen, Leib, Seele und Geist muß ins Grab mit Christus und muß auferstehen mit Jesus Christus. Ihr müßt von Grund und Wesen neu geboren werden. Dann wird der Geist euch erleuchten in alle Wahrheit. Dann werdet ihr in Christus die ganzen Schätze der Erkenntnis der heiligen Philosophie und Wahrheit erkennen.

Es ist etwas Großartiges in diesem Brief. Immer wieder taucht so ein Wort auf, das Epaphras fragt. Philosophie, Gnosis, Beschneidung und wie wir nachher sehen werden, Engel. Und jedesmal nimmt Paulus das Wort und deckt es zu mit dem großen Namen Christus. Um die Christusbeschneidung geht es, um die Christusphilosophie geht es. Und dann werden alle diese großen Worte wie kleine Zwerge und Knechte und kommen in die Hände Jesu Christi und müssen ihm dienen.

Wir wollen uns darüber freuen, daß wir auch in unserer Zeit Theologen haben, nur um den einen zu nennen, Karl Heim, dem unser Geschlecht am meisten verdankt, oder zur Auslegung Adolf Schlatter; Menschen, deren Vernunft gefangen wurde von Jesus Christus, und die nun das Geheimnis der Erkenntnis und der Weisheit Gottes auszuschöpfen vermochten aus Jesus. Es gibt kein Wort in dieser Welt, über das der Herr Christus nicht Herr wäre. Man muß es ihm nur darbringen, und dann verwandelt er es und macht eine neue Beschneidung, die Taufe, und schenkt wahrhaftige Sophia und Gottes Christusgnosis, die tiefe Erkenntnis vom Wesen und von den Wegen Gottes.

Und dann weist Paulus noch aufs Kreuz: Dort ist alle menschliche Weisheit zu Ende, der große Schuldschein, der aus den Gesetzen kam und aus den menschlichen Gedanken, dieses Schuldiggewordensein aller Philosophien und aller Gesetzesmenschen, das ist ans Kreuz geheftet worden in Jesus Christus. Und damit ist der Riegel, die Mauer weggenommen, der Schuldschein abgetan und zerrissen. Das Kreuz hat den Stein von der Schwelle genommen. Und nun vermag der Mensch der Begnadung einzutreten und zu

schauen, soweit das uns möglich und erlaubt ist, die Geheimnisse Gottes.
Ich gebe zu, es ist ein sehr schwerer Abschnitt im einzelnen. Aber ihr versteht die Frage: Was ist es mit diesen Religionen und Weltanschauungen neben Christus? Und ihr versteht die Antwort. Ihr müßt nur recht zusehen. Wenn ihr eure Taufe ernst nehmt und das Kreuz Christi, dann werden euch die Augen aufgetan werden, dann werdet ihr merken, daß an diesem Mann von Nazareth, diesem Kind in der Krippe, diesem Mann am Kreuz alle Schätze der Wahrheit und Weisheit, der Gnosis Gottes verborgen liegen und enthüllt sind.
Und wie kann ich es anders sagen, daß ich auch mit Freuden Theologe bin, daß uns ein Leben geschenkt wird, um das Geheimnis, das unausschöpfliche Geheimnis der Wahrheit und der Weisheit Gottes in Christus auszuschöpfen und auszuteilen.
Dritte und letzte Frage: Epaphras fragt den Paulus: Meister, du weißt, daß die Gemeinde ein Kampfgebiet ist nicht nur zwischen den Menschen, sondern auch zwischen den Geistern, den Engeln und den Dämonen. Paulus, wie sollen wir es mit den Engeln, wie sollen wir es mit den Dämonen halten? Darauf antworten diese besonders schwierigen Verse, V. 10: Jesus Christus ist das Haupt aller Fürstentümer; V. 15: er hat ausgezogen die Geistermächte. Abgesehen davon, daß wir hier einmal lernen können, daß das Kind Gottes in einer roh gezimmerten Krippe liegt, d. h. daß das Wort Gottes uns auf armseligen Papyrusblättern überliefert ist, können wir sehen, daß diese Worte irgendwie in der langen Zeit verdorben sind, ein paar Worte sind wie versunken. Es gibt keine eindeutige Handschrift über den letzten Abschnitt von Kolosser 2, und darum müssen wir hier besonders demütig und zurückhaltend sein.
Es gibt überall, in Kolossae und in Europa, selbstgemachte Religion, Menschen, die sich für besonders fromm halten. Sie enthalten sich von diesem und jenem, von Wein und Fleisch und Ehe und Geschlechtsgenuß. Sie treiben Askese, töten ihr Fleisch und ihren Leib, nehmen sich ungeheuer in Zucht, enthalten sich von allem

und glauben dabei, besonders fromm, demütig und tief zu sein. Paulus sagt nichts gegen die Zucht des Leibes, gegen die Reinheit der Seele, aber er sagt: keine eigene Heiligkeit. Das alles sind Schatten dessen, was kommt, und Menschenlehren, die zu uns sagen: Du sollst nicht! wenn sie verbunden sind mit dem Ruhm besonderer Weisheit und Heiligkeit.

Und diese selben Menschen fasten und zähmen ihren Leib. Wozu? Um Engel zu verehren. Es steht hier ein ganz besonderes Wort, das nur einmal im Neuen Testament steht, das heißt etwa: das sind Menschen, die wollen selber hineingucken, selber hinaufsteigen, selber sich hinuntersenken in die Geheimnisse der unsichtbaren Welt, durch die Engel hindurchschauen bis in die Tiefen der Gottheit. Und darum glauben sie, besonders demütig und besonders fromm zu sein.

Paulus sagt an dieser Stelle zwei Dinge, die wir sehr genau hören müssen. Erstens sagt er, was die guten Engel betrifft, die guten Geister Gottes, so gilt für sie das herrliche Wort V. 10: »Er ist das Haupt aller Geistermächte, Fürstentümer und Gewalten.« »Die Engel sind dienstbare Geister Gottes«, sagt der Hebräerbrief, zum Dienst berufen an denen, die die ewige Seligkeit ererben sollen, die Knechte Christi, ihm dienstbar, ihrem Herrn und ihrem Haupt. Darum sollst du getrost dich der Engel und ihres Schutzes freuen, sollst sie aber nicht verehren. Bete Christus an! Sie sind neben ihm nichts Besonderes. Sie sind nur seine ausführenden Organe. Wir dürfen einander zusagen, wie dankbar wir Gott sind, daß es in dieser Welt nicht nur Teufel und Dämonen, sondern auch Engel gibt. Aber wir wollen sie nicht verehren. Wir wollen sie demütig nehmen als die Werkzeuge der Gnade, des Schutzes, der Warnung, der Heiligung des Herrn. Ihm gehören sie, Er ist ihr Haupt.

Und die Bösen? Das ist das Andere. Die Dämonen! (V. 15.) Er hat sie ausgezogen. Er hat einen Triumph über sie gemacht am Kreuz. Das Kreuz ist nicht nur der Ort der Vergebung der Sünden. Das Kreuz, sagt Paulus, ist auch der Ort des Sieges über die Dämonen. Karfreitag ist geradezu die Siegesfeier Gottes über die Dämonenmächte, da triumphiert der Sohn Gottes und führt sie wie in einem großen Siegeszug hinter sich her.

Wir können uns das an einem schlichten Bild klarmachen. Wenn ein kleines Kind in einer Großstadt über die Straße will, hebt der Schutzmann die Hand hoch, der Riesenverkehr stoppt, die gewaltigen Ungetüme, die ratternden Motore müssen halten – das Kind geht über die Straße. Jesus Christus stoppt die ganze Bande, die ganze Schar der mächtigen Geister durch sein Kreuz. Und die Christen und die sich an Christus halten, die Kinder Gottes können über die Straßen und durch die Abgründe der Welt hindurchgetragen werden. Frei seid ihr, sagt Paulus, denn die Dämonen sind unter seinen Befehlen.

Das ist ein ungeheures Wort, daß wir Christen wissen dürfen, auch der Teufel ist Gottes Teufel, auch die Dämonen sind Christi Dämonen.

Ich sagte vorhin, es gibt kein Wort, es sei groß oder klein, Paulus nimmt es und deckt das Wort zu mit dem großen Christusnamen. So auch diese bösen Geister. Sie gibt es mehr als wir ahnen und furchtbarer als wir wissen. Aber wer an Christus Jesus glaubt, für den sind sie gebannt, gestoppt, gehalten, in Schach gehalten. Und Er bringt die Kinder Christi gnädig und wunderbar hindurch.

Also keine selbstgemachte Religion, Askese, Selbsttötung des Fleisches, Verehrung der Engel, eigene Selbstdemütigung, nein. Dankbare Freude, daß Er die Engel sendet unter seinen Befehlen. Und ein Aufatmen, daß Er auch über die Dämonen triumphiert. Das ist der Grundgedanke dieser Verse.

Da fragte Epaphras den Paulus: Wie ist es mit der Gemeinde, dem Schlachtgebiet der Engel und der Dämonen? Und der Herr antwortete durch den Apostel: Fürchtet euch nicht! Der Christus Jesus ist der Sieger auch über die Teufel, auch über die Geister der Tiefe, und ihr, ihr dürft kindlich, getrost und zuversichtlich über die Straßen dieser Welt gehen. Er bringt euch heim.

Der neue Mensch in Christus
Kolosser 3, 1-11

Wir erleben in diesen Worten etwas ganz Merkwürdiges. Es ist uns nämlich hier geradezu der Weg Jesu Christi gezeichnet. »Ihr seid mit Christus gestorben. Ihr seid mit Christus auferstanden. Er sitzt zur Rechten Gottes. Er wird geoffenbart werden in Herrlichkeit.« Das sind die vier großen Stationen des neuen Menschen: der Tod, die Auferstehung, die Himmelfahrt und die Vollendung. Wenn Paulus vom neuen Menschen redet, dann redet er von Christus zuerst und zuletzt. »Suchet, was droben ist, da Christus ist zur Rechten Gottes.« Es ist das etwas so Befreiendes, Erlösendes, daß Paulus, wenn er vom neuen Menschen redet, nicht mit Gesetzen oder Geboten beginnt: So mußt du sein, und das mußt du werden! – sondern daß er uns von uns wegnimmt und uns die ganze Heilslinie Jesu Christi, des neuen Menschen, des zweiten Adam, des Urbilds alles wahren Menschenwesens zeigt. Du sollst einfach satt werden an diesem Bild. Und dann mag dir das Geheimnis aufgehen, das in dem kleinen Wörtchen »mit« liegt. Mitgestorben, mitauferstanden, wie wir in 1, 13 hörten: mit versetzt in das Reich, mit ihm offenbar.
Siehe, das ist dein neues Leben. Das ist der Glaube. Du mußt alle Stationen immer neu mitgehen. Aber sei gewiß, wenn du in die erste eingestiegen bist im Glauben, so wirst du mit ihm bis zur letzten kommen. Das, was wir Heiligung nennen, das Geheimnis des neuen Lebens, der Wiedergeburt, das ist nur so zu verstehen, daß dieses Wort für mich Wahrheit wird im Glauben, in der Liebe, in der Hoffnung und im Gehorsam und in der Geduld. Der Weg ist da, und der neue Mensch ist geworden und vollendet. Du mußt bloß mitgehen, nachfolgen, eins werden mit ihm im Glauben. Die große Heilsgeschichte Gottes, die die ganze Welt und den Kosmos umfaßt von der Schöpfung bis zur Vollendung, für dich und für mich, um deinet- und um meinetwillen ist das alles geschehen. Du sollst auf diesen neuen Weg finden, um ein neuer Mensch zu werden mit ihm. Wer das einmal gesehen hat, der wird frei von aller

falschen Gesetzlichkeit und krampfhaften Heiligung. Er schaut grundsätzlich weg von sich auf den, der für ihn diesen Weg gegangen und mit dem er eins zu werden sich gerufen weiß.
»Suchet, was droben ist!« Trachtet nach dem, was droben und nicht nach dem, was auf Erden ist. Der neue Mensch ist suchend. Er ist immerzu auf dem Wege, unterwegs. Es liegt in dem Wort: Suchet, was droben ist, ein Klang des tiefen Heimwehs der ganzen Kreatur nach der Erlösung, etwas von dem Warten, dem ängstlichen Harren der Kreatur, auch unserer Kreatur, auf die Vollendung.

O du Land des Wesens und der Wahrheit,
unvergänglich für und für.
Mich verlangt nach dir und deiner Klarheit,
mich verlangt nach dir.

So hat Matthias Claudius in dem wunderbaren Gedicht über Tod und Leben gesungen.
Wer einmal von Christus berührt ist, der wird dieses stille Heimweh, diese unstillbare Sehnsucht nach einer neuen Welt und nach einem neuen Menschen und nach einem ewigen Frieden nicht mehr los. Trachtet nicht nach dem, was auf Erden ist, suchet, was droben ist! Wenn du wissen willst, ob das Geheimnis des neuen Menschen bei dir begonnen hat, dann frage dich, ob dein tiefstes Verlangen gestillt werden kann auf dieser Erde durch Erkenntnis, durch Liebe, durch das Geld, durch all die Dinge, die die Welt zu geben hat. Und das ist allerhand, was sie gibt, für dich. Ob das deinen Hunger stillt! »Suchet, was droben ist.« Ich kann nur bitten, daß Gott in uns allen etwas von dem unstillbaren Hunger und Durst erwecke, der sich mit nichts zutiefst und zuletzt genügen läßt als mit dem, was droben ist.
Was ist denn droben?
»Suchet, was droben ist, wo Christus ist zur Rechten des Vaters.« Das kleine Wörtchen »droben« wird nun von innen her erleuchtet und erfüllt in seiner ganzen Herrlichkeit durch das Wort »Christus«. Was heißt denn das, »da Christus droben ist«? Also der ist

droben, der nicht ein Gott nur droben ist, sondern der ein Gott ist, der Mensch wurde. Das also ist der Gott der Barmherzigkeit, der mein Wesen annahm, um mich zu erretten und zu erneuern. Christus droben ist nicht der Verkläger, sondern der Fürsprecher zur Rechten. Der Fürst der Welt, der an dir und mir genügend hat, um uns anzuklagen bei Tag und Nacht vor Gott, der ist ausgestoßen, Christus ist droben, Christus ist zur Rechten des Vaters. Die Stimme des Verklägers ist zum Schweigen gebracht durch die Stimme unseres Bruders und Erlösers, dessen Blut von der Erde aufstieg, um für uns zu bitten; nicht das erschlagene, sondern das für uns vergossene Blut der Barmherzigkeit Gottes.

Wer ist droben? Christus, das Wort, nein die Tat der Gnade Gottes und der Erlösung. Wer ist droben? Christus, also nicht der Tod, sondern die Auferstehung vom Tod und das Leben, das ewige Leben. Droben ist Leben, ewiges Leben, der Sieg für alle Ewigkeit erfochten. Und noch einmal: Wer ist droben? Christus zur Rechten des Vaters, das heißt, der, der das ganze Regiment in seinen Händen hat, in dem Gott sein Antlitz aufgedeckt und enthüllt hat, daß wir es schauen können und schauen werden. Du magst vor dem verborgenen Antlitz Gottes stehen, das für dich bedeckt ist mit einem Schleier, so daß du die Züge Gottes unter den Furchen, Rätseln, Anfechtungen und der Schuld deines Lebens nicht mehr siehst. Christus ist droben. Und in diesem Augenblick ist der Vorhang weg, und du siehst die Züge des Angesichtes Gottes, der dein Bruder wurde, der für dich starb, der deinen Tod überwand, der droben zur Rechten ist als unser Fürsprecher. Den suchet!

Und das Dritte ist neben dem Suchen und dem, was droben ist: Wie sollen wir denn suchen? Ist das nicht einfach das Los aller ernsten, suchenden Menschen, daß sie immer wieder auf ihre Füße fallen und eben nicht fliegen können, daß wir immer neu anfangen, Vorsätze fassen, Anläufe unternehmen, und das Ende ist das Zurückgeworfenwerden? Wie sollen wir suchen?

An dieser Stelle sagt Paulus das Geheimnis: Ihr seid gestorben, ihr seid mit Christus auferstanden. Darum suchet, was droben ist. Mit anderen Worten: Der allein kann recht suchen, der gefunden ist. Du mußt das recht verstehen. Du kannst, du darfst suchen, weil Jesus Christus dich gesucht und gefunden hat. Und nun bedenke, wie er das tat? Er wurde Mensch wie du, leibhaftig (2, 9), und er nahm deine Schuld auf sich und starb. Er ist für dich versetzt in das Reich des Lichtes (1, 13), und du mit ihm. Er starb, das heißt, du bist tot, dir gilt das. Das Alte ist vergangen. Gott will uns nicht ansehen, wie wir von Natur sind, und was über uns zu sagen wäre, über unser Böses und über unser Gutes. Tot! Ihr seid gestorben. Das heißt ganz wörtlich: Ihr seid tot (da ist eine Sprachform gebraucht, die es nur im Griechischen gibt). Tot seid ihr. Nichts gibt es von mir zu sagen, erst recht nichts zu rühmen. Ihr seid auferstanden.

Das ist das Geheimnis, du lebst in dem Augenblick, wo du glaubend deine Hände in die Jesu Christi legst. Du darfst das werden, was du schon bist. Du darfst den suchen, der dich schon fand. Gewiß noch verborgen. Euer Leben ist verborgen mit Christus in Gott. Das singen wir in dem Lied von Friedrich Richter, dem treuen Bruder und Arzt Franckes in Halle. Das Inwendige glänzt, das Verborgene. Wir stecken bis über den Hals in all den Nöten und Dingen dieser Welt. Aber er ist da. Gestorben für dich, auferstanden für dich. Zur Rechten des Vaters erhöht für dich, damit du mit ihm (alles hängt an diesem einen Wörtchen »mit«) den Weg fändest. Wenn er geoffenbart wird in seiner Herrlichkeit, werdet auch ihr mit offenbar werden (3, 4), denn das, was droben ist, das ist das, was künftig ist. Vergeßt das nicht! Das was droben ist, das ist das Zukünftige, dem wir entgegengehen mit ihm.

So sollst du suchen. Das ist das Geheimnis des neuen Menschen. Er wird gerufen zu suchen, weil er schon gefunden ist, gerufen zu werden, was er schon ist in Christus, der neue Mensch und der neue Weg. Nun komm und glaube.

Und nun das Zweite, was uns in den Versen 5-10 gezeigt ist. Wir könnten sagen, das alles ist Schwärmerei. Ich merke ja gar nichts, weder an mir noch an den sogenannten Christen und erst recht nicht von dem Christus, der droben ist, und ich, ich Mensch der Erde, bin bestimmt zu leiden.

Paulus sagt: Nein, so nicht, sondern nun geht es an bei dir. Dieses Wörtlein »mit« schließt einen lebenslangen Kampf des Gehorsams und Glaubens und der Liebe ein. Es ist im Grunde alles gewonnen für dich, aber du mußt alles wagen für ihn. Es ist im Grunde der Sieg für dich erfochten, aber wisse, daß das den Kampf für dich bedeutet, das Ausharren. Nicht nur etliche Gänge wagen und dann im letzten Streit doch an dem Sieg verzagen. Ausharren bis zum Letzten! »Darum tötet eure Glieder!« Seht, das ist das heilige Paradox, der heilige Widerspruch der Christen. Tot seid ihr, weil Christus starb. Tötet eure Glieder, weil ihr mit Christus lebet. Wie Römer 6 und 8 und Epheser 5 zeigt, so zeichnet der Apostel hier den Kampfweg des neuen Menschen. Der Sieg wird nicht schnell erkämpft. Es ist ein langer, verborgener, geistlicher Kampf mit deinen Gliedern, mit Leib und Seele, bis der Geist in dir die Herrschaft gewonnen hat. Tötet eure Glieder, das ist der Kampfruf derer, für die im Grunde alles schon geschehen ist und die jetzt nur noch nachkommen müssen, nachfolgen dem, was Christus für sie tat. Aber eben dieses Nachkommen und dieses Nachfolgen, das bedeutet für den gefallenen, in Schuld und Tod verstrickten Menschen einen Kampf bis zum letzten Hauch.

Tötet eure Glieder! Paulus beginnt sehr realistisch an dieser Stelle mit uns zu reden. Er redet von der Unzucht, von der Unreinheit, von der schändlichen Brunst und von der bösen Lust. Der Mann, der ehelos war, weiß sehr genau um die Anfechtung des Fleisches und um die ganze Not, die uns dieses Gebiet macht, an dem alle mitschuldig geworden sind, alle. Er meint mit dem Wort »Unzucht« den Umgang mit der Hure, mit dem Wort »Unreinheit« all das, was die Keuschheit verletzt, böse Lust, das sinnliche Begehren, die Kräfte, die Triebe, die Leidenschaften, von denen wir alle umgetrieben werden, und die uns und den Nächsten entwürdigen. »Tötet eure Glieder.« An dieser Stelle muß geopfert und gekämpft werden bis zum letzten. Die große und die einzige Hilfe dafür ist der Blick auf Christus. Das ist der Heilige. Das ist der allein Reine, um den herum Licht ist, Einfalt des Herzens, Reinheit des Leibes und der Seele. An dieser Stelle pflegt die katholische Kirche den

Namen Maria auszusprechen, die Fürbitterin, die all diese Anfechtungen durchlitten hat, und die die allein Reine und Unbefleckte geworden sei. Wir werden das nicht tun und zwar einfach deswegen, weil es Gott gefallen hat, uns nicht durch Maria, sondern durch Christus allein zu erlösen, und weil das schöne Wort Goethes nicht ganz wahr ist, daß »das ewig Weibliche« den Menschen hinanziehe. Die Bibel redet an dieser Stelle nüchterner, wahrhaftiger. Tötet eure Glieder, um erneuert zu werden (3, 10) zum Ebenbild dessen, der euch schuf. Du trägst nicht die Züge der Maria. Aber in dir verborgen, verloren, zerstört, aber zum Leben wieder erweckbar ist das Bild Jesu Christi, in das du hinein neugeboren und erweckt werden sollst.

Und dann fährt Paulus fort und redet von dem unersättlichen Begehren des Menschenherzens, dem Geiz, welcher ist Abgötterei. Er weiß, er, der Arme, von den fanatischen Mächten des Geldes über die Seelen und Leiber der Menschen, diesem schauerlichen Gott der Welt, um dessentwillen der Zorn Gottes kommt über die Kinder des Unglaubens. Paulus sagt an dieser Stelle und nimmt wie ein Bruder die Kolosser an der Hand, »in welchem auch ihr gewandelt seid«. Auch ihr. Ihr nicht allein. Wir auch, ihr auch. Wunderbar, wie sich hier der Seelsorger zusammenschließt in tiefer bußfertiger Demut und diese Menschen mitnimmt und uns. Tötet eure Glieder! Gekämpft muß werden, gekämpft bis zum letzten!

Aber weiter: Leget alles ab. Stolpert nicht über dieses Wörtchen »alles« im 8. Vers. Das meint er, wenn er nun fortfährt: »Den Zorn, den Groll, die Schlechtigkeit, die Lästerung, die bösen Worte und die Lüge«. All das, was das Leben zwischen den Menschen vergiftet. Hier muß gekämpft werden gegen den Zorn. Vergeltet nicht Böses mit Bösem. Laßt keine bittere Wurzel aufwachsen und die Sonne nicht untergehen über eurem Zorn. Schlechtigkeit, Lästerung, böse Worte, all das, was diese ganze Atmosphäre der Welt vergiftet und was uns vergiftet in dieser Atmosphäre der Welt.

Lüget nicht widereinander! Damit legt Paulus die Hand auf den

Grundgeist, die Lüge, angefangen bei der politischen Lüge, bei der beruflichen Lüge, bei der Geldlüge, bei der Ehelüge, bei dem Lügen in tausendfacher Gestalt, wie sie uns jeder Tag zeigt. Das legt ab, alles. Gekämpft muß werden. Und wo gekämpft wird, gibt es Niederlagen. Wo gekämpft wird, da gibt es Wunden, da wird Blut vergossen, da ist Leiden. Das muß so sein. Aber sei getrost und sieh weg von dir und sieh auf den großen Sieg. Denn: Ihr seid gestorben und auferstanden und in das neue Leben versetzt mit ihm. Dann faßt Paulus das alles in V. 10 zusammen in das wunderschöne, einprägsame und tiefe Bild vom Ausziehen des alten und Anziehen des neuen Menschen. Ziehet den alten Menschen aus. Ziehet den neuen Menschen an nicht nur wie einen Kleiderwechsel, sondern wie einen Lebenswechsel. Du trittst mit ihm in eine neue Welt. Nicht das ist die größte Not, daß wir nicht genügend Erkenntnis haben. Die große Not ist, daß in uns nicht das Neue, Überwindende, Starke und Helle ist, so daß wir wissen: wo ist Gemeinde? wo ist Welt? Ihr wißt, wie schrecklich die Grenzen heute nivelliert und ausgelöscht sind. Zieht den alten Menschen aus, legt den neuen an. Das ist ein Sprung, das ist eine ganz klare Grenze, die man überschreiten muß, wenn man hineingeht in die Welt des Gebets, in das Leben der Gemeinschaft der Christen, in das Leben des Hörens auf das Wort Gottes, in das Leben mit dem heiligen Sakrament, in das Leben des Opfers und der Überwindung und des Kampfes.

Zwei Dinge werden bei diesem Wechsel in besonderer Weise unterstrichen. »Ziehet den neuen an, der da erneuert wird zu der Erkenntnis«, das ist das eine, nach dem Abbild des, der uns geschaffen hat. Ohne Christus, sagt Paulus an dieser Stelle, seid ihr alle im Wahn, in einer ungeheuren Illusion, als ob der Mensch gut und Gott fern von ihm sei. Dabei ist es umgekehrt. Gott ist nahe, so nahe wie wir ihn in diesen Jahrzehnten erlebt haben in seinem heiligen Zorn. Und der Mensch hat sein abgründiges, babylonisches Herz enthüllt. Erkenne, daß Gott nahe ist als der Erbarmer, und daß er alles getan hat für dich, damit du mit ihm den Weg fändest. »Erneuerung nach dem Abbild des, der uns geschaffen hat.« Jetzt verstehen wir das Wort, wenn wir an 1, 16-18 denken. Denn der uns geschaffen hat, ist ja der Sohn, das Abbild Gottes, das einzige und das Urbild alles wahren Menschenwesens. Dieses Bild trägst du und tragen wir alle an uns, die wir geschaffen sind. Aber wir tragen es als ein bis in die Wurzeln hinein zerstörtes Bild. Und nun soll das in uns erneuert werden, unverletzt und unverloren durch den Heiligen Geist. Der neue Mensch, das ist er, das ist dein Herr. Und du sollst mit ihm so zusammenwachsen, daß in dir wieder neu von oben geboren werde sein Bild.

Das ist das Geheimnis des neuen Menschen, die Heiligung, der Gehorsam, die Nachfolge. So viel Frieden über dir und so viel Kampf für dich, beides.

Paulus schließt: Dann passieren die seltsamsten Dinge im Menschenleben, denn der Mensch, der bei Jesus Christus ist, darf durch alle die Unterschiede durchbrechen, die Menschen aufgerichtet haben. In Christus, sagt V. 11, ist nicht Grieche noch Jude, nicht Beschnittener noch Unbeschnittener, nicht Barbar noch Skythe, nicht Knecht noch Freier, sondern alles ist Christus in allen. In diesem Vers habt ihr eine vollkommene Beschreibung der Gemeinde Gottes, der Völkerkirche auf Erden. Die religiösen Unterschiede sind überwunden. Hier die Juden, das Volk der Offenbarung, hier die Heiden im Dunkel des Götzendienstes. Welcher Riß, welcher Graben zwischen den beiden. Nun ist einer in den Riß getreten und hat diesen Graben überbrückt, der gekreuzigte Christus. Und nun wird der Jude, ohne aufzuhören ein Glied dieses Geschlechtes zu sein, Kind, Jünger, und der Heide, ohne aufzuhören ein Deutscher und Chinese zu sein, ein Jünger Jesu. Und sie sind eins. Es ist ihnen Christus alles geworden. Paulus, der fromme Jude, und Epaphras, dieser schmutzige Heide von Kolossae, dieser Grieche, aus dem Heidentum gebrochener Stein, sind Brüder, weil sie neue Menschen wurden in Christus.

So wie die religiösen Unterschiede verschwinden, so auch die völkischen Unterschiede, Barbaren und Skythen. Es ist die einzige Stelle im Neuen Testament, in der der Skythe vorkommt, und sie ist darum sehr umstritten. Offenbar heißt es: auch die verkom-

mensten Völker, am Schwarzen Meer, auf der Halbinsel Krim. Auch die verkommensten und verlorensten Völkersplitter am Ende der damals bekannten Welt können erneuert werden in Christus.
So werden auch die sozialen Unterschiede überwunden. Knecht, Sklave und Freier, in unserer Sprache, die Besitzenden und die Habenichtse, die Kapitalisten und die Proletarier: In dem Augenblick, da sie zu Christus finden, sind sie nicht gleich, aber eins, eins in Christus. Wir alten Menschen sind alle eins in unseren Tränen, in unserer Schuld, in unserem Sterbenmüssen. Aber die neuen Menschen sind auch alle eins in ihrem Frieden und in dem einen Namen, der für sie alles sagt, in Christus, in dem ihr Leben sein Ziel, seine Bestimmung fand. Das ist eine herrliche Sache, die Sache des neuen Menschen.
Die Gemeinde Jesu, sagen diese elf Verse, ist ein neues Geschlecht, nicht mehr Juden und nicht Heiden, sie ist das Christus-Jesus-Geschlecht, das Endgeschlecht dieser Zeit: Menschen, die mitten in aller Verwirrung den Weg gefunden haben, den Weg, der heimführt.

Der neue Weg des Christen

Kolosser 3, 12-25

Damit wir nicht denken, es spiele sich alles, was in den ersten Versen dieses Kapitels gesagt ist, im Innerlichen allein ab, Christentum sei eine Frage der Innerlichkeit, der Flucht, des Rückzugs aus dem Leben, zeigt uns nun der zweite Teil des 3. Kapitels den neuen Weg, den wir in die Welt hinein mit unseren Nächsten und Mitmenschen in unseren Berufen zu gehen haben. Das ist eine der großen Nöte des Christseins, daß unser Leben zerfällt in zwei Gebiete, ein inneres Gebiet, in dem wir um das Geheimnis des neuen Menschen ringen, und in das große Gebiet der Welt, des Berufs, der Familie, der Ehe, der Politik in all den tausend Verhaftungen, in denen jeder von uns jeden Tag steht. Ihr wißt alle um die große

Anfechtung der Schizophrenie unseres Christseins, dieses rein innerlichen Seins und dieses nun gelöst von allem In-der-Welt-Stehens.
Paulus sagt, es führt ein Weg, ein neuer, ein dritter Weg hinein in die Welt, und du sollst ihn gehen, heute und morgen und alle Tage.
Es ist nicht zu bestreiten, daß dieser neue Weg höchst konkret und höchst aktuell von dem Apostel beschrieben ist. Laßt uns ein wenig zuhören für uns. Den ganzen Weg des neuen Menschen, des Menschen in Christus, umschließt das eine Wort, heilig und leuchtend, wie keines der Heiligen Schrift: die Agape, die Liebe. »Über alles ziehet an die Liebe.« Die ist ein Wort, das nicht aus unserem Wesen kommt. Wir wissen von Eros in allen Formen, geistigen und fleischlichen. Aber von Agape wissen wir von Natur nichts. Um dieses Wort Liebe, Agape, leuchtet es wie eine Aura einer anderen Welt. Das ist ein Wort, das uns enthüllt und geoffenbart werden muß, das Wort »Liebe«, wie es das Neue Testament meint. Nur wer einmal mit Ernst den Weg der Passion des Herrn Christus in sich aufgenommen hat und dem Mann am Kreuz das Herz geschenkt hat, erfährt etwas von dem Geheimnis der Liebe. Wir müssen die Verse 12-14 ganz im Licht dieses einen Wortes von der Liebe lesen. Wir wollen an den Rand schreiben, was der Apostel in 1. Kor. 13 zu diesem großen Wort gesagt hat, und auf die andere Seite Joh. 13, das was der Herr Christus in der letzten Nacht getan und gesagt hat: Daran soll man erkennen, daß ihr meine Jünger seid, so ihr untereinander Liebe habt.
»Ziehet an ... (Paulus nennt uns mit drei Namen:) Erwählte, Heilige und Geliebte.« Das sind sozusagen die Liebesnamen Gottes für uns. Erwählte, Menschen, die Gottes Ruf traf, dich, mich. Du bist gemeint, von Gott gemeint. Heilige, Menschen, die in die Nähe der Herrschaft des Heiligen gekommen sind, Geliebte, Menschen, für die dieses ganze Werk der Heilsgeschichte, diese Jesus-Christus-Liebe, zur größten Wirklichkeit wird. »Drum sag ich's noch einmal: Gott ist die Liebe, er liebt auch mich« ist eines der Lieder, das in allen Sprachen der Welt, in die das Neue Testa-

ment übersetzt ist, und das sind mehr als 1200, auch gesungen wird, nicht nur in den Kindergärten, sondern in den Kirchen und Gemeinden. Und was in unserem Munde so abgebraucht erscheint, das ist im Munde dieser Jungen Kirchen eine unerhörte Wahrheit. Daß die Götter hassen, die dumpfen Dämonen, das wissen die Menschen der Welt, aber daß Gott mich liebt – unfaßlich! Das Wort Liebe ist gleich einer glühenden Kohle, die Gott selbst auf das Haupt des Menschen legt, um ihn zu überwinden und ihn zu beschämen und ihm klarzumachen, daß es so nicht geht, wie er lebt. Bedenke, ich habe dich lieb. Ich möchte, daß wir heute einfach miteinander ein ganz klein wenig wie die Kinder werden, die das Lied zum erstenmal singen und staunen, daß dieser große Gott, dieser Herr der Geschichte, in dessen Händen die Welten liegen, so eine Kreatur wie mich und dich liebt.

Das ist das größte Wunder der Christusbotschaft: Erwählte, Heilige, Geliebte. Das seid ihr, die ihr von dem Geheimnis des neuen Menschen in Christus wißt. Und wozu sind wir gerufen? Wie in einem Prisma legt der Apostel siebenfältig das Wort Liebe auseinander. Was bedeutet das nun bei dir und mir?

Ziehet an, sagt er als erstes, herzliches Erbarmen. Ein unübersetzbares Wort, das sonst die Bibel nur von Gott braucht, von seinem Abgrund, von seinem Innersten, in das kein Menschenauge hineinschaut. Das soll dir ganz zu eigen werden. Ein Auge für die Not der Welt und des Nächsten, das Bewegtwerden, das Entdecken, das tägliche Neusehen des Kreuzes und Leidens der Deinen und die Bereitschaft zu helfen, auch wenn dies einen schmerzvollen Opferweg bedeutet.

Das zweite Wort: Freundlichkeit. Ein Wort, das Bereitschaft andeutet, Bereitschaft zum Dienst, zur Handreichung und zur Gemeinschaft miteinander. Bereit sein, freundliches Bereitsein.

Das dritte Wort: Demut. Jene uns nur als ganz große Gabe und in ganz seltenen Augenblicken unseres Lebens geschenkte Gabe, so daß du dich freuen kannst am unteren Weg und am schlichten, verborgenen Platz und Dienst, keine Rolle spielen und deine eigene Person nicht in den Vordergrund stellen mußt.

Das vierte Wort: Sanftmut, die nicht sauer reagiert, und die das Böse nicht mit Bösem vergilt, sondern biegsam zurückgeht und vorwärtsgeht, das Böse und Gehässige niederfallen läßt, ohne daß es mich trifft, und dann wieder vorkommt und liebt und tragfähig bleibt und nicht im Protest lebt.
Und das fünfte Wort: Geduld. Es heißt eigentlich Langmütigkeit. Die Liebe kann an sich halten, den Zorn beherrschen, warten kann sie, warten und harren und überwinden.
Und das sechste Wort: Es vertrage einer den anderen auch über das Bittere hinweg, was dieses Leben immer wieder vergiftet und beschwert. Beieinander bleiben, sich aushalten und tragen.
Und das letzte, das siebte Wort: Und vergebt einer dem andern, wie Christus vergeben hat. Dies also ist das tiefste Geheimnis der Liebe, daß sie sich nichts vergibt, wenn sie vergibt, was Sünde und Unrecht ist geschehen; nicht Recht behält, sondern neu anfängt; immer die erste ist, die die Hand gibt, wie der Herr auch vergeben hat.
Habe ich recht gesagt, daß das nicht auf unserem Boden wuchs und nicht aus unserem Wesen kam? Dieses Geheimnis der Liebe, die in Christus geoffenbart, Eingang finden will bei uns? Es gibt ein wunderbares Buch, das freilich schwer in der Form, aber unfaßlich herrlich im Inhalt ist, überschrieben: Leben und Walten der Liebe, von Sören Kierkegaard. Dieses dicke Buch ist eine einzige, große Meditation über ein Wort, das zentrale Wort der Heiligen Schrift, von der Liebe. Ganz persönlich ist sie und doch ganz sachlich und nüchtern. Es lebt in ihr, die so ohnmächtig erscheint, die Kraft dessen, der in der Liebe alles überwand und der ganzen Welt Schuld getragen und überwunden hat. Sie ist kein Gefühl und ist doch ein Gefühl. Sie ist ein Band, wie Paulus hier sagt, das uns zusammenführt und zusammenhält; ein vollkommenes Band unter den Menschen, die in Christo sind und unter den Kirchen, die zusammengehören. Und vielleicht ist das das Größte an der Ökumene, daß da nicht die gemeinsame Lehre und die gemeinsamen Interessen gelten, sondern dieses geistliche Geheimnis, das in einer Welt des Hasses und der Zerrissenheit der Völker wie noch nie

aufzuleuchten beginnt, das Geheimnis der Liebe, das Band der Vollkommenheit. Nun geh mit diesem Wort den neuen Weg. Das ist Christsein.

V. 15-17. Du bleibst nicht ohne Hilfe auf diesem Weg. Der Friede Gottes, der Friede Christi regiert in euren Herzen, zu welchem ihr auch berufen seid in einem Leib und seid dankbar. Wenn ihr mit Jesus Christus den neuen Weg geht und um dieses Geheimnis der Liebe euch müht, sollt ihr wissen, daß ganz ohne Zweifel der Friede Christi mitten im Unfrieden der Welt dabei ist. Es ist der Friede, den Gott mit dir geschlossen hat und der gilt. Er ist unser Friede, dieser gekreuzigte und auferstandene Herr. Und die Gemeinde ist die Schar des Friedens. Daß doch auch unsere Kirchen eine Stätte des Friedens, vielleicht die einzige Stätte des Friedens in dieser Welt werden und bleiben, daß von unseren Gottesdiensten und von unseren Abendmahlsfeiern, an denen wir alle, reich oder arm, jung oder alt, ob wir dieser oder jener Führung und Art der Frömmigkeit angehören, teilnehmen, Friede ausgehe. Der Friede schlichtet alles, entscheidet alles, regiert alles in euren Herzen. Und darum vergeßt nicht zu danken, daß wir nicht hassen und daß wir nicht streiten müssen als Christen. Das weiß jeder, der in diesem Kriege stand, der es mit dem Feind zu tun hatte. Das weiß jeder, der in seinem Leben vor Gericht war, und der in die Dinge dieser Welt verstrickt wurde, daß der Friede alles ist, aber auch das einzige, was uns dann zu stärken vermag.

Und weiter auf diesem Wege hilft dir sein Wort: »Lasset das Wort Christi unter euch reichlich wohnen in aller Weisheit. Lehret und vermahnet euch selbst.« Es heißt eigentlich wörtlich: Das Wort Christi sei unter euch heimatlich, heimisch, vertraut. Großartig, wie hier Paulus vom Worte Christi redet. Was in den Evangelien steht, was im Alten Bund, in den Briefen des Apostels steht, es ist das Wort desselben Herrn, ob er unter uns war und mit uns redet, ob er heute zur Rechten des Vaters ist und uns richtet. Immer ist es sein Wort, das er durch seine Apostel und Propheten zu uns spricht. Laßt dieses Wort unter euch wohnen. Man hat heute das furchtbare Gefühl auch von unserer Heimat, von unserem Vaterland, daß es keine Wohnstätte mehr gibt für das Wort Gottes. Es wird aufgefressen vom Radio, das den ganzen Tag laufen muß, und von der Zeitung und von dem Lärm der Menschen und von dem Tempo der Arbeit und von dem Geschrei der Plakate und von der Unruhe des Films. Wo ist da noch Platz für das Wort Christi? Wir haben in unseren Häusern und Familien eine unerhörte Verantwortung, daß dieses Wort Christi wohne, daß das Wort Christi nicht wohnungslos, heimatlos werde in unseren Landen. Und es ist doch die eine große Hilfe der Erleuchtung, der Stärkung, des Trostes und der Warnung und der Mahnung für uns jeden Tag. Dieses Wort, sagt Paulus, soll euch unterweisen und mahnen. »Lernet und vermahnet euch.« Es soll uns Antwort geben, und es soll uns Warnung sein. Antwort für unsere Fragen und Warnung vor unseren Irrwegen. Einer soll dem anderen diesen Dienst tun. »Reichlich und mit aller Weisheit.« Ihr wißt, daß man mit einem Bibelspruch auch ganz unzeitig reden kann, blindlings und willkürlich – »mit aller Weisheit«. Nehmt es mit euch. Laßt es bei euch wohnen.

Und das Dritte. Zum Frieden und zum Wort fügt Paulus an dieser Stelle wunderbar hinzu das Lied »singt mit Psalmen und Lobgesängen und geistlichen lieblichen Liedern dem Herrn in euren Herzen«. Die Urgemeinde ist sofort eine singende Gemeinde geworden ohne Gesangbuch und auch ohne Streit um das Gesangbuch. Aber sie sangen. Es sind hier drei Worte für die Lieder genannt: Psalmen, das verstehen wir ohne weiteres. Die Urgemeinde sang, rezitierte die Psalmen des Alten Bundes und las sie neu, erfüllt und erleuchtet von Christus her. Das zweite Wort: Hymnen. Das bedeutet Loblieder. Denn in dem Augenblick, da dein Herz von Christus berührt ist, mußt du loben. Das geht nicht anders, wenn du das Geheimnis einmal erfahren hast: Er liebt auch mich. Das dritte Wort heißt: Oden, die der Geist gibt. Wir wissen nicht genau, was Paulus damit meinte. Aber es ist doch zu vermuten, daß er damit das spontane Lied, das die Gemeinde, während sie zusammen ist, singt, wenn sie das Wort hört und der Geist Gottes ihr Herz bewegt. Ich werde nie vergessen, wie ich in

Afrika, droben in den Bergen von Ho an der Grenze nach Togo, predigte: Plötzlich begann mitten in der Predigt eine Frau zu singen, und andere schlossen sich an im Kehrreim, und erst nach fünf Minuten konnte ich weiterreden. Etwas von diesen Oden, die der Geist gibt, muß wohl auch hier gemeint sein. Wir haben Lieder, die uns geschenkt sind, so wie Zinzendorf, durch die Bänke des Saales in Herrnhut wandelnd, plötzlich anfing zu dichten und zu singen und die Gemeinde gleichzeitig mitsang. Wir können nicht genug singen, auch zu Hause und wenn immer es Gelegenheit gibt, und auch miteinander darauf hoffen und darum bitten, daß wir ein neues, gesegnetes Gesangbuch bekommen. Singt dem Herrn!
Und das alles im Namen Jesu Christi und danket Gott! Was ihr tut und was ihr redet, Worte und Taten, eines sollen sie ausdrücken, den Dank dafür, was er an uns getan hat.
Das ist der neue Weg, diese Einübung in dem einen großen, leuchtenden Wort von der Liebe, mit der dreifachen Hilfe des Friedens, der dabei ist, des Wortes, das mit dir wohnen will, und des Liedes, das der Apostel aus der Gemeinde aufsteigen hört.
Nun ist es, als ob der Apostel einhält und zu Epaphras sagt: Bruder, gibt es bei euch Ehen? Ja. Gibt es bei euch Väter und Kinder? Ja, sagt der Bote. Gibt es bei euch Sklaven und Freie? Gewiß. Nun laß mich den neuen Weg zeichnen in der Ehe, in der Kindererziehung, in die sozialen Nöte und Schwierigkeiten, in euer Sklavendasein hinein. Daraus sind im Epheser- und im Kolosserbrief diese herrlichen sogenannten Haustafeln geworden, der neue Weg in den menschlichen Beziehungen der Christen.
Ihr Frauen, beginnt Paulus, seid den Männern untergeben im Herrn, wie es sich gebührt. Die Frau wird vom Geist gerufen, sich zu untergeben nach der Ordnung Gottes. Das schändet keinen Menschen. Das entehrt die Freiheit und Würde nicht, wenn die Frau mit Gott das Geheimnis des Dienens und der Demut lernt. Nicht herrschen, sich nicht vordrängen, nichts selber sein wollen. Auch in religiösen Dingen, heißt das hier, sie soll dienen mit Gott. Die Bibel hat an dieser Stelle ein ganz bestimmtes Frauenbild vor Augen, gegen das sie redet und für das sie spricht. Sie will die Frau

nicht, die in den Dingen der Ehe, des Berufes und des Glaubens herrscht, führt. Sie will die Frau, die in diesen Dingen mit Gott sich einfügt und dient.
Und sofort sagt Paulus dem Mann: Ihr Männer, liebet eure Frauen und seid nicht, wie es wörtlich heißt, Herren gegen sie. Damit ist nicht nur der Naturtrieb gemeint, sondern die Agape, die gereinigte, die selbstlose Liebe, die die Frauen nicht schändet, überfordert, verachtet. Es liegt hier eine große Warnung an den Mann vor, die Frau ganz ernst zu nehmen. Wie kann einer den anderen ernster nehmen als daß er liebt. Wo aber Liebe ist, da ist die dienende Unterordnung keine Entehrung.
Dieses Wort an die Männer und Frauen ist eine konkrete Anwendung dieses neuen Weges der Liebe. Und beide werden zueinander und füreinander gerufen.
Ihr Kinder, seid gehorsam euren Eltern in allen Dingen. Das ist dem Herrn gefällig. Eine entschlossene Stellung des Kindes unter den Gehorsam. Es ist, als ob Paulus wüßte, was das für ein entsagungsvoller Weg ist, darum er die Verheißung hinzufügt: Das gefällt dem Herrn. Es entstehen an dieser Stelle große Lebensfragen und in einer antichristlichen Zeit wie der unsrigen furchtbare Gewissensnöte. Doch als Grundlinie, als heiliges Gebot sagt dies der Apostel, nichts anderes: Seid gehorsam euren Eltern in allen Dingen. Aber er sagt sofort auch den Vätern: Ihr Väter, erbittert eure Kinder nicht, auf daß sie nicht scheu, nicht mutlos werden. Er ruft nach einer gereinigten Autorität, die nicht herb und scharf ist und die Kinder nicht reizt oder sie mutlos macht. Liebe wecken zum Gehorsam! Wer kann das? Um das geht es. Freude machen am Ja sagen. Das ist der konkrete Weg der Liebe zwischen Eltern und Kindern.
Und endlich und ganz ausdrücklich das Wort an die Sklaven und an die Herren. Man spürt aus diesen Worten die große Sorge des Apostels, es werde hier etwas aufbrechen an Revolution, man werde das Wort »Freiheit, Gleichheit, Brüderlichkeit« auf die Fahnen schreiben. Das fürchtet der Apostel hier. Darum sagt er: »Ihr Sklaven seid gehorsam in allen Dingen euren leiblichen Her-

ren, nicht mit Dienst vor Augen als den Menschen zu gefallen, sondern mit Einfältigkeit des Herzens und mit Gottesfurcht. Was ihr tut, das tut von Herzen als dem Herrn und nicht den Menschen und wisset, daß ihr von dem Herrn empfangen werdet Vergeltung. Ihr dienet dem Herrn Christus. Wer aber unrecht tut, der wird empfangen, was er unrecht getan hat. Und dann gilt kein Ansehen der Person vor Gott.«

Das ist eine unerhörte Rede an die Leibeigenen, an die Menschen, mit denen die freien Herren machen konnten, was sie wollten. Es hilft euch nicht die Faust, es hilft euch im Grunde nur, daß ihr bedenkt, wem ihr gehört, nicht diesen Menschen. Ihr gehört zuerst und zuletzt Christus. Und darum könnt ihr es euch leisten, gehorsam zu sein, auch den wunderlichen Herrn, wie es im Epheserbrief an dieser Stelle heißt, und euch davor hüten, unrecht zu tun oder das Unrecht zu tarnen mit der Religion, mit eurem neuen Menschen. Bedenkt, sagt der Apostel, wem ihr gehört, ihr freien Sklaven, Christus gehört ihr.

Dann sagt er dasselbe, ganz dasselbe zu den Herren. Ihr Herren, die Gerechtigkeit und die Gleichheit beweist den Knechten und wißt, daß ihr auch einen Herrn im Himmel habt. Auch ihr seid Knechte Christi und nicht zuerst Herren und Großgrundbesitzer und Fabrikanten. Und dann bedenkt, daß auch die Arbeiter, auch die Habenichtse, auch die Proletarier, auch die Sklaven dieser Zeit Knechte Jesu Christi sind. Zeigt ihnen den Geist der Gerechtigkeit und der Gleichheit. Es steht hier das Wort – was hat es für eine Geschichte gehabt – Gleichheit vor Gott.

Das ist der Weg, der neue Weg der Liebe in der unerhörten Spannung zwischen Herren und Knechten, zwischen Freien und Unabhängigen. Wer davon weiß, für den hat ein entscheidendes Stück des Kampfes um Gleichheit und Freiheit und Gerechtigkeit bereits geendet. So verwandelt die Liebe Christi unser Herz und will es erneuern von innen her im Kampf, gewiß bis zuletzt, aber eingeschlossen im Frieden Christi.

Die Gemeinde des Herrn

Kolosser 4, 2-18

Das erste und das letzte Wort auf dem neuen Weg hat das Gebet. Diese Worte (4, 2-5) haben in der Geschichte unserer Mission und Kirche eine heilige Bedeutung. Denn nach dem Zweiten Weltkrieg, im Sommer 1946, als wir mit den Brüdern aus der Weltchristenheit nach den langen furchtbaren Kriegsjahren zum ersten Male uns wieder zusammenfanden in Rheinfelden, schlug einer der französischen Brüder, der die Andacht hielt, dieses Wort auf. Und seitdem weiß ich, was es heißt, in der ecclesia orans, der betenden Kirche der Welt zu stehen, und daß dieses Gebet in aller Verborgenheit doch wie eine große Fuge Tag für Tag und Nacht für Nacht aus der Tiefe aufsteigt füreinander, miteinander zum Throne Gottes. Harret aus im Gebet! Nicht müde werden im Beten und nicht des Betens müde werden! Es ist dasselbe Wort, das von Jesus Christus gesagt ist, wenn es heißt: Er harrte eine ganze Nacht aus im Gebet. Er ist das große, heilige Ur- und Vorbild alles wahren Betens. Alles, was in deinem Leben und alles, was im Reiche Gottes selbst echt ist und Bestand hat, geschieht allein durchs Gebet.

Und wachet darin mit Danksagung – auch in den Nächten und in der Nacht der Weltzeit, auch dort, wo der Himmel verschlossen scheint und die Mauer nicht zu durchdringen ist. Harret aus! Suchet, was droben ist auch als Beter und vergeßt nicht, daß das Gewebe des Gebets unablässig durchdrungen sein muß von dem Dank! Das reinigt dich und deine Bitten und macht dich geduldig und demütig. Betet auch für uns! Alle rechte Bitte mündet ein in die Fürbitte, nicht nur für die Menschen, sondern auch für das Reich Gottes. Es dünkt mich oft, daß in unserem persönlichen, aber auch im Kirchengebet das Reichsgebet oft nicht genug aufklingt. Auch wenn wir alle gestorben sind, auch wenn diese Kirche einmal nicht mehr steht, das Reich Gottes kommt, dem Reich Gottes gehen wir entgegen, der Herrschaft Gottes, auf dieser Erde aufgerichtet, der verwandelten und neuen Erde.

Und darum sagt Paulus sehr bezeichnend: Betet für uns, daß uns der Herr eine Türe auftue, nicht zur Freiheit, sondern für das Wort. Wie nahe läge es, den Kolossern zu schreiben: Denkt, ich sitze im Gefängnis, betet, daß ich befreit werde. Keine Rede! Betet, daß Gott uns eine Türe auftue für das Wort! Seht, so betet man um des Reiches Gottes willen, daß es da vorwärtsgeht. Es ist mit dem wunderbaren Ausdruck »Türe des Wortes« beides gemeint, daß wir hineinfinden in das Wort, und daß wir mit dem Wort hineinfinden in die Welt und in die Herzen der Hörer. Dafür sollen wir beten, für unsere Pfarrer, für unsere Lehrer und Katecheten, für unsere Gemeindehelferinnen und Schwestern, daß eine Türe ihnen geöffnet werde für das Wort, das sie bringen, um das Geheimnis Christi, fährt Paulus fort, recht zu predigen.
Vergeßt es nicht! Was Paulus hier sagt, ist ein Mysterium Christi. Die Geschichte des Evangeliums ist nie eine Platitüde, eine flache, alltägliche Vernunftsache. Sie ist ein Mysterium und bleibt es, Gottes heiliges Geheimnis. Über dem Wort Jesus Christus leuchtet immer eine Aura, ein Glanz aus der überirdischen Welt, und wir Pfarrer und jeder, der das Wort zu verkündigen hat, müssen davon etwas spüren lassen, daß es um ein Geheimnis geht, das man nicht einfach so versteht, wo einem die Augen aufgetan werden, wo der Geist unserer Schwachheit helfen muß, damit wir es verstehen. Darum muß gebetet werden. Wir sind eine Welt ohne Geheimnis geworden, eine rein diesseitige Welt ohne Hintergrund. Das sind wir mit all unserer Weisheit, Vernunft, Technik und Macht. Und alles ist so platt und so flach wie die Leinwand des Kinos. Und alle die Menschen haben keine Tiefe mehr wie diese Spukgestalten auf der weißen Leinwand unserer Volkstheater. Geheimnis ist da, wo von Christus die Rede ist, heiliges Geheimnis, tiefe Ewigkeit. Wenn du die Bibel zur Hand nimmst und die Hände zum Gebet faltest und dein Angesicht auf Christus richtest, rührst du an das Geheimnis Gottes. Davon haben die Väter gesungen. Davon sind die Lieder unseres Gesangbuches randvoll. Erhaltet euch und erweckt euch einen Geschmack für die Geheimnisse Gottes!

»Daß ich es offenbare«, sagt Paulus. Er selber ist Offenbarungsträger und will es werden für uns. Jeder von uns muß wissen, daß er dem anderen etwas zuträgt von geheimnisvollen und geistlichen Dingen. Es muß jedesmal etwas offenbar werden, wenn man vom Worte Gottes hört. Wenn einer aus der Kirche geht und sagt, das habe ich mir selber sagen können, dann ist der ganze Gottesdienst verfehlt. Wenn man merkt, daß da etwas offenbar geworden ist, dann haben wir recht geredet. »Wie ich es reden muß.« Heiliger Zwang.

Das erste und das letzte Wort auf dem neuen Weg: Dankt! So hat es begonnen: Wir danken Gott. Wir bitten für euch. Harret aus im Gebet! Und dann fügt Paulus noch Ermahnungen für unseren Weg hinzu, auch über unser vielgeschwätziges Wesen. »Wandelt mit Weisheit denen gegenüber, die draußen sind, und kauft die Zeit aus.« Die Gemeinde soll die Verkündigung glaubwürdig machen, indem sie mit Weisheit wandelt. Wandelt vorsichtig, bedächtig und recht! Wie oft geben wir Ärgernis den Menschen, weil wir nicht mit Weisheit wandeln und machen alles fromme Reden darum unglaubwürdig und sind doch alle umgeben von denen, die draußen sind, der heidnischen, antichristlichen Welt, in der wir leben. Wandelt mit Weisheit! Nicht aufdringlich, aber auch nicht gleichgültig. Nicht pharisäisch, aber auch nicht nivellierend, als sei es im Grunde gleichgültig, wohin man gehöre. Wandelt mit Weisheit denen gegenüber, die draußen sind! Mit dem Auge, mit dem Wort, das Gottes Geist auftut.

Kaufet die Zeit aus! Es gibt verschiedene Zeiten. Auch das Wort Gottes hat Zeiten, und auch unser Menschenherz hat Zeiten, die Gott allein kennt. Und darum kommt es darauf an, daß wir die rechte Zeit, die Gotteszeit wissen, zueinander zu reden und voreinander zu schweigen, miteinander zu tragen und einander zu lieben. Die rechte Gelegenheit, die rechte Zeit, dann ist es gewonnen.

Eure Rede sei allezeit lieblich! Wir Christen haben in der Welt den Ruf, daß wir unausstehliche Richter und Pharisäer sind, alles andere als liebliche Menschen. Wo kommt denn das her? Daß wir immer zuerst mit dem Nein anfangen, mit dem harten Bußwort über die anderen oder mit irgendeinem schweren Gedanken. Einladen müssen wir und so, daß die anderen das Gefühl haben, der Glaube an Jesus Christus ist das größte Geschenk, das auf dieser Erde einem Menschen widerfahren kann. Ich sage das nicht als Pfarrer, sondern ich sage das heute als Menschenkind, als Bruder in Christus. Das größte Geschenk, das es für einen Menschen gibt, ist, zum Glauben an Christus zu kommen. Darum muß unser Wesen etwas ausstrahlen, einladend, lieblich sein.

Aber nicht leicht, sondern gewürzt, mit Salz, nicht fad und um alles in der Welt nicht langweilig! Kräftig gewürzt, nicht staubig, sondern immer neu, so daß man spürt, daß wir Menschen morgens und abends aus dem Staub und aus der Fadheit dieses irdischen Lebens unter den Tau des Himmels treten und etwas empfangen von den Geheimnissen Gottes. Damit ihr reden könnt zu einem jeden in seiner Lage.

Das erste und letzte Wort auf dem neuen Weg ist das Gebet, und aus dem Gebet heraus kommen diese schlichten, innigen Wegweisungen, miteinander recht zu leben, zur rechten Zeit mit Weisheit, lieblich und würzig. Schmecken muß es, Gemeinde.

Und nun endet der Brief mit den herrlichen Versen 7-18.

Man hat früher über diese Schlußteile der Paulusbriefe nie gepredigt, und viele Bibelleser haben darüber hinweggelesen. Wer sind diese alten Männer, diese Namen, die da genannt sind? Wir wissen heute, was diese Schlußworte bedeuten mit den Grußworten der ersten Gläubigen. Denn einmal tritt uns vor Augen das Wunder einer Gemeinde. Paulus ist nicht allein. Zehn Männer sind um ihn herum, und mindestens vier Gemeinden werden genannt. Rom in Italien, Kolossae, das in Kleinasien liegt, und nördlich davon Hierapolis und Laodizea. Mit Lob wird es genannt. Es ist nichts mit der Auslegung, daß Laodizea die Volkskirche sei. Paulus hat die Laodizeer geliebt. Leider ist der Brief an sie verlorengegangen, wie vieles andere vom Evangelium. Der Brief ist im Jahr 62 nach Christi Geburt geschrieben. Vier Gemeinden in dem Römischen Reich, die in diesem einen Brief genannt sind.

Im Gefängnis geschrieben! Gedenket an meine Fesseln! schreibt er am Schluß. Und um ihn herum stehen zehn Männer. Ihr müßt euch das vorstellen, Männer, die aus der ganzen Welt nach Rom gekommen sind, wie wenn wir nach New York fahren, so weit und so schwierig, und dort irgendwo in der Fifth Avenue in einem Haus beieinander eine Gruppe gläubiger Menschen um einen Apostel, einen Sendboten Christi. Helfer sind das, Brüder, Boten. Die Stafette läuft, von Jesus Christus begonnen, über unsere Zeit bis ans Ende, und der letzte wird den Stab des göttlichen Wortes dem wiederkommenden Herrn in die Hand geben. Die Keimzellen für die Völkerkirche, die heute vor Augen ist in allen fünf Kontinenten, und die unser Geschlecht werden sieht. So fing es an. Diese Zehn in Rom beieinander im Gefängnis. O Wunder über Wunder über die Wege Gottes und über den Gang seines Wortes. Und nun möchte ich zum Schluß einmal etwas versuchen. Ich möchte nämlich diese zehn Männer einfach befragen.
Bruder, der du heute längst eingegangen bist in die obere Schar, wer bist du, der du zu uns redest aus dieser alten Zeit, aus der Urgemeinde zu uns?
Tychikus, der erste. Bruder, wo kommst du her? Darauf antwortet er: Aus dem Heidentum herausgebrochener Stein aus Kleinasien. Ich bin bei dem Apostel gewesen auf seiner dritten Reise. Ihr könnt das in der Apostelgeschichte nachlesen. Ich habe mit ihm den Aufstand der Goldschmiede in Ephesus erlebt, wo sie ihn fast zu Tode gebracht haben. Und dann hat er mich mitgenommen als Bote. Ich bin nach Ephesus gegangen, bis nach Kleinasien. Zu Titus wird er ihn senden, vielleicht nach Kreta. Das alles liest man in der Bibel zwischen den Zeilen und in schlichten Andeutungen. Nun steht er neben Paulus und wird genannt mein lieber Bruder, mein treuer Diener und mein Mitknecht im Herrn, der eure Herzen mahne und tröste. Dieser Tychikus ist das Vorbild aller Boten, aller Sendboten, aller Missionare, die mit dem Worte Gottes ausgehen und die man hinschicken kann, wohin der Herr sie ruft. Unser Bruder Tychikus.
Daneben der zweite, Onesimus. Wer seine Bibel kennt, erstaunt

und denkt, was tut der entlaufene Sklave in Rom? Onesimus, zu deutsch Herr Unnutz. Deinem Herrn bist du davongelaufen in Kolossae, dem Philemon? Und was hast du in Rom gefunden? Er wird uns antworten: Jesus Christus habe ich gefunden. Wo? Im Gefängnis! Kommt da so ein hergelaufener Handwerksbursch, ein entlaufener Sklave von Kleinasien nach Rom und findet den Paulus im Gefängnis. Wie heißt es? Mein Sohn, den ich gezeugt habe in meinen Banden. Die Frucht des Gefängnisses. Das Philemonbrieflein, das uns wunderbarerweise erhalten geblieben ist, ist nahe mit dem Kolosserbrief verwandt. Der Philemon, offenbar ein reicher Fabrikant, wohnte in Kolossae, und in seinem Haus war eine Gemeinde. Er hatte einen Sklaven Onesimus, Unnutz, und der lief ihm eines Tages davon. Dann kriegt er nach einem oder zwei Jahren aus Rom einen Brief. Das ist der köstliche Brief, in dem Paulus schreibt: Ich schicke ihn dir wieder zurück. Aber er heißt jetzt nicht mehr Herr Unnutz, sondern Herr Nützlich. Nimm ihn wieder auf, nicht als Sklave, sondern als Bruder! Denn er ist mein lieber Bruder. So heißt es im Philemonbrief. Wenn dir durch diesen Sklaven Unkosten entstanden sind, ich will sie bezahlen, lächelt der Apostel. Vergiß nicht, du bist mir schuldig, dich selbst. Ein treuer und lieber Bruder, heißt es im Kolosserbrief. Eine unerhörte Sache, daß ein hergelaufener Sklave in das Licht und die Sonne Jesu Christi tritt und nun neben dem großen Völkerapostel steht, einer unserer ersten Brüder im Herrn in der Urgemeinde in Rom.

Daneben steht als dritter Aristarchus, aus Thessaloniki kommt er, und mit Paulus war er in Ephesus gefangen bei dem Aufstand der Goldschmiede und hat mit ihm das Ende der dritten Reise erlebt und die Überfahrt nach Rom, diese erschütternde Reise, in der sie alle ums Haar umgekommen und auf Malta mit gescheitertem Schiff im letzten Augenblick gelandet sind. Jetzt finden wir ihn in Rom. Mein Mitgefangener, der sich auch in Rom als Christ bekannt und mit dem Apostel die Kette trägt, mein Gehilfe im Gebet und in den Banden. Das bist du, Aristarchus. Es könnte sein, daß die Brüder, die im Dritten Reich gefangen waren, für uns im Gebet

Wirksameres bedeutet haben als wir alle in der Freiheit und oft genug in der Anfechtung.
Und dann kommen zwei miteinander, die er zusammenfaßt mit dem Wort, diese beiden sind die einzigen Gehilfen am Reiche Gottes, die mir ein Trost geworden sind aus den Juden. Da ist Johannes Markus und Jesus Justus. Wie? Dich finden wir in Rom, dich, Markus: Du, der du das zweite Evangelium geschrieben, hast in der Schule des Apostels gelernt? Und er wird sehr demütig antworten: Ja, das bin ich und schäme mich aller meiner Schwachheit.
Um diesen Markus wissen wir Bescheid. Er ist der Sohn einer der Marien in Jerusalem. Vor dem Haus seiner Mutter erklang in jener Nacht der Ruf an der Tür, da die Magd nicht aufmachen wollte, weil es Nacht war und Petrus im Gefängnis lag. Als man hinausschaute, wer stand draußen? Petrus, frei geworden durch die Hand des Engels. Das ist sein Elternhaus. Das ist 30 Jahre her, bis wir ihn in Rom wieder finden. Dann hat Paulus diesen jungen Markus mitgenommen als Diener auf die erste Reise. Und dann ist er ein Feigling geworden. Es heißt in der Apostelgeschichte, er wich von ihnen und verschwand von der Bildfläche. Er hat es mit der Angst bekommen, als die ersten Steine gegen den Apostel flogen. Und Paulus ist ihm gram geworden. Als die zweite Reise kam mit Barnabas zusammen, hat Barnabas gebeten – er war der Onkel des Markus –, den Markus wieder mitzunehmen. Kommt nicht in Frage! Feiglinge gehören nicht auf die Bahn Jesu Christi. Darüber sind die beiden auseinandergekommen, Paulus und Barnabas. Barnabas reiste auch nicht mehr mit und ging mit seinem Neffen Markus nach Zypern. Darüber sind wieder 16 Jahre hingegangen. Und nun finden wir ihn in Rom. Der Mann hat den Rück- und Heimweg gefunden und bekommt ein Lob vom Apostel. Er ist mir ein Trost geworden, Gehilfe am Reich, ein gefallener und heimgekehrter Sohn, wie Petrus ihn in seinem Brief nennt. Mein Sohn Markus.
Daneben steht einer, den wir nur hier nennen hören, Jesus Justus. Gottfried der Gerechte zu deutsch. Auch er stammt aus den Juden.

Es ist, als ob Paulus dieses Wort als ein großes Wunder nehmen würde, aus den Juden, die den Christus gekreuzigt haben.
Der Markus und Jesus Justus sind meine Gehilfen geworden und mein Trost. Sie sind Vorbilder, daß auch heute das Wort Gottes unter Israel nicht aufhört Frucht zu bringen, bis die Stunde kommt, da ganz Israel gerettet wird.
Nun kommt der sechste, Lukas der Arzt. Was schreibt Paulus an den Rand? Agapaetos, der Geliebte. Bei keinem anderen steht dieses Wort. Wenn dieser Lukas auch aus dem Heidentum kommt, der Verfasser des dritten Evangeliums, der Schreiber der Apostelgeschichte, die ja großenteils das Tagebuch dieses Mannes ist, in der Wir-Form geschrieben, er ist unzertrennlich mit Paulus verbunden, nun schon im zwölften Jahr. Alles hat er mit ihm geteilt, die furchtbaren Schiffbrüche, die Verfolgungen, die Kerkerzeit. Nun heißt er agapaetos, der Geliebte. Wir treffen ihn noch einmal, diesen Bruder, der in der Schule des Paulus das dritte Evangelium schrieb, der mit seiner ärztlichen Kunst diesem kranken Mann, und wann war Paulus nicht krank?, beistand auf seinem Wege. 2. Tim. 4, 11 treffen wir ihn noch einmal, und dann ist über seinem Namen das schmerzliche Wort geschrieben: Lukas allein ist bei mir, und die anderen verließen mich alle.
Epaphras, das ist der siebente, »unser lieber Mitknecht, der uns hat eröffnet eure Liebe um uns«, der Brückenbauer der Bruderliebe, ein Heide gewesen in dieser kleinen, elenden Kolossaestadt in Kleinasien, durch das Wort Gottes eingeholt und mit all den Fragen, die wir in diesem Brief angeschnitten finden, nach Rom gereist, wo er sie alle vor dem Apostel ausbreitete, und dem dann der Kolosserbrief geschrieben und in seine Hand gelegt wurde, ein Beter. Denn Paulus sagt von ihm gar nichts anderes als dies: Er ringt allezeit für euch mit Gebeten (V. 12), auf daß ihr aufrecht steht, vollkommen und erfüllt mit dem ganzen Willen Gottes. Da seht ihr hinein in diese Urgemeinde, wie diese Männer im Gefängnis in irgendeiner römischen Kaserne auf den Knien liegen und um die fernen Gemeinden kämpfen wider die Anfechtung der Feinde, daß sie aufrecht stehen. Wie kommt man dazu? Durch den Gehorsam,

erfüllt mit dem ganzen Willen Gottes. Das große Vorbild der betenden Gemeinde.
Dann grüßte der achte, Demas. Wir kennen dich auch. Hier bist du beim Apostel gestanden. Im Philemonbrief nennt er dich seinen Gehilfen, und zwei Jahre später, was sind zwei Jahre?, kurz vor seinem Ende (2. Tim. 4), steht über deinem Leben: Demas hat die Welt liebgewonnen und ist nach Thessalonich abgereist. Zehn waren es, und unter den Zehn ein Judas. Und doch kann man es nicht zarter, liebevoller, schmerzbewegter sagen. Er hat die Welt liebgewonnen.
Der neunte, Nymphas. Wir kennen ihn nur von hier, und wir wissen von ihm, daß er in Kolossae war und in seinem Haus die Gemeinde sich versammelte, so wie in dem Haus des Philemon. Es gibt keine Kirchen, aber da ein Haus und dort ein Haus und in diesen Häusern, in der Verborgenheit, die Gemeinde, wie heute in Rußland, wie vielleicht morgen in Deutschland.
Und der letzte der zehn, der Archippus. Paulus schreibt an die Gemeinde: Sagt ihm, paß auf dein Amt auf. Wir hören aus dem Philemonbrief, daß er eben erst das Vorsteheramt einer kleinen Gemeinde angetreten habe als Mitstreiter. Eine feine, zarte Mahnung: Paß auf!
Ist das langweilig und fad? Dieser wunderbare Schluß, in dem uns diese ganze Urgemeinde vor Augen steht und diese zehn Brüder? Seht ihr, was sie alle sind? Ein Dreifaches: Diener sind sie, ein Amt haben sie. Es gibt kein Christsein ohne ein öffentliches oder verborgenes Amt, und wenn es nur das Botenamt ist, einen Brief hinüberzutragen über das Meer. Wir sind alle miteinander Genießer geworden in der Kirche, und Christus Jesus will doch Diener haben und Dienerinnen. Nehmt das diesen Ersten ab. Sie haben etwas getan, erlitten, gedient für Christus.
Sie sind alle Zeugen. Es lebt in diesen Menschen eine Leidenschaft, daß die Stafette läuft, und daß die Türen für das Wort Gottes geöffnet werden. Wir sind viel zu schweigsam geworden und genieren uns sogar voreinander, bei Gelegenheit herauszusagen, wer wir sind, und was Christus uns bedeutet.

Und endlich, Brüder sind das, diese kleine Gefangenengemeinde, eine Schar von Mithelfern, Mitknechten in der innersten Verbundenheit untereinander und mit Christus.
Nun wir diesen Brief ausgelegt haben, bleibt uns nur die eine Bitte, daß dieser Geist des Dienens und des Zeugnisses und der Liebe der Gemeinschaft auch auf uns alle falle und auf unsere ganze teure Christenheit.

Sind wir wirklich Christen?

Über den Jakobusbrief

Sind wir wirklich Christen?

Der Jakobusbrief, ein Brief, der selten in der Verkündigung der Kirche gehört wird, und der doch ganz besondere Schätze enthält, ist der Brief des Bruders unseres Herrn, des Jakobus. Wir wollen den Brief abhören unter dem Thema, das das Thema des Apostels Jakobus ist: Sind wir wirklich Christen?

Jakobus 1, 1-12

Sind wir wirklich Christen? Das ist die Frage, die aus diesem Brief aufsteht für alle, die hören können und wollen, und die nicht sicher und fertig sind. Wir wollen dieser Frage standhalten.
Jakobus redet zu uns, nach der alten Tradition der Bruder des Herrn Jesus Christus. Davon macht er keinen Gebrauch. Er redet ganz schlicht zu uns, wie er sich selber nennt, als »ein Knecht«. Er redet auch nicht von den großen Taten Gottes, die in Jesus Christus geschehen sind. Das hat er alles gesehen und gehört. Er ist mit Jesus Christus gewandelt bis ans Kreuz und hat das alles in sich aufgenommen und geglaubt. Aber nun hat er das sozusagen im Rücken und im Wesen. Er redet mit uns über unser Leben, ganz schlicht über das, was passiert, wenn man aufsteht und bis man sich wieder niederlegt. Man hat schon gesagt, das sei gar kein christlicher Brief, weil nichts von der Auferstehung Jesu, nichts von dem Geheimnis des Kreuzes und der Rechtfertigung vorkommt. Davon weiß Jakobus sehr genau. Aber er hat die Aufgabe, mit uns und von uns und unserem Alltag, von unserem täglichen Leben im Licht des Herrn zu reden. Darum spricht er von unseren Anfechtungen und Zweifeln, von unserer Menschenfurcht, von

unserem bösen und ungewaschenen Mundwerk, von Zank und Streit in der Gemeinde, von der Gefahr des Geldes, von unserem ganzen Sein. Kurz, er redet mit uns von all den Dingen des Lebens und zwar von all den Beziehungen, in denen wir leben, von unseren Nächsten, unserem Beruf, unserem täglichen Leben. Seid ihr wirklich Christen? Nämlich im Leben, im Alltag? Ist der Herr Christus nur der Herr eures Feiertags oder ist er auch der Herr eures Alltags?

Jakobus redet zu uns als der »Knecht Gottes und Jesu Christi«, nicht als der Apostel, geschweige denn als der Bruder des Herrn Christus. Wir hätten uns diese Verbindung wahrscheinlich nicht entgehen lassen und hätten darauf Wert gelegt. Er redet als ein schlichter Knecht zu Männern und Frauen, die Knechte und Mägde Jesu Christi sein wollen. Er tritt ganz nahe zu uns und neben uns, sozusagen in die normale Stellung des Christen zu seinem Herrn.

Ein Knecht, das heißt, es redet hier einer, der gehorchen will. Er hat das Evangelium von Jesus Christus verstanden als ein Herrenevangelium, als etwas, dem man gehorsam sein muß, als ein neues Gebot, das er uns gegeben, als ein Gebot für unser neues Leben in der Nachfolge. Jakobus scheut sich nicht, sehr offen, fast streng und ein paarmal fast düster mit uns zu reden. Es ist, als ob er uns sagen wollte: Leute, bei euch gibt es so viel fromme Gedanken. Bei euch weiß man von der »Entrückung« und von der »Leibesverwandlung«, von der »Brautgemeinde«. Ich will euch etwas sagen: Wie steht es mit eurem ganz persönlichen Lebensgehorsam? Sterben sollst du, du alter Mensch, sagt Jakobus. Und weißt du, wenn du ein Schaf Christi bist, sollst du geschoren werden. Dazu bist du da. Es muß etwas geschehen in unserem Leben. Und wiederum fragt er: Sind wir wirklich Christen im Gehorsam?

Jakobus ist ein rechter, aufrichtiger Bußprediger. Er ist sozusagen der Täufer unter den Aposteln. Es hat einmal einer gesagt, der Jakobusbrief will aus der Kirche, aus den Frommen die Welt austreiben. Ist das nicht ein sehr gutes und sehr notwendiges Geschäft? Es ist ein Brief, der von der Buße der Frommen redet. Er redet nicht von Heiden und nicht von Juden. Er redet von Christen, wahrscheinlich aus Israel, aber eben von der Gemeinde, von der Gemeinschaft der Gläubigen und erinnert uns daran, wie tief der Riß ist, der bei uns Christen immer wieder zwischen unserem Glauben und unserem Leben klafft. Er ist darum in besonderer Weise auch ein Pfarrer-Bußspiegel. Denn unter nichts leidet ein Pfarrer mehr, als darunter, daß nicht zusammenstimmt, was er von der Kanzel sagen muß um Gottes willen, und was er darstellt in dieser Welt, in seiner Familie, in seinem vielfältigen Amt. Und dieser Riß geht durch unser aller Leben hindurch, zwischen der Innerlichkeit und unserem Wandel, oder wie Jakobus sagt, zwischen dem Glauben und eurem Werk. Da stimmt es nicht zusammen. Da ist eine Kluft, ein Riß. Wir Christen leben alle in der Welt, und die Welt muß immer neu aus unserem Christenstand, aus unserem Wesen ausgetrieben werden.

Sind wir wirklich Christen? Ist bei dir alles neu geworden?

Es ist eine ganz unerbittliche Art, mit der Jakobus als ein echter Bußprediger zu uns spricht. Von den Dingen unseres Lebens, von dem Herrn Christus als dem Herrn unseres Alltags, von den Fragen des Gehorsams, des Gebots und unseres neuen Lebens und von der Buße der frommen Leute spricht er. Er legt die Hand auf Dinge, die uns wehe tun werden. Aber das ist eine heilsame Begegnung, ein heilsamer Schmerz. Da kann etwas sehr Gesundes und Ganzes und Neues und eine Bewegung und ein Sichregen daraus werden, wie es der Apostel gewollt hat.

Der Lehrer unserer Kirche, Martin Luther, hat bekanntlich den Jakobusbrief nicht geliebt und hat ihn weit hinter die apostolischen Briefe des Paulus an die Römer und Galater zurückgesetzt. Er hat gesagt, das sei keines Apostels Brief, denn er treibe nicht die Rechtfertigung aus Gnaden, er lehre die Werke und wisse nicht von Christus, sondern vom Gesetz, er sei darum, so sagt Martin Luther als junger Lehrer, eine recht »stroherne Epistel«, die keine evangelische Art habe.

Es ist gar kein Zweifel, es ist ein großer Unterschied zwischen Paulus und Jakobus. Es ist, wenn man nur den Buchstaben ansieht, an manchen Orten geradezu ein Widerspruch zwischen dem Apostel Paulus und Jakobus.

Aber unser guter Lehrer Martin Luther irrt, wenn er meint, die Zeugen der Bibel müßten alle einerlei sagen. Sie reden alle von Einem. Aber sie reden auf sehr vielerlei Weise von ihm. Und diese Anschauung, es müßten alle Apostel die Rechtfertigung aus Gnade treiben, ist einfach irrig. Das Neue Testament ist weit und reich. Es hat sehr viele verschiedene Zeugen. Und jeder Zeuge hat seinen besonderen Auftrag. Da ist Paulus, der das Gesetz überwunden hat, von dem Israel glaubte, es rette alle Menschen. Er hat das Evangelium von der gesetzesfreien Gnade verkündigt, aus Glauben allein, das reine, lautere Geschenk der Vergebung der Schuld und der Barmherzigkeit Gottes. Johannes, der Apostel und der Seher, hat uns den Sohn Gottes in Herrlichkeit und das Ende der Wege Gottes mit seiner Gemeinde in der Offenbarung geschildert. Die drei ersten Evangelien wollen uns das Bild des Menschensohnes vor Augen malen und vor allem seine Passion, von der Krippe bis zum Kreuz, für uns vollbracht. Und Jakobus als ein schlichter Knecht Gottes und Jesu Christi will diesen Herrn Christus sozusagen als einen Lichtstrahl in unser Leben hineinwerfen, er redet von unserem Leben, von dem neuen Gebot für unsere Nachfolge als ein rechter Bußprediger: Sind wir wirklich Christen? Verschiedene Zeugen, verschiedene Gaben. Und doch ist es der eine und derselbe Herr.

Es zeugt von der Größe des Neuen Testaments und der Urgemeinde, daß es nicht Jakobiner gab und Pauliner, nicht Johannesleute und Matthäusleute. Es gab keine Sekten, so verschieden die Zeugen sprachen, sondern die Gemeinde, die eins war im Herrn. Ihr könnt das an Jakobus lernen, wie wir auch dann, wenn wir diesem strengen Buß- und Gebotswort Gottes standhalten und hören, in die Einheit der Gemeinde gehören mit Paulus und Johannes, mit Matthäus und Lukas. Nur keine Zerrissenheit des Leibes, nur nicht: Siehe hier, siehe da! – diese Ursünde aller Schwärmerei, an der wir heute todkrank sind. Es wäre aus der Gemeinde Gottes überhaupt nichts geworden, wenn uns das Neue Testament nicht

zeigte, wie der Herr Christus die verschiedensten Menschen, Zeugen und Gaben zusammenschließen kann zu einer Einheit.
So wollen wir denn Martin Luther in aller Ehrerbietung sagen: Lieber Vater Luther, hier hast du nicht recht. Wir wissen, was in dem Jakobusbrief drinsteckt. Wir hören ihn als eines Apostels Brief echt evangelischer Art, der das neue Gesetz Jesu Christi treibt und uns sehr notwendig fragt: Sind wir wirklich Christen? Denn es geht zuletzt und zutiefst nicht nur um das, was wir innerlich haben, wissen, erkennen, sondern um den Gehorsam des Glaubens und um die Nachfolge in der Liebe.
»Jakobus, ein Knecht Gottes und Jesu Christi.« Schon mit diesem Ausspruch sagt Jakobus, wir wollen ganz nahe nebeneinanderstehen, ich neben euch, ihr neben mir. Denn Knecht und Magd im Gehorsam haben das Gebot auf dem Wege der Nachfolge. Auf diesem Wege wollen wir alle sein. Es geht um den Gehorsam. Denn der Herr Christus ist ein Herr, und er will von uns das ganze Ja des Lebens.
Er schreibt »an die zwölf Geschlechter«. Ein interessanter Ausdruck. Damals gab es ja nur noch zwei in Israel, und die zehn Stämme waren verloren. Aber er redet von der ganzen Gottesgemeinde aus Israel und den Heiden, als einer erneuerten und vollendeten Gottesgemeinde. Alle zwölf Geschlechter, damit meint er die ganze Christusgemeinde. Wir sind alle gemeint mit diesem Brief.
»In der Zerstreuung hin und her.« Diaspora heißt es im Text. Er redet die Gemeinde an, die in dieser Welt zerstreut ist, die in dieser Welt nicht daheim ist, die in dieser Welt unterwegs ist, ihrem Herrn entgegen.
Das erste Wort an diese Gemeinde heißt: »Freude zuvor!« Es geht in diesem Brief um die Freude. Es geht nicht um ein hartes Joch, unter dem man seufzt und klagt über die strengen Befehle und Gebote. Es geht nicht um die Moral, sondern es geht um Freude. Worüber? Daß wir in ein neues Leben gekommen sind, weil wir einen Herrn haben, den Herrn Jesus Christus. Daß wir nicht immer bloß fallen und sündigen und hängenbleiben müssen, son-

dern aufstehen dürfen und getroste, feste Schritte tun mit ihm – daß wir wirklich Christen sein dürfen. »Freude zuvor!« Dieser Klang geht durch die ganzen fünf Kapitel hindurch, und ich bitte euch, immer, auch bei den strengen Worten, das mitzuhören. Freuen dürft ihr euch, daß ihr einen Herrn habt, daß ihr kein herrenloses Gut seid, das sich auf der Welt herumtreibt. Wir wissen, wozu wir auf der Welt sind. Wir wissen um den Sinn des Lebens. Was bedeutet das heute? Wir wissen, daß wir des Herrn Christus Eigentum sind und er uns in seine Nachfolge, auf seinen Weg und in seine Gemeinschaft gerufen hat. »Freude zuvor!« Das neue Gebot im Licht der Jesus-Christus-Freude, das ist der ganze Jakobusbrief.

Und nun beginnt er sofort: »Meine lieben Brüder! Achtet es für eitel Freude, wenn ihr in mancherlei Anfechtung fallet!«

Damit greift Jakobus sofort mitten in unser Leben hinein und sagt: Euer Leben ist ein versuchliches Leben, und euer Glaube steckt täglich mitten in Anfechtungen. Sie kommen von außen. Morgens beginnen wir mit dem Gebet und Wort und einem Augenblick der Stille, und schon in der Elektrischen geht es los. Einer fängt zu schimpfen an. Im Geschäft geht alles widrig, genau gegen den Strich. Und dann sagt einer ein hartes Wort zu uns. Das fällt uns tief wie ein Lot ins Herz, und die Anfechtung ist da, der innere Riß, die Niedergeschlagenheit. Es ist ja nicht zu sagen, wie wir Menschen heute unter Depressionen leiden. »Achtet es für eitel Freude, wenn ihr in Anfechtung fallet!«

Ihr dürft, sagt der Apostel, die schweren Dinge, die euch das Leben bringt, angehen, in sie hineingehen und dürft sagen: Anfechtung, du sollst mir Freude werden. Der Mensch ist unüberwindlich, der das vermag, ganz unüberwindlich. Das ist ein neues Leben. Das ist ein wirkliches Leben, tapfer und einfältig und getrost. Und das kannst du nur leben, wenn du weißt, zwischen mir und jeder Dunkelheit ist Christus, und zwischen mir und jedem Menschen, der mir begegnet, steht er. Ich gehöre ihm, und er hat auf mich seine Hand gelegt. Darum darf ich mich sogar über die Anfechtung und Versuchung von außen und innen freuen. Es kann mich nichts scheiden von seiner Liebe. Wählt das Leben! sagt der Apostel, das Leben, in dem ihr zur Anfechtung sagen könnt: Du sollst mir Freude sein!

Ich gestehe offen, daß ich bei der Vorbereitung über diesen Brief über diese ersten Worte gar nicht hinausgekommen bin. Ich wollte eigentlich nur diese fünf Worte auslegen. Und vielleicht wird es auch bloß so, daß das immer wieder durchbricht. Du sollst ja sagen. Du sollst aus all deiner Sicherheit heraus, du bist gar nicht so fest. Sage ja zu all den Gefahren, Anfechtungen und Versuchungen und gehe mitten durch sie durch wie ein Kind in der Gewißheit: Er ist bei mir!

»Und wisset, daß euer Glaube bewährt wird.« Unser Glaube stirbt, wenn er so kirchlich approbiert, geprägt, sicher ist. Wir meinen immer wieder, der Glaube sei etwas, was man vererben könne, oder wenn man es einmal habe, dann reiche das für immer. Nein, der Glaube muß in die Anfechtung hinein. Da kommt heraus, ob er etwas taugt. Es geht durch Versuchungen hindurch. Aber der Glaube wird bewährt werden, der Glaube an deinen Herrn. Du darfst dich täglich mit immer neuem Glauben ihm ergeben, mit immer neuer Treue auf ihn rechnen. Schon dieses erste Wort wirft uns aus aller selbstverständlichen, frommen Sicherheit heraus in die Anfechtung hinein. Freue dich darüber. Das ist ein Zeichen, daß Gott etwas mit dir vorhat, daß er deinen Glauben bewährt machen will und zwar in Geduld, im Ausharren, in der Festigkeit. Das muß der Glaube lernen: Von dir will ich nicht lassen. Das will der Glaube üben: Wenn ich nur dich habe, so frage ich nichts nach Himmel und Erde.

Freut euch über den Herrn in den Anfechtungen eures Lebens. Nur dann kann etwas Ganzes, Rechtes aus uns herauskommen. Denn »die Geduld soll fest bleiben bis ans Ende, auf daß ihr vollkommen werdet und ganz und keinen Mangel habt.«

Jakobus will, daß aus unserem Leben das Halbe, das Unentschiedene, aber auch das Angstvolle und Bleichsüchtige herauskomme, daß unser Glaube wachse, fest werde, sich bewähre in den Anfechtungen und Versuchungen jedes Tages.

Aber, werdet ihr nun sagen, wie oft weiß ich dann einfach nicht mehr, wohin, ob nach rechts oder nach links, ob nach vorwärts oder nach rückwärts? Ihr habt alle, vielleicht gerade heute wieder einen solchen Kreuzweg in eurem Leben, wo ihr nicht recht wißt, wie weiter. »So aber jemand unter euch Weisheit mangelt«, was wir tun sollen, wie wir das Rechte finden und tun –, was soll der tun? Der soll einmal kein Angsthase sein, nicht verzagt sein und die Flinte gleich ins Korn werfen, wie wir Christen das häufig machen. Er soll auch nicht leichtfertig und faul denken: Mein Gott wird schon ein Auge, vielleicht beide Augen zudrücken. Er soll noch weniger sich auf seine eigene Weisheit und Klugheit verlassen, sondern, »so jemand unter euch Weisheit mangelt, der bitte!«

In diesem schlichten Wort ist die große Anweisung gegeben, die durch den ganzen Brief hindurchgeht. Er ist im Grunde eine Gebetsunterweisung. Der Apostel sagt nicht: Wer keinen Weg vor sich sieht, der nehme sich zusammen!, sondern »der bitte«. Dein Herr ist so nahe, daß er dich hört. Du brauchst nicht im Dunkel zu bleiben. Du mußt bloß den Widerspruch aufgeben, dich umkehren und bitten. Ich sage dir, die Türe ist offen. Das ist Christusverkündigung in unser Leben hinein. Und zwar sagt Jakobus das wunderbar: »der bitte Gott, der da gibt einfältig allen und rücket's niemand auf, so wird sie ihm gegeben werden.« Wenn du das einmal getan hast in einer wirklichen Not, an einem wirklichen Kreuzweg, wo du nicht weiter siehst, dich umdrehst und deinen Gott ernstlich gebeten hast, dann geht dir plötzlich auf, an was für einen Gott du glauben darfst, an den Gott, der gibt, an den Gebe-Gott, nicht an den Gesetzes- und Forder-Gott. Er gibt allen, jedermann, also auch dir. Du bist nicht ausgeschlossen, du nicht und ich nicht. »Er gibt einfältig.« Gott hat keine Hintergedanken. Er will, daß uns geholfen werde, königlich. Und »rückt's niemand auf«. Das heißt eigentlich: und macht dir keine Vorwürfe, wenn du mit ganz irdischen und törichten Dingen kommst. Gott macht dir keine Vorwürfe. Du darfst ihn bitten, wie ein Kind den Vater. Nur eines erwartet Gott von dir, wenn du bittest, nur eines. »Er bitte aber im Glauben und nicht im Zweifel.« Wenn du schon kommst, mein Lieber, dann ganz. Das kommt heraus bei Jakobus, daß er von vornherein uns zu einem ganzen Vertrauen, einem ganzen ungeteilten Glauben an Gott führen will. Kein Zweifel, keine halbe Sache, nicht ein Mensch mit zwei Seelen in der Brust, wie das die Dichter so schön sagen. Gott kann das nicht brauchen. Bitte, aber zweifle nicht! Der Zweifler schielt auf das Unsichtbare. Aber er sieht immer wieder zurück, als ob man eben doch nicht so ganz trauen könnte, hinauszutreten in Gottes freie Gnade. Doch, tu das! Tu das ohne alle Zurückhaltung, ganz! Denn, »wer da zweifelt, ist gleich wie eine Meereswoge, die vom Wind hin und her getrieben wird. Solcher Mensch denke nicht, daß er etwas von dem Herrn empfangen werde. Denn ein Zweifler ist zweiseelig in allen seinen Wegen.« Ein schönes Bild. Der Zweifler, der hin und her gerissen wird zwischen Hoffnung und Niedergeschlagenheit, zwischen Liebe und Trotz und Auflehnung. Ein Mensch mit zwei Seelen, mit einem geteilten Herzen, unbeständig, haltlos, ruhelos, zwischen Sünde und Reue, zwischen Aufstehen und Niederfallen. So nicht, so nicht. Bitte einfältig, im Glauben! Du darfst Gott ungeteilten Herzens trauen. Du darfst sein Wort annehmen ohne Einrede und ohne Widerspruch. Jakobus wird uns sagen: Gott ist gut, restlos gut. Du kannst ihm völlig vertrauen.

Sind wir wirklich Christen? Christen, die in der Anfechtung getrost stehen, in getrösteter Anfechtung und im Bitten ohne Zweifel?

Neben der Anfechtung, die aus dem Glauben kommt, gibt es im Leben noch eine zweite Anfechtung, die jeder von uns erlebt im Leben. Das ist der bittere und harte Unterschied zwischen reich und arm, zwischen groß und klein, dem niedrigen und dem reichen Bruder. »Ein Bruder, der niedrig ist, der rühme sich seiner Höhe, und der da reich ist, rühme sich seiner Niedrigkeit. Denn wie eine Blume des Grases wird er vergehen. Die Sonne geht auf mit der Hitze, und das Gras verwelkt, und seine Blume fällt ab, und seine schöne Gestalt verdirbt; also wird der Reiche in seinen Wegen verwelken.« Das ist in der Tat einfach eine schwere Anfechtung. Wer sie noch nicht bitter erfahren hat, weiß nicht, wie es in dieser Welt ist.

Der Niedrige, das ist nicht nur der Arme, das ist der, der Minderwertigkeitsgefühle hat, der Mensch, der sich täglich sagt, es wird nichts aus mir. Es reicht nirgends hin mit mir und meiner Kraft. Ich werde nicht verstanden. Ich kann das Wort nicht fassen. Das ist der depressive Mensch, der schwermütige. Das ist die Wolke, die auf uns liegt, die wir so überfahren worden sind von den großen Heimsuchungen. Nein, sagt Jakobus. Nicht Depression, keine Schwermut. »Rühme dich, du Niedriger, deiner Höhe!« Gerade du, der du denkst, du seist so tief drunten, du darfst sagen: Jesus Christus ist arm geworden um meinetwillen, damit ich durch seine Armut reich würde. Bei dir steht er, dem Niedrigen, dem Belasteten, dem Angefochtenen, dem an die Wand Gedrängten, gerade bei dir steht er, das Kind in der Krippe, der Mann am Kreuz, der Heiland der Verlorenen und der Retter der Armen. Du darfst dich seiner Höhe rühmen, seiner Herrlichkeit, die er für dich hineingab in die Tiefe der Welt.

Und der Reiche rühme sich seiner Niedrigkeit, nicht seines Reichtums. Er soll nicht meinen, er könne fertig werden mit dem Leben ohne Gott. Er bedenke vielmehr , daß auch er ein armer Mensch ist, dessen Reichtum und Besitz unter dem Wort steht: »Die Sonne geht auf mit der Hitze, und das Gras verwelkt, und die Blume fällt ab, und die schöne Gestalt verdirbt; so wird der Reiche in seinen Wegen verwelken.« Traut auf nichts, am wenigsten aufs Geld, das paßt mit eurem Christenstand nicht zusammen. Du mußt wissen, wie diese Dinge vergehen, aus der Hand rinnen wie Sand. Wir haben das ja erlebt. Und das kommt wieder, Gemeinde. »Du Narr, heute Nacht wird man deine Seele von dir fordern, und wes wird sein, das du gesammelt hast?« Gerade der Reiche soll sich seiner Armut rühmen und daran denken, daß er im Grunde gerade so ein armer Mensch ist, dem das alles keinen festen Grund unter seine Füße gibt. Er soll sich seines Gottes freuen, seines Gottes allein.

So schließt dieser Abschnitt mit dem wunderbaren V. 12: »Selig

ist der Mann, der die Anfechtung erduldet (die Leiden, die Versuchungen des Lebens und bei seinem Herrn beharrt); denn nachdem er bewährt ist (und aus seinem Glauben etwas geworden ist), wird er die Krone des Lebens empfangen (den Kranz, der nicht verwelkt), welche Gott verheißen hat denen, die ihn liebhaben.«
Um diesen ewigen Kranz, sagt Jakobus, gib dein armes Leben ganz. Es ist, als ob er uns die Augen aus aller Anfechtung und Not und Versuchung aufheben hieße. Weißt du, wohin es geht? Heim geht es, dem Tag der großen Freude und des ewigen Lebens entgegen. Wie kannst du traurig sein?
Selig der Mann! Freuet euch, daß ihr Christus gehört!

Der Herr unseres Alltags

Jakobus 1, 13-27

Das erste Wort, mit dem Jakobus seinen Brief begann, war das Wort von der Freude, von der Freude darüber, daß wir Christen einen Herrn haben, dem wir gehören, daß es für uns ein Leben gibt, wert, gelebt zu werden, mit ihm, in der Nachfolge, im Gehorsam, in der Tat des Glaubens. Und bei aller Strenge, die dieser Knecht Gottes in seiner steten Frage beweist: Sind wir wirklich Christen? leuchtet doch über dem ganzen Brief die große Gottes- und Christus-Freude darüber, daß wir Christen wissen, wem wir gehören.
Und nun greift Jakobus unmittelbar hinein in unseren Alltag. Es ist ja der Brief mit dem Thema: Jesus Christus, der Herr unseres Alltags. Er greift mitten hinein in die Anfechtungen und in die Versuchungen des Christen. Es ist mir so wichtig, daß ihr das recht aus diesen Tagen mitnehmt. Es ist ein falsches Ideal, wenn man meint, man ist Christ, man gehört zur Gemeinde, man betet, man hört, man tut auch, so gut man es kann, den neuen Gehorsam, man hat das alles und ist auf dem Wege. Jakobus schärft uns die Augen dafür, wie sehr uns jeder Tag Anfechtung, und wie sehr uns jeder Mensch zur Versuchung werden kann, und wie das nötig

ist, daß wir aus aller eigenen Sicherheit immer neu heraus auf Christus getrieben werden.
Woher kommt denn die Anfechtung des Lebens, Versuchung und all das, was uns Christen herauslocken will aus der Gemeinschaft mit Gott? Darauf antwortet Jakobus eindeutig: Sie kommt nicht von Gott, sondern sie kommt aus dir. »Niemand sage, wenn er versucht wird, daß er von Gott versucht werde. Denn Gott kann nicht versucht werden zum Bösen, und er selbst versucht niemand. Sondern ein jeder wird versucht, wenn er von seiner eigenen Lust gereizt und gelockt wird.«
Es ist ganz offenbar, daß die Heilige Schrift die Worte »Anfechtung« und »Versuchung« in einem doppelten Sinn gebraucht. Sie gebraucht sie in dem Sinn, daß Gott selbst Heimsuchung und nun auch Versuchung, die in aller Heimsuchung liegt, auf uns legt, damit der Glaube bewährt, die Geduld erweckt und aus unserem Leben ein Ganzes werde. Darum sagt Jakobus: »Freuet euch, wenn ihr in Anfechtung fallet.« Aber sie gebraucht das Wort »Versuchung« auch in dem anderen Sinn, und nun sieht sie nicht auf das Ziel des Glaubens, sondern auf die unerhörte Not unseres eigenen, gefallenen Herzens und dieser verführenden Welt und fragt: Woher kommt die Versuchung? Nicht von Gott. Du kannst ihn auf keinen Fall beschuldigen und belasten, um dich zu entschuldigen und zu entlasten. Es gibt eine Versuchung zum Bösen, die Begierde, sagt der Apostel, dieser leidenschaftliche Wille des Menschen, ohne Gott sein Leben zu leben. Sie gebiert die Sünde und die Sünde den Tod. Gott ist heilig. Er versucht keinen, und er kann auch nicht versucht werden. Keine Rede, daß du Gott belasten und dich entschuldigen kannst. Wenn schon von Versuchung die Rede ist, dann bitte, stehe dazu. Sie kommt aus dir. Und nun ist hier in einer wunderbaren Weise gezeichnet – die Psychologie könnte das nicht schöner sagen – was passiert, wenn wir wirklich zum Bösen versucht werden. Es sind drei Schritte, und das Ganze ist unter dem Bild einer Geburt geschildert.
»Ein jeder wird von seiner eigenen Lust gereizt und gelockt.« Die Begierde, die Lust, die Sucht ist in uns. Ich will selber leben. Das

Ohne-Gott, das Los-von-Gott, das freie Leben, das Leben ohne diese stete Erinnerung an den Heiligen über mir, das ist die eigentliche Versuchung. Sie hat viele Anlässe und tausend Formen. Das ist, was man Versuchung heißt, wir werden herausgelockt aus der Verbundenheit, der Gemeinschaft mit Gott in ein Leben, an einen Ort, auf einen Weg, wohin wir gar nicht gehören. Es heißt wörtlich: Wenn dich die böse Sucht lockt und ködert. Es ist das Bild von der Angel. Der Mensch wittert etwas und schnappt zu. Und aus seiner Trägheit, aus seiner Sinnlichkeit, Selbstsucht, um des Geldes willen, aus einer falschen Bindung an die Menschen – es gibt hundert Formen, immer folgt dies: Weg, weg aus der festen, stillen, innersten Bindung an Gott.
Wenn wir so herausgelöst werden, was geschieht dann? Das ist der zweite Schritt, den der Apostel beschreibt: »Darnach empfängt die Lust und gebiert die Sünde.« Das ist großartig gesehen. Wenn unser Wille einmal ja gesagt hat zu etwas, dann kommt eine Empfängnis zustande. Dann wird etwas geboren: Sünde, sagt Jakobus eindeutig und klar. Wenn wir nachgegeben haben, wenn wir unseren Willen dazu gegeben haben, wenn wir ja gesagt haben zu der Lust, Sucht, Begier, es gibt tausend Worte dafür, dann kommt die Sünde heraus, dann kriegt jemand Macht über uns, eine andere Herrschaft als die, zu der wir eigentlich gehören.
Und die Sünde, das ist der dritte Schritt, sagt Jakobus, »die Sünde aber, wenn sie reif geworden ist, gebiert sie den Tod«. Wenn ich von Gott los bin, dann bin ich Sklave, dann bin ich nicht frei, wie ich mir das einbilde, sondern dann bin ich erst recht unter eine andere, unsichtbare Macht, die Leidenschaft, die Blindheit, unter eine Todesmacht gekommen. »Irret euch nicht, liebe Brüder«, schiebt nicht die Schuld auf den anderen und erst recht nicht auf Gott, auch nicht auf euer Blut, eure Vererbung, euer schweres Erbteil. Entschuldigt euch nicht damit: Ich kann nichts dafür. Ich bin nun einmal so. Nein, sagt der Apostel, ich kann dafür. Und seitdem wir Jesus Christus gefunden haben, können wir anders. Und wenn die Versuchung uns weggerissen hat, wollen wir zurückkehren am selben Tag und in derselben Stunde, wieder auf-

stehen, nicht liegenbleiben und nicht nachgeben. Es muß nicht sein, daß wir fallen. Und wenn wir gefallen sind, daß wir liegenbleiben. Denn, und nun fügt Jakobus einen wunderbaren Lobgesang hinzu, denn wir stehen ja in den Händen eines Gottes, der gut ist bis ins Innerste (V. 17. 18).

»Alle Gabe, die von oben kommt, ist gut und vollkommen. Er ist der Vater der Lichter, und es ist bei ihm unwandelbar hell und klar, alles, und kein Wechsel von Licht und Finsternis.« Jakobus stellt dem dunklen Leben, der Kammer unseres Wesens, in der sich das alles vollzieht, dieses helle Bild Gottes gegenüber. Du hast einen guten Gott, einen gebenden – alle gute und vollkommene Gabe! Du hast einen unveränderlich und unwandelbar treuen Gott, Er ist der Vater der Lichter, nicht nur der äußeren, sondern auch der geistlichen Lichter, der guten Geister der neuen Welt des Friedens und des Lebens, der Wahrheit und des Lichts. Gott schafft keine Dunkelheit auf Erden. Dort, wo er ist, ist Licht und Friede. »Gott ist Licht, und in ihm ist keine Finsternis«, antwortet Johannes dem Wort des Jakobus.

Dieser Gott will auch eine Geburt bei dir vollziehen. Er möchte nicht nur einmal und einst in der neuen Welt dein Vater sein, sondern schon jetzt und schon hier. »Er hat uns neu geboren (Luther übersetzt: gezeugt) aus dem Wort der Wahrheit.« Auch das ist das Bild der Geburt, aber nun nicht so, daß unser Wille herausgelockt und geködert wird, sondern so, daß auf unseren Willen von oben ein Heiliges gesenkt wird, eingepflanzt, wie er nachher mehrfach sagt in diesem Brief, eingepflanzt in unser Wesen sein gutes, heiliges Wort des Lebens und des Friedens und der Wahrheit. Dieses Wort will inwendig in dir Wurzel schlagen. Es will in dir sterben und auferstehen und Frucht bringen. Du sollst schon jetzt und heute teilhaben an diesem Geheimnis des neuen Lebens, der neuen Geburt, wenn du bei ihm bleibst und täglich neu zu ihm zurückkehrst.

Diese beiden Vorgänge sind anschaulich geschildert, wie wir hinausgelockt werden in die Gottesferne und frei und los von Gott unser Leben leben wollen, und das Geheimnis, wie Gott sich selbst durch sein Wort mitteilt und in uns ein Neues schafft, wie Jakobus hier schließt: »Daß wir die Erstlinge seien von allen geschaffenen Wesen.« Das ist eine ganz herrliche Benennung der Gemeinde Gottes. Das ist die Würde und die Ehre der Gemeinde, daß sie die Erstlingsfrucht Gottes auf dem großen Menschenerntefeld ist. Wer ihm gehorcht, der ist die Vorhut, der ist der Anfang der neuen Welt, der gehört mit hinein in die Gotteserntee schon heute, zu den Erstlingen der neuen Kreatur Gottes. Und das Ende der Wege Gottes, sagt dieses Wort, das ist die große Neuschöpfung, die Versöhnung des Alls. Denn einmal wird das Licht allen leuchten und sein Leben alle Geschöpfe durchdringen und seine Wahrheit von allen geglaubt und bekannt werden. »Und Gott wird sein alles in allem.« Ganz nahe ist dieses Wort des Jakobus bei den Worten des Apostels Johannes von der Heimholung der ganzen Kreatur.

Das sagen dir diese Worte: Gott ist gut, aber in dir will er das neue Leben zeugen, schaffen. Es soll in dir ein neuer Mensch auferstehen dürfen. Es ist nicht mit dem äußeren Dazugehören getan. Sind wir wirklich Christen? Ja, sagt Jakobus und deutet damit auf das Geheimnis der neuen Geburt durch das Wort Gottes in unserem innersten Wesen.

Aber wie soll das geschehen, daß ich teilhaftig werde dieses neuen Lebens im Gehorsam und in der Nachfolge?

Ihr wißt es, liebe Brüder, heißt es im Urtext, Luther hat es ausgelassen. Was wissen wir? – daß Gott euch dieses Wort gegeben hat. Er hat euch den Sohn gegeben, den sollt ihr hören. »Seid schnell zu hören» – nicht auf anderer Menschen Wort, auch nicht auf das fromme Menschenwort, sondern auf das Gotteswort im Menschenwort eingekleidet, so wie der Sohn Gottes Mensch geworden ist. Auf dieses Wort hört, schnell! Es ist, als ob der Apostel hier sagen würde: Leute, Ohren zu für die tausend Worte der Menschen! Hört schnell auf sein Wort. Es steht hier nicht, wir sollen, wenn wir nach dem Geheimnis des neuen Menschen des Gehorsams suchen, dahin laufen und dorthin, dieser Gruppe und jener uns anschließen, sondern hören, schnell hören auf sein Wort und dann »langsam zum Reden«. Es braucht sehr viel Stille immer wieder, um Gottes Willen und Wort recht zu hören. Nur nicht rasch, zu rasch, allzu rasch Zeugnis ablegen von dem, was wir erlebt, gesehen, erfahren haben. Oft genug wird es der Apostel noch sagen, wie sehr wir über unsere Zunge wachen müssen. Langsam zum Reden! Das Wort Gottes, das einem Samen vergleichbar ist, braucht seine Zeit in dir. Es will wachsen. Es will vielleicht überwintern, und dann will es ausreifen. Es ist eindrücklich, wie er uns zur Demut ruft, gerade auch im Blick auf unsere eigenen frommen Worte, auch auf unser eigenes Rechthaben und Besserwissen. Gott hat recht, und Gott weiß es besser. »Sei langsam zu reden und langsam zum Zorn.«

Wie leicht entzweien wir Christen uns gerade, wenn wir es ganz ernst nehmen. Wie rasch heißt es, ich gehe nicht mehr dorthin. Langsam zum Zorn, zum Zank, zum Streit! Mußt du denn Gottes Sache vertreten? Weißt du denn schon alles besser? Langsam zum Zorn, zum Zank, oder wie er an dieser Stelle sagt: »Leget die Bosheit und die Unsauberkeit ab und nehmt das Wort an mit Sanftmut, das eure Seelen retten kann.«

Es ist merkwürdig, daß dieser strenge Bußprediger das Wort Sanftmut fast in jedem Kapitel bringt. Das hat er an Christus gesehen, dem sanftmütigen und von Herzen demütigen Christus. Das hat er in sein Leben hineingenommen, dieses gelassene, gelöste, in großer Ruhe der Gewißheit in Gott stehende Wesen. So nehmt das Wort auf mit Sanftmut. Das ist keine weiche Sache. Das ist wie die Geduld eine Sache eines männlichen Lebenskampfes, um die man ringen muß. Das liegt uns nicht, sanftmütig zu sein. So nehmt das Wort auf aus der Stille Gottes in ein stilles Herz. Es ist allezeit das wesenhafte, das inwendige Leben des Christen, in dem sich das alles abspielt. Bleibe bei ihm und kehre zu ihm zurück, sanftmütig!

Sind wir wirklich Christen? Ja, wenn wir das lernen, schnell zu hören, langsam zu reden und langsam zum Zorn und mit Sanftmut annehmen das Wort, das in uns gepflanzt ist wie ein Baum, wie ein Same, der aufgehen will und in uns Frucht bringen.

Sind wir wirklich Christen? Hören wir noch? Es ist allmählich unter uns so viel Streit und Zerrissenheit über die Dinge des Glaubens, und es ist so schwer, mit den Menschen in der Ruhe zu reden. Es ist alles sofort fanatisch und aufgeregt. Das ist nicht sanftmütig. Das Geheimnis Jesu Christi in uns Gestalt werden zu lassen, das heißt Christ sein. Aber das Hören ist das erste.
Nun fährt Jakobus fort, und die beiden Worte sind getrennt durch einen großen Sprung: »Seid aber Täter des Worts und nicht Hörer allein, dadurch ihr euch selbst betrüget« (1, 22). Es gibt sehr viel Wesens unter uns, wobei man nicht genug tun kann zu hören, und ich schlage an meine eigene Brust und denke, wieviel muß ich hören, lesen, reden als Pfarrer und als Glied der Kirchenleitung und für unsere Mission. »Seid Täter des Wortes!« Man kann sich mit allem Hören tief betrügen. Es gibt eine Form der Frömmigkeit, die nicht genug aufnehmen, einsaugen kann. Ihr betrügt euch, sagt Jakobus, wenn daraus nicht wird das Tun des Wortes.
Es ist ein merkwürdiger Ausdruck, das Wort Gottes tun. Das Wort Gottes ist ein Herrenwort. Aus jedem Wort kommt ein Befehl, ein Gebot heraus. Du bist mein – sei mein! Ich habe dich lieb – kannst du anders als mich auch lieben? Ich habe für dich alles getan – folge mir nach! Aus dem biblischen Wort folgt der Ruf zur Entscheidung, zum Gehorsam. Nicht ausweichen, sondern nachfolgen. Das heißt Tun des Wortes, Täter des Wortes. Sind wir wirklich Christen? Ohne »Täter des Worts« zu sein? fragt Jakobus.
Nun gebraucht er ein sehr schönes Bild. Er sagt, ein Mensch, der bloß hört, ist gleich einem Menschen, der in den Spiegel schaut. Plötzlich sieht er sein eigen Gesicht und weiß nun, wie es um ihn bestellt ist. Aber kaum hat er sich gesehen, geht er davon und vergißt, wie es hier heißt, »von Stund an, wie er gestaltet war«. Das Hören allein ist eine große Versuchung zum Vergeßlichwerden. Das ist eine der ganz großen Nöte unserer Zeit, daß wir nur hören, aber eben flüchtig, und dann hingehen und vergessen, wie wir vor Gott dran sind, in das gejagte, aufgeregte Leben hinein, und vergessen, wie es im Grunde mit uns steht. Mich dünkt, daß die fromme Vergeßlichkeit eine der Hauptlasten und Sünden unserer

Zeit ist. Wir vergessen unsere Schuld und Fehler und fallen aus der Buße. Und wir vergessen Gottes Güte in Großem und Kleinem und fallen aus dem Dank. Nicht nur hören!
»Täter des Wortes – und nicht Hörer allein.« Sind wir wirklich Christen? Wir sind es erst dann, sagt der Apostel, wenn es zur Tat des Gehorsams kommt.
Man darf nicht einfach so hineinschauen in den Spiegel, sondern »wer sich aber hineinbückt in das vollkommene Gesetz der Freiheit und darin beharrt, und ist nicht ein vergeßlicher Hörer, sondern ein Täter, der wird selig sein in seiner Tat.« Du mußt am Wort Gottes bleiben, wie ein Hund auf der Fährte des Wildes, wie ein »canis domini«, wie sie im Mittelalter sagten, wie einer, der dem Wort nachgeht, auf der Fährte bleibt bis ans Ziel. Du mußt das ganze, das vollkommene Gesetz nehmen, den ganzen Willen Gottes, den ganzen Gehorsam. Und denke, es ist ein Gesetz der Freiheit. Wenn du gehorchst, wenn du gebunden bleibst an deinen Herrn, dann bist du frei. Das ist das Geheimnis, daß der Dienst, dem Herrn dienen mit der Tat, frei macht, zu allertiefst frei.
Hineinbücken in das Wort! Es ist dasselbe Wort, das Johannes bei der Auferstehung gebraucht. Er sieht die beiden, Johannes und Petrus, zum Grabe laufen, wie die canes domini, die Hunde Gottes, auf der Fährte zum großen Geheimnis. Und dann heißt es, sie hätten sich hineingebückt. Das Grab war leer. Jesus Christus ist auferstanden. Wer sich in die Bibel, in das lebendige Wort Gottes hineinbückt, was sieht er? Sein eigener Platz ist leer. Der neue Mensch ist auferstanden. Du darfst mit Christus leben – o Wunder! Dazu ist das herrliche Wort gegeben, daß wir unseren Gott aussprechen lassen, uns hineinbücken, hören und tun, gehorsam und demütig in der Nachfolge bis ans Ziel.
Damit uns das noch ganz praktisch wird, gebraucht der Apostel in den beiden letzten Versen das Bild: »So einer meint, er sei fromm und hält seine Zunge nicht im Zaum, sondern betrügt sein Herz, des Gottesdienst ist eitel.« Als wollte er noch einmal sagen, mein lieber Christ, es hängt nicht davon ab, ob du dich für fromm und recht hältst und meinst, du seist es. Paß auf deine Zunge auf. Wie-

viel fromme Worte sagen und reden und hören wir. Und doch wird aus dem Wort nicht die Tat. Du betrügst dein Herz, wenn du gehört hast und es bloß zu einem Wort kommt, zu einem frommen Reden. Laß dir sagen, um was es geht. »Ein rechter und unbefleckter Gottesdienst vor Gott dem Vater ist der: die Waisen und Witwen besuchen und sich von der Welt unbefleckt erhalten.«

Es muß ein kleiner Schritt getan werden, eine kleine Bewegung immer neu; daran hängt es, an der Bewegung und dem Schritt der Barmherzigkeit füreinander. Zu den Witwen und Waisen, zu den Armen und Hilflosen, zu den Kranken und Nackten, zu all denen, die uns brauchen, bist du gerufen. Dort entscheidet sich dein Christsein. Jesus Christus ist der Bruder der Armen. Vergiß es nicht. Er begegnet dir verborgen im Elend und in der Armut der Menschen. Das ist der rechte Gottesdienst. Werde barmherzig. Darnach wird dich Gott am Jüngsten Gericht fragen, darnach, was ihr getan habt, getan habt einem unter diesen meinen geringsten Brüdern.

»Und sich von der Welt unbefleckt halten.« Wir stehen als Christen alle in der Welt, und die Welt kommt durch tausend Kanäle täglich in uns hinein. Welt, das ist alles, was uns von Gott trennt. Und du sollst darauf achten, daß du immer neu zum Wort und zum Herrn hinfindest. Das ist eine tägliche Bewegung, eine inwendige und eine auswendige, ein Hören und ein Tun, ein Aufnehmen und ein Ausgeben, Glaube und Liebe und Barmherzigkeit zusammen. »Sich von der Welt unbefleckt halten«, das ist nicht moralisch gemeint, daß man dies nicht dürfe und jenes, sondern bei Ihm bleiben um jeden Preis und seinem heiligen Wort, das in uns auferstehen will zum neuen Leben. Und beim Nächsten bleiben in der stillen, verborgenen Barmherzigkeit. Unter allen Umständen dies: Täter des Worts und nicht Hörer allein!

Sind wir wirklich Christen? Hören wir auf ihn und tun wir seinen Willen? Es ist nicht so schwer, wie es aussieht. Denn Jesus Christus ist Sieger geworden über Sünde und Tod. Und wenn du mit ihm gehst, kannst du durchbrechen und überwinden, hören und tun. Lasset uns bei ihm bleiben!

Der Glaube ist mein wie die Liebe

Jakobus 2, 1-13

»Der Glaube ist mein wie die Liebe.« Diesen Satz, den Wichern geprägt hat, will das 2. Kapitel des Jakobusbriefs mit uns einexerzieren. Wer vom Glauben redet, sagt Jakobus, der redet von der Liebe. Und wer vom Glauben spricht, der spricht vom guten Werk. Sind wir wirklich Christen? Ja, wenn beides beisammen ist! Und nun beginnt er: Liebe Brüder, zwei Dinge passen nicht zusammen, der Glaube an den Herrn Christus, den Herrn der Herrlichkeit, und das Achten auf Standesunterschiede, auf menschliche Rücksicht, Glaube und Parteilichkeit, oder, daß ich es noch deutlicher sage, der Glaube und das Vitamin B (Beziehung). Das paßt nicht zusammen. Jakobus macht es sehr anschaulich. Wie ist es in euren Versammlungen? Es ist ein überaus interessantes Bild von der Urgemeinde. Da sind die Brüder und Schwestern zusammen, und eben soll das Wort ausgelegt werden. Da kommt noch einer herein, hat einen goldenen Ring und einen kostbaren Mantel an, ein Reicher. Sofort springt der Prediger am Ende des Zimmers auf, geht ihm entgegen und sagt: »Hier vorne ist noch ein Platz für Sie.« Dann beginnt der Gottesdienst. Da schlürft noch einer herein. Der Prediger ist ärgerlich, daß er zu spät kommt, und ruft über die Versammlung hin: »Dort hinten ist noch ein Stehplatz!« oder: »Komm, setz dich auf den Schemel da vorne.« Unmöglich, sagt der Apostel. Das geht nicht zusammen. Ihr richtet in böser Absicht, wie es wörtlich heißt. Wer an Jesus Christus glaubt, muß wissen, daß es in seiner Gemeinde und im Reich Gottes keine Unterschiede von Stand und Geltung und Vermögen, keinen Unterschied von Klasse und Rasse gibt.

Die Kirche Christi auf Erden ist die einzige Zufluchtsstätte heute, wo man nicht darnach fragt, was ist der, was ist die, wo man nicht nach Rang und Unterschied und Stand und Klasse fragt, sondern den Menschen sieht, und zwar barmherzig.

Ihr glaubt an Christus, unseren Herrn der Herrlichkeit und dann habt ihr noch solche Hochachtung vor menschlichen Herrschaften und Herrlichkeiten. Man kann nicht an die Herrlichkeit Jesu Christi glauben und an den goldenen Ring und den kostbaren Mantel. Sonst verleugnen und entehren wir den Bruder und den Herrn. Hier wird nicht Sozialismus getrieben, wie man schon gesagt hat. Jakobus hetzt auch gar nicht gegen die Reichen, sondern er sagt, wer an Christus glaubt, für den ist jeder Mensch geliebt von Gott, ein Bruder und eine Schwester. Du sollst jeden ansehen mit den Augen, mit denen der Herr Christus dich ansieht. Das ist ein sehr starkes Bußwort auch an unsere Kirche, für jeden von uns, einschließlich und besonders für mich und für unsere Kirche. Denn wir haben es alle gern, wenn auch die führenden Leute und die Vornehmen in die Versammlung kommen. Und wie leicht gleitet man dann aus, macht Unterschiede und wird parteilich.

Sage nun nicht, das ist eine äußere Sache, diese Unterschiede, man muß da ein bißchen mehr Ehre geben und dort ein bißchen weniger. Natürlich sind das äußere Dinge. Aber, sagt Jakobus, wo ist ein Glaube im Herzen, der nicht nach außen dringt, und den man äußerlich nicht merkt? Das ist ja gerade die Not, auf die uns dieser Brief aufmerksam macht, der Riß, der durchgeht bei uns zwischen dem Glauben und dem Leben, zwischen außen und innen. Der ganze Mensch ist Gottes Eigentum. Und darum darf es in der Kirche keine Unterschiede geben zwischen arm und reich und kein Günstlings- und Parteiwesen für die einen mehr und für die anderen weniger. Im Gegenteil, fährt Jakobus fort. Wen hat denn Gott eigentlich erwählt? Hat er nicht die Armen in dieser Welt erwählt? Und wie er das sagt, steht vor seinem geistlichen Auge die Krippe im Stall, in der das Kind Gottes liegt, »arm geworden um euretwillen«. Und es steht vor seinem Auge das Kreuz seines Bruders Jesus: »Mein Gott, mein Gott, warum hast du mich verlassen!« Und er weiß, daß dieser Jesus Christus mit den Armen sich eins gemacht hat und in den Armen verborgen uns begegnet. »Selig sind, die da geistlich arm sind.«

Es ist eine gewaltige Sache, daß die Verheißungen Gottes für die Armen gelten. Bedenkt doch, sagt der Apostel, alle seid ihr arm vor Gott, auch die Reichen. Ihr seid alle Arme, die von Gottes

Barmherzigkeit leben. Wer davon weiß und das bedenkt, der macht keine Unterschiede, der weiß, wie man miteinander umgehen muß. Das ist eine Ursünde unter den Frommen, dieses Unterschiede-Machen, daß die Kirche immer mit der Macht und mit den Mächtigen gegangen ist, weil man das Exerzitium, die geistliche Übung dieses Kapitels vergaß. Wir wollen es uns heute recht ins Herz hineinsagen.

Jakobus sagt hier ein sehr tiefes Wort über die Armut. »Hat nicht Gott (V. 5) die Armen erwählt auf dieser Welt, die aber im Glauben reich und Erben des Reiches sind, das er verheißen hat denen, die ihn lieben?« Jeder, der was hat, hängt daran und vertraut darauf. Es steckt in den Dingen, in den Sachen und Sächlein, in dem Geld etwas ganz Unheimliches, was uns sichert, was man unter den Füßen hat. Große Gefahr. Nur der, der um seine innerste Armut weiß, erkennt, daß man allein im Glauben an den Unsichtbaren und im Trauen auf die Verheißung Gottes, auf die neue Welt, wirklich gesichert ist. Wie groß ist die Gefahr des Habens, des Zusammenscharrens, des Verdienenwollens als einzigem Lebenssinn. Das sind die, sagt der Apostel, diese Reichen, die euch unter Druck setzen, die euch die Abhängigkeit fühlen lassen und andere verachten. Das geht nicht zusammen, Unterschiede machen, Parteilichkeit üben und Christus nachfolgen. Wer Glaube sagt, sagt Liebe.

Sind wir wirklich Christen? Ja, fährt der Apostel fort, wenn euch dieses Gebot der Liebe, das »königliche Gesetz« klargeworden ist. Wer nicht liebt, der gibt Ärgernis dem Armen und dem Reichen. Den einen stößt er weg und den anderen bestärkt er in seiner Unbußfertigkeit. Alles Unterschiedemachen, alle Günstlingswirtschaft in der Gemeinde ist eine Zaubereisünde.

Und wenn du sagst, ich halte das Gesetz: Ich ehebreche nicht, ich töte nicht. Halt! sagt der Apostel. Man kann nicht auswählen, welches Gebot man übertreten und welches man nicht übertreten will. Das Gebot Gottes ist ein königliches Gebot, eine vollkommene Einheit. Ein Gebot übertreten, heißt gegen das ganze Gebot protestieren und nein sagen. Es heißt nicht: Einmal ist keinmal.

Eine Sünde gegen ein Gebot befleckt dein ganzes Leben. Es ist ein ganz großer Ernst, der in diesen Worten spricht. Es wird hier wirklich Buße gepredigt.
Das ganze Gesetz ist es, das königliche, das uns in das neue Leben mit Jesus Christus führt. Er nennt es an dieser Stelle noch einmal ein »Gesetz der Freiheit«. Wenn du ja sagst zu Gottes Gebot, bist du ein glücklicher, im tiefsten Grund ein freier Mensch. Dann wirst du aus all den anderen Herrschaften dieser Welt erlöst. Da ist keine Hölle und ist kein hartes Joch. Es liegt in diesem Gesetz der Freiheit etwas Freudiges drin. Wenn wir das nur merkten, wie sehr die Liebe, die Barmherzigkeit und die Gerechtigkeit gegen alle zusammengehört mit dem Glauben.
»Ein unbarmherziges Gericht wird ergehen (V. 13) über die, die nicht Barmherzigkeit getan haben.« Das hat er von Jesus Christus gelernt. Das hat er an den Gleichnissen abgelesen, an dem Gleichnis von dem Schalksknecht, der den anderen wegen einer lächerlichen Sünde ins Zuchthaus bringt, der, dem die riesige Sünde seines Lebens vergeben ist. Es wird von den Dingen der Gemeinde und unseres Alltags geredet. Die unerträglichsten Christen sind die, die nach oben nicken und nach unten treten. Das meint der Apostel hier. Das gibt es nicht im Glaubensleben.
Und dann leuchtet wieder ein wunderbares Licht auf, in V. 13, am Schluß. »Die Barmherzigkeit aber rühmt sich wider das Gericht.« Das heißt wohl: »Selig sind die Barmherzigen, denn sie werden Barmherzigkeit erlangen!« Auch im Gericht. Das heißt wohl: »Was ihr getan habt einem unter diesen meinen geringsten Brüdern, das habt ihr mir getan«, wird der Richter am Ende sagen. Das heißt wohl: Sieh auf Jesus Christus, den Barmherzigen! Der wird auch einmal gegen das heilige Gericht Gottes triumphieren, wie es wörtlich heißt. Das ist dein Trost, daß du sagen kannst: Ich will, ich will wirklich Christ sein, lieber Herr, hilf mir zur wirklichen Barmherzigkeit. Wer diese dreizehn Verse sich einübt, wer dieses Exerzitium des Jakobusbriefs durchmacht, bei dem wird allerlei anders im Alltag zu Hause und im Geschäft und in der Kirche.

Jakobus 2, 14-26

Das ist ein unerhörtes Stück. Man merkt, Jakobus kennt den Paulus ganz genau und hat ihn gehört und gelesen. Er hat gehört, daß allein der Glaube und allein die Gnade rettet. Und was tut er? Er geht hin und sagt: Der Glaube rettet nicht, der ohne Werke und ohne Liebe ist.

Und nun redet er mit uns, wiederum mit den Christen, mit der christlichen Welt, um die Welt aus unserem Christsein auszutreiben. Wo sind eure Werke? Ohne Werke ist der Glaube tot. Ein Glaube, der nicht Frucht bringt, rettet nicht. »Willst du aber lernen, du eitler Mensch, daß der Glaube ohne Werke tot ist?« Es gibt also auch Glaubensleichen. Man muß schon aufpassen, daß man hier recht versteht und durchkommt. Und doch spüren wir genau, der Mann hat recht. Man darf nicht den Paulus und den Jakobus gegeneinander ausspielen und sagen, der eine redet zu den Heidenchristen, zu uns, die wir aus den Heidenvölkern kommen, und sagt: Ihr müßt glauben, euch gilt die Gnade. Und man darf nicht sagen, Jakobus redet zu den Juden und sagt: Bei euch kommt es auf die Tat an. Das ist der Unsinn, das Neue Testament aufzuteilen auf zwei Heilslinien, einen Teil für die Nationen und einen für die Brautgemeinde. Jakobus schreibt für uns alle und ermahnt uns, die wir vom Glauben wissen, daß ein Glaube ohne Werke eine tote Sache ist. Das sind die bösen Gedanken (V. 14), die sagen: Ich habe den Glauben. Kann auch der Glaube leben ohne die Werke? Ich glaube an den Paulus, der hat gesagt, ohne Werke, aus Gnaden allein. Du versteckst dich bloß, sagt Jakobus zu uns, weil du nicht opfern willst dein ganzes Herz und deine ganze Liebe. So billig kommst du nicht davon, du Glaubender! Das meint Jakobus. So billig ist der Glaube und die Gnade nicht zu haben. So bequem macht uns der Herr den Weg zur Rettung nicht. An wen glauben wir denn? An den Herrn Christus, den Herrn unseres Alltags. Was will der Herr von mir? Gehorsam, Nachfolge, Frucht des Glaubens, Liebesglauben, die freudige Tat. »Seid Täter des Worts und nicht vergeßliche Hörer allein.« Oder was ist es denn um die

Gnade? Er deckt meine Sünde zu mit seinem Blut, wozu? Daß ich eben weiter sündige? Nein, sondern daß die Gnade in mir eingepflanzt werde, und daß da etwas verwandelt und erneuert wird, daß da etwas wächst und reift, das Geheimnis des neuen Lebens und des neuen Menschen in uns, daß dieses alte Bild, nach dem ich geboren bin, verwandelt wird von Jahr zu Jahr und von Schritt zu Schritt in das Bild dessen, der uns anschaut in seinem Wort und Geist, in seiner Liebe, um uns nach seinem Bilde zu erneuern, damit aus diesem dunklen Leben Zeichen aufsteigen, Signale, Leuchtraketen, an denen sichtbar wird, daß wir glauben. Diese Signale nennt der Apostel: Werke.

Sind wir wirklich Christen? Ja, wenn Glaube und Werke, wenn Glaube und Gehorsam, wenn Gnade und deine Liebe beisammen sind. Sonst nicht.

Und dann kommt ein ganz unerhörter Vers. Man kann mit allem Glauben in die Hölle fahren. »Die Teufel glauben's auch und zittern.« Fast grimmig sagt der Apostel und mit großem Ernst: kein bequemer Weg und keine billige Gnade. Es muß bei uns etwas ausgetrieben und verwandelt und erneuert werden. Er nimmt dafür ein ganz schlichtes Beispiel in V. 15 und 16. Da kommt ein Bruder zu dir und hat keinen Rock, und eine Schwester und hat keine Kleidung und Nahrung und bittet dich. Was sagst du sehr salbungsvoll? Gott berate euch, übersetzt Luther, gehe hin in Frieden. Gott wärmet euch und speist dich.

Das haben wir alle in unserem Leben schon gemacht ohne Ausnahme und wissen doch ganz genau, daß gegen den Hunger und gegen die Nacktheit nichts hilft, kein frommes Wort, sondern allein die Tat der Liebe. Und daß all mein Glauben ohne diese Liebe ein totes Wort bleibt, nutzlos. Was hilft den Menschen alles Wohlwollen, wenn es nicht zur Wohltat kommt. Tot ist mein Glaube, sagt der Apostel, tot ohne die Werke.

Ein Glaube, der aus Gott geboren ist, der bringt Frucht, bei dem fängt es an, sich zu regen und zu bewegen wie jetzt im Frühling. Das ist das tiefste Bild (5, 7-11) vom Werk, vom Gehorsam, wie das durch die Kräfte von oben, durch die Sonne der Liebe Gottes ein wenig grün wird bei uns. Darum geht es dem Jakobus. Sichtbar muß etwas werden, etwas sprießen, etwas herauskommen. Es ist ein ganz großer Kampf gegen das nichtsnutzige Christentum. Du hast einen so barmherzigen Gott, wie kannst du sagen: Ich will nur glauben und nicht auch barmherzig sein! Man kann nicht aufteilen.

V. 18 ff. Man kann nicht aufteilen. Der eine sagt: Ich habe den Glauben, der andere: Ich habe die Liebe. Wie wollen wir das machen? Die Worte machen es noch lange nicht. Und wenn man an deinem Glauben nichts sieht, wie will dir die Welt glauben? »Daran wird jedermann erkennen«, sagt der Herr in Joh. 13, »daß ihr meine Jünger seid, so ihr Liebe untereinander habt.« Oder wenn der andere sagt: Ich habe die Werke. So, woher hast du denn diese? Und wenn er sie dann so stolz vorzeigt, wo bleibt dann der Glaube, der dich demütig macht vor dem Herrn der Herrlichkeit? Ach, daß wir uns doch nicht auf unsere Rechtgläubigkeit und auch nicht auf unsere Frömmigkeit verlassen, sondern dem Jakobus zuhörten, der uns das heilige Wort sagt, daß in unserem Leben, in dem neuen Leben mit Christus, in der Nachfolge etwas herauskommen muß, etwas grünen muß, etwas sichtbar, wirklich und fruchtbar werden muß. Der Glaube ist mein, spricht der Herr, wie die Liebe.

Geradezu aufreizend braucht Jakobus in den letzten Versen zwei biblische Bilder. Er macht es an Abraham deutlich und an der Hure Rahab, V. 21-26. Römer 4 und Gal. 4, 3 steht geschrieben, daß Abraham glaubte, und das rechnete ihm Gott zur Gerechtigkeit. Das steht in der Bibel, sagt Jakobus. Das steht im Alten Testament. Lies es nach 1. Mose 15 und 22! Aber was heißt denn das, »Abraham glaubte dem Herrn«? Er glaubte dem Unsichtbaren, als er ihn herausrief aus Ur: Gehe aus aus deinem Vaterland in ein Land, das ich dir zeigen will! Und dann zog Abraham aus. Aus dem Glauben wurde die Tat. Und dieser Glaube wurde vollkommen, sagt Jakobus, reif und wirklich in dem Augenblick, wo Gott den Isaak zum Opfer verlangt, das größte Glaubensärgernis. Am Opfer kommt es heraus, ob wir glauben oder nicht. Und wahrhaftig, Abraham hat nicht nur geglaubt, sondern er hat in der Stunde der schwersten Prüfung gehorcht. Da ist sein Glaube vollkommen geworden. Sonst hätte ihn Gott nicht gerechtfertigt, sondern verworfen. Gerade das Werk, das uns gegen die Natur und gegen unser Wesen geht, das rechte Opfer, das ist der Beweis des Glaubens, das gute Werk, das der Herr von den Seinen erwartet, nicht von der Welt.

Das ist keine Gesetzespredigt, sondern das ist Gnadenpredigt, Nachfolgepredigt. Das ist die Predigt von dem Geheimnis der Liebe, von der man nur etwas versteht, wenn man mit Jesus lebt.

Und so ist es mit der Hure Rahab, V. 25. Ein übles Weib, wahrhaftig. Sie hat geglaubt, als sie die Botschaft hörte vom Gott Israels, von der großen Erlösung dieses Volkes, und daß ihm dieses ganze Land gehöre. Aber, sagt Jakobus, wenn sie mit all diesem großen Glauben die Kundschafter verraten und sie nicht auf einem anderen Wege hinausgelassen hätte, wäre sie samt Jericho untergegangen. Gerade an der verborgenen, stillen Liebestat dieses armen Weibes kommt heraus, daß sie geglaubt hat. Der Glaube will Frucht bringen, aufgehen. Es will daraus ein Werk des Glaubens werden. Darum steht die Hure Rahab im Stammbaum unseres Erlösers (Matth. 1, 5).

Die Liebe Abrahams zu Gott und die Liebe der Rahab zu den Menschen, sie zeigen an, was zum Glauben gehört, wenn er nicht tot sein will, wie der letzte Vers sagt. So wie der Leib und der Geist zusammengehören, wie ohne den Geist der Leib tot ist und ohne den Leib der Geist ein Gespenst, so ist ohne die Liebe der Glaube tot, und ohne den Glauben ist die Liebe etwas Unfaßbares, etwas Unwahrhaftiges. Beides gehört zusammen.

Sind wir wirklich Christen?

Paulus hat unser Auge auf das gerichtet, was Gott für uns getan hat in Jesus Christus, auf das Geheimnis der Krippe und des Kreuzes und der Auferstehung und der Wiederkunft und sagt: Ihm glaube! Und Jakobus richtet unser Auge auf mein Leben und auf meinen Alltag und sagt: Und nun schau von diesem Jesus in dein Leben hinein und dann liebe! Ich bin durch Glauben gerechtfertigt, das kann eine gottlose Lüge sein, sagt Jakobus, wenn du nicht das gehorsame Werk in der Nachfolge deines Herrn tust. Denn dein Herr will dich ganz, deinen Glauben und deine Liebe. Er will nicht nur deinen Glauben. Er will auch die Zeichen der Neugeburt, des neuen Lebens, des neuen Weges mit Christus. Er sucht deinen Dank, deine Liebe und deinen Gehorsam. Darum geh hin und gib deinem Herrn beides.

Exerzitium der Buße

Jakobus 3, 1-18

Zuerst ein Wort über die Zunge, und wie sie von Gottes Weisheit regiert werden soll.
Jakobus hat uns zugerufen: Ohne daß etwas herauskommt, ohne daß euer Glaube Frucht bringt, ist und bleibt er tot. Es war ein sehr starkes Bußwort. Der Jakobusbrief ist ein ganz notwendiges Korrektiv, wenn wir den Apostel Paulus und das Evangelium von der Gnade nicht billig, allzu billig, nicht bequem, allzu bequem verstehen wollen.
Sind wir wirklich Christen? fragt uns Jakobus. Und es wäre schmerzlich, wenn einer von uns von diesem Wort wegginge und dächte, das geht mich ganz gewiß nichts an, sondern den Meyer und die Müller. Wir hätten umsonst gehört. Laßt uns miteinander diesem heiligen Bußruf des Apostels standhalten. »Wenn du mich demütig machst, so machst du mich groß.« Die Buße ist nach Jakobus eine heilsame und eine gesundmachende Sache.
Also, lieber Apostel, sag uns, welche Werke sollen wir denn tun, von denen du sagst, der Glaube sei ohne die Werke tot?
Und nun ist es fast merkwürdig, daß uns Jakobus groß anschaut und sagt: Werke? Ich will euch etwas sagen, das fängt bei eurer Zunge an. »Ein kleines Glied, aber es richtet große Dinge an« (V. 5). Das ist die Art des Apostels. Er sagt uns nicht, wir sollen unser Hab und Gut verkaufen und alles dem Hilfswerk oder der Inneren Mission geben. Er sagt uns auch nicht, wir sollen hinge-

hen und irgendwelche Kinder von der Straße auflesen und sie aufnehmen in unsere Familien. Er deutet auf eine ganz verborgene und kleine Sache hin, so wie er uns jene kleine Gebärde gezeigt hat, den Gemeindesaal, wo man den einen vorsitzen läßt und den anderen bloß auf den Schemel oder hinten stehen läßt. Er deutet auf unsere Zunge. Dort geschieht ein böses oder ein gutes Werk. Und die Zunge, das Wort, das ist die Hauptsache im Leben eines wiedergeborenen Menschen. Große Werke? Weißt du, woran man einen Wiedergeborenen erkennt? Wie er mit dem Wort umgeht, und ob er seine Zunge im Zaum hält, die Zunge, mit der man den ganzen Tag redet und sehr viel tun kann, Gutes und Böses. Das Wunderbare ist, Gott hat selbst eine Zunge. Denn er redet mit uns. Das Wort Gottes, sagen wir, Jesus Christus hat gesprochen mit uns, der Fleisch gewordene Herr der Herrlichkeit. Er will, daß dieses sein Wort weitergesagt werde, und daß die Jünger und die Jüngerinnen ihm allein über ihre Zunge Macht einräumen.
Jakobus sagt gleich zu Beginn in V. 1, wer ein bißchen etwas versteht von den menschlichen Worten und Zungen, den warne ich, daß er nicht schnell ein Lehrer sein wolle. Es geht ja nicht um die frommen Menschenworte, sondern es geht um den Dienst am Worte Gottes. Das ist eine hohe Kunst. Dazu braucht man eine gelehrte Zunge und ein geweektes Ohr. »Liebe Brüder, unterwinde sich nicht jedermann, Lehrer zu werden, und wißt, daß das Urteil um so strenger sein wird.« Die Zunge kann das größte Hindernis für Gott sein in unserem Leben, wenn wir sie nicht vorsichtig gezügelt in der Zucht gebrauchen, demütig, wenn wir ihr bloß so den Lauf lassen und wenigstens auf dem Gebiet sagen: Ach was, ein Wort, Hauch und Wind, und weg ist es. Nein, sagt Jakobus. So ist es gar nicht. Er vergleicht die Zunge zuerst mit dem Zügel, den man dem Pferd ins Maul legt. Ein kleiner Ruck, dann geht es rechts, ein kleiner Zug, dann geht es links. Er vergleicht die Zunge mit dem Steuerruder, das das Schiff lenkt, wohin es fahren soll. Das macht da hinten der Steuermann. Dann gebraucht er noch ein drittes Bild, ein kleines Feuerlein, und plötzlich ist ein Waldbrand oder ein Präriebrand da. So ist es mit der Zunge. Die Zunge, sagt

der Apostel, ist ein kleines Glied und richtet große Dinge an, ein kleines Feuer und kann einen ganzen Wald anzünden. Sie ist »ein Feuer und eine Welt voll Ungerechtigkeit«.
Wo in dieser Welt etwas Böses passiert, ein Menschenleben zertreten wird, die Ordnung Gottes außer Rand und Band gerät, wo Sünde geschieht, da ist immer die Zunge mit dabei. Die Zunge, das Steuer am Menschen, das treibt (heißt es wörtlich) das ganze Lebensrad. Jakobus braucht dieses Bild, daß unser Leben gleich einem Rad sei, das sich dreht. Und wenn nun das Steuer nicht in Ordnung ist, dann wird es unruhig, dann erhitzt es sich. Dann geht es immer schneller. Dann stiftet es Brand. Dann bekommt es Feuer von unten. Tiere kann man zähmen, sagt er, aber die Zunge, die »kann kein Mensch zähmen«. Die Zunge in Ordnung bringen, das ist eine Sache der Wiedergeburt.
Sind wir wirklich Christen?
Die Zunge, sagt der Apostel, kann einen großen Helden zu einem elenden und ohnmächtigen Sklaven machen, wenn sie voll Gift, Bitterkeit und Feuer ist. Und hinterdrein bleibt nichts als die Reue. Ich frage euch, wer unter uns kann bestreiten, daß er schon in seinem Leben mehr als einmal blutige Tränen geweint hat, über das, was er mit seiner Zunge, mit seinen Worten angerichtet hat. Mich dünkt, der Apostel habe sehr recht, daß er sagt, bei diesen kleinen Dingen, ganz im Zentrum des Menschen, da fängt das neue Leben an, das neue, von Gott geborene Leben.
Und dann erinnert er uns in V. 9 mit einem herrlichen Wort daran, wozu wir diese Zunge eigentlich haben. »Mit der Zunge loben wir Gott.« Wichtiger als die Tiere sind in Gottes Haushalt wahrhaftig die Menschen. Denn eines vermögen sie, was kein anderes Geschöpf so vermag, Gott zu loben und die Menschen zu segnen. Das ist das Höchste, was man von einem Mund sagen kann. Mit demselben Mund aber, mit dem wir loben und segnen, können wir auch fluchen und Gott schmähen und lästern. Das ist, wie wenn aus einem Brunnenloch bitteres und süßes Wasser kommt, oder wenn auf einer Olive plötzlich Trauben wachsen würden. Ausgeschlossen. Beim Menschen ist das nicht ausgeschlossen. Es geht

alles darum, daß uns doch der Herr erlöse in der Nachfolge von unserer Zwiespältigkeit, von der zerstörten Einfalt, daß man etwas anderes sagt, als man meint und etwas anderes meint, als man ausspricht. Man kann nicht loben und fluchen mit demselben Mund. Dann ist das eben kein Mund in der Nachfolge, keine Zunge, auf die der Herr Christus seine Hand gelegt hat.
Sind wir wirklich Christen? Ja, sagt Jakobus, wenn der Herr Christus über euren Mund regiert. Lieber Herr, wie sollen wir das anstellen?
Nun fährt der Apostel fort und sagt, dazu bedarf es auch einer besonderen Weisheit, einer Weisheit von oben her. Wir leben mit unserer natürlichen Weisheit und Klugheit den ganzen Tag im Beruf und mit den anderen Menschen zusammen. Wir überlegen uns vieles und können doch zu wenig. Die Weisheit des Menschen, so wie er ist, sagt der Apostel, schafft Neid und Zank in unseren Herzen, die ist irdisch, seelisch, dämonisch, sagt er in V. 15. Er gebraucht hier ein Wort, das in den nächsten Versen immer wieder kommt. Luther hat es mit Wollust oder mit Begierde übersetzt. Genau übersetzt, sagt es das, was wir heute mit dem Wort »Sucht« bezeichnen. Das ist die Kraft unserer irdischen Weisheit, da sind unsere großen Süchte, vorab die Selbstsucht und die Ehrsucht und die Herrschsucht. Frage sich ein Christ, ob er von diesen Süchten frei ist. Der Apostel denkt nicht an den Alkohol oder Tabak oder an die sexuellen Ausschreitungen zuerst, sondern auch da geht er ganz nach innen. Es tut dir herzlich wohl, wenn du beachtet wirst, und du kannst es nicht lassen, so ein bißchen Zwang dahinterzusetzen und zu regieren. Es dreht sich doch immer wieder alles um mich. Das ist die Weisheit von unten, von der Jakobus redet. Er nennt sie irdisch, das ist sie geworden aus den Kräften von Blut und Boden. Er nennt sie seelisch, da drin in dieser dunklen Kammer unserer Seele, die kein Oberlicht hat, in die nicht der Heilige Geist eingebrochen ist, da zerrt und verzehrt sie dich. Und sie ist dämonisch, Luther übersetzt teuflisch. Nach unten zu ist sie offen, wo die Dämonen unter einer dunklen Decke nur zu leicht heraufstürmen, wenn wir sie aufreizen. Jakobus weiß Bescheid

über die Welt und über die fromme Welt. Und wieder, es muß an uns etwas geschehen von oben her. Es muß das Wort in unser Wesen fallen wie ein Same. Es muß eine Auferstehung geben in diesem alten Menschen. Die Weisheit von oben, der Geist, die Gegenwart des lebendigen Herrn Christus.
Auch hier gebraucht er nun als erstes, um dies zu beschreiben, die Sanftmut. Das hat er an Jesus Christus, an seinem Bruder und Herrn gesehen. Dieser hat im Frieden gelebt und zum Frieden gearbeitet. Der Mann der Sanftmut, der großen, alles vergebenden und neu schaffenden Liebe. Diese Weisheit von oben will uns ein reines Herz geben, uns lauter bis zur Wurzel, gelassen und still machen. Das ist der Geist, der sich sagen läßt, und der nicht immer recht haben und alles besser wissen will, frei von Zweifel und Heuchelei. Das ist der Geist, der Friede schafft unter den Friedelosen (V. 17). Er muß tief in unsere Herzen fallen. »Die Weisheit von oben ist keusch, friedsam, lind, läßt sich sagen, voll Barmherzigkeit und guter Früchte, unparteiisch, ohne Heuchelei.« Hier wird gesät im Frieden für alle diejenigen, die den Frieden halten.
Es ist, als ob an dieser Stelle Jakobus einfach die Seligpreisungen auslegen würde. Die hat er im Ohr, die sind die Kraft, die dieses Lebensrad bewegen. »Selig sind die Barmherzigen, denn sie werden Barmherzigkeit erlangen« – »Selig sind die Friedfertigen, denn sie werden Gottes Kinder heißen.« – »Selig sind die Sanftmütigen, denn sie werden das Erdreich besitzen.« – »Selig sind die reinen Herzens sind, denn sie werden Gott schauen.«
Sind wir wirklich Christen?
Mit einem Ruck hat uns der Apostel von der Zunge zur Wiedergeburt geführt, zum großen Geheimnis des neuen Menschen, des neuen Lebens in der Nachfolge des Herrn Christus.

Jakobus 4, 1-12

Und noch einmal hebt Jakobus an mit großem Ernst und als ein Bußprediger, der einem durch Mark und Bein geht, wenn man es recht bedenkt. »Woher kommt es denn« – und nun greift er fest in den Alltag hinein –, »daß so viel Streit und Zank unter euch ist? Kommt es nicht daher: von euren Süchten, die in euren Gliedern streiten?« Wir pflegen an dieser Stelle darauf hinzuweisen, in welche entsetzliche Generation wir geboren sind. Kriege ohne Ende, Streit und Zank zwischen den Völkern, zwischen den Ständen, zwischen den Klassen. Davon rede ich nicht, sagt der Apostel, sondern woher kommt es, daß bei euch so viel Zank und Streit ist? Also in der Gemeinde, unter den Frommen, in den Herzen der Gläubigen? Woher das?

Und nun deutet er mit demselben Wort wieder auf dieses unheimliche Wort Sucht, Ichsucht, Ehrsucht, Herrschsucht, diesen unstillbaren Hunger in meinem Wesen, meinen Platz zu behaupten nach rechts und links, den ich mir nicht nehmen lasse vom andern. Es liegt in diesem Wort auch drin, dieser gräßliche Hunger nach Lebenwollen, nach Wohlsein, ein bißchen Behagen und Glück. Wohin kommt ihr mit dem? fragt Jakobus.

Wir haben diese Sucht und Begierde (V. 2) und erlangen nichts. Ihr probiert es mit dem Haß und Neid. Ihr gewinnt nichts. Ihr bittet und empfanget nichts, weil ihr nicht recht bittet. Das ist einfach wahr. Wohin kommen wir mit unserem ganzen Streit und Zank auch in Glaubensdingen, auch in politischen Dingen in der Kirche? Wohin kommen wir? Zu nichts. Wir zerbrechen innerlich nur aneinander. Diesen Hunger stillt Gott nicht. Ihr bittet nicht recht. Das hat er uns schon einmal gesagt. Man kann sicher so bitten, als ob Gott der Diener und der Garant unseres Glücks wäre, als ob man ihn sozusagen bloß telephonisch anrufen könnte und dann »zu Ihren Diensten, mein Herr, meine Frau!« hören würde. – So redet Gott nicht, nicht zu unseren Diensten. Ob wir Gott mit unserem armen kurzen Leben zu Dienst stehen, darum geht es. Jakobus nennt uns in diesem Zusammenhang wirklich nicht schmeichelhaft »Ehebrecher«. Er meint mit diesem Wort noch etwas viel Tieferes, als was wir damit verbinden, daß einer seiner Frau untreu wird oder eine Frau nebenhinausgeht und die Ehe bricht. Das Wort hat einen viel tieferen Sinn. Es meint: Wir bleiben nicht in dem einen Bund, den Gott in der Taufe, in der ersten

Begegnung mit uns geschlossen hat. Es ist in uns dieser furchtbare Fluchtdrang: hinaus, ohne Gott, selber Herr sein. Ihr Ehebrecher! Wir brechen nicht nur die Ehe mit Menschen, sondern, und das ist das Furchtbare, wir brechen die Ehe mit Gott. Und es ist wirklich so, als ob Jakobus an dieser Stelle eine ganz besondere Vollmacht von Gott empfangen hätte, uns fromme Menschen auf den Weg zurück zum Vater zu rufen, aus allem Streit in den Frieden, aus unseren Süchten in den demütigen Dienst und in die Gemeinschaft mit Gott. »Wißt ihr nicht, daß die Freundschaft der Welt Feindschaft ist gegen Gott?« Dieses Hinauslaufen, das ist der Ehebruch gegenüber dem, der uns geliebt hat, so daß sein Sohn ihm nicht zu teuer wurde, ihn ans Kreuz für uns dahinzugeben und die ganze Hölle durchschreiten zu lassen, damit wir selig würden. Dieses Hinauslaufen von Gott, diese unheimliche Flucht unserer ganzen Welt heute weg von Gott, das ist es, was auch die Gemeinde im innersten gefährdet.

Der Geist Gottes, sagt Jakobus (V. 5), ist ein eifriger Geist. Gott ist ein eifersüchtiger Gott. Er will das Herz nicht teilen. Ganz will er uns haben. »Gott widersteht den Hoffärtigen, aber den Demütigen gibt er Gnade.« Ich kann es nur stammelnd und unvollkommen wiedergeben, aber ich kann immer wieder sagen: Vergeßt das Jakobuswort nicht, diesen unerhörten Bußruf an die Frommen. Da wird nicht ausgewichen, da kann man nicht auf den oder jenen oder auf die Welt deuten, da sind wir gemeint.

Und doch ist es eine Freudenbotschaft. Denn es geht um die Heimkehr. Ihr müßt dieses Hinauslaufen, dieses In-der-Fremde-Bleiben aufgeben.

Er schließt, indem er im Namen Gottes noch einen großen machtvollen Befehlsruf an den andern reiht. »Seid Gott untertan!« Hier kann man biegsam und weich und demütig sein, aber hart und fest und Widerstand leisten gegen den Bösen. »Widerstehet dem Bösen!« daß er vor euch flieht. Widerstehet! Widerstand leisten! Und dann: »Nahet euch zu Gott, so nahet er sich zu euch.« Heimkehr ist das große Programm deines Lebens. Dann läßt sich Gott finden. Und wenn du fragst: Wie soll ich es machen? »Reinigt eure

Hände und eure Herzen!« Das heißt ganz schlicht: Kapituliert vor Gott! Gebt den Kampf um die eigene Gestalt eures Lebens auf! Kommt, kommt zu ihm und gehorcht! Seid arm! Das Wort ist wunderbar gesagt V. 9. »Seid arm, tragt Leid und weint!« Es ist oft sehr schwer, das weiß jeder von uns, Dinge aufzugeben im Lichte Gottes. Das kostet Tränen. Gut, sagt der Apostel, weint sie. Das kann sehr heilsam sein. Das hat einmal einem Jünger Jesu das Leben gewonnen, die Tränen des Petrus in der Nacht des Verrats. Weint sie! »Demütigt euch vor Gott!« Gebt euren Stolz her.
Und das Schwerste, damit schließt der Apostel, das Schwerste ist: »Verlästert einander nicht!« Noch einmal denkt er an die Zunge. Noch einmal weiß er, daß dies das schwerste Hindernis ist auf dem Heimweg des Menschen und das große Hindernis gegen alle wahre Reue. Macht euch nicht zu Richtern übereinander! Wer sich über den Menschen erhebt, der erhebt sich gegen das Gesetz Gottes, das zur Liebe ruft, »Es gibt nur einen Gesetzgeber« und nur einen Richter, das ist Gott allein. »Wer aber bist du?« Wir wollen diesem Wort standhalten und diesem Bußruf des Jakobus. Er kommt aus der großen Angst der Liebe und der Sorge um unseren Heimweg.

Unser Alltag im Licht des wiederkommenden Herrn

Jakobus 4, 13 - 5, 6

Nun wollen wir den letzten Abschnitt des Jakobus miteinander lesen, und damit wir ihn recht verstehen, wollen wir zuerst die Mitte dieses Abschnitts lesen, von der aus das ganze Licht auf die Worte fällt: Jak. 5, 7-11: Unser Alltag und unser Leben im Licht des wiederkommenden Herrn.
Nun ist es in diesem letzten Kapitel, als ob eine Türe aufginge, ganz weit. Jakobus sieht die Gemeinde auf dem Weg in aller Dunkelheit, Anfechtung, in Leiden und Not. Aber er sieht sie im Widerglanz eines großen Lichtes, im Licht des wiederkommenden

Herrn, der Zukunft des Herrn. Und nun ist es wieder wunderbar, daß dieses Licht in unseren Alltag fällt, und daß wir heute miteinander davon reden dürfen: Wir sind Christen dann, wenn unser Alltag gelebt wird im Licht des Herrentages.

Jakobus beginnt zuerst zu reden von den Geschäftsleuten (4, 13-17). Es gibt zweierlei Art, seine Geschäfte zu treiben. Die einen sagen, man muß planen, ein Jahr voraus, zwei Jahre, Fünfjahrespläne am besten. »Wir wollen in diese und jene Stadt gehen, Handel treiben, Geschäfte machen und verdienen« (4, 13). Das sind die Menschen, die über ihre Zeit und über ihre Arbeit und über ihre Kraft verfügen, als ob sie Herren des Lebens wären. Ganze Völker tun das. Statt daß ihr saget, jawohl arbeiten, jawohl planen, um alles in der Welt kein faules und nichtsnutziges Christentum, aber keinen Augenblick vergessen, wie unsere Lage ist, daß unser Leben völlig in der Hand Gottes steht, und daß wir miteinander auf dem Wege sind, Christus entgegen. Dazu braucht es keinen Ruhm und keine Angabe, dafür aber ein sehr helles Auge und gesammelte Aufmerksamkeit, daß man das Gute, das man tun könnte, auch tut. »Denn wer da weiß Gutes zu tun, und tut's nicht, dem ist es Sünde.« Das sind die Menschen, über deren Leben das demütige und sehr tiefe Wort steht (es ist zu Unrecht unter uns ein bißchen bare Münze geworden): »So der Herr will und wir leben.« Dieser Blick auf Gott erinnert uns täglich an die Gebrechlichkeit unseres Menschenwesens und an die Nichtigkeit unserer Lebenszeit. »Was weißt du, was morgen ist? Und was ist dein Leben? Ein Dampf ist es, der vergeht«, ein Rauch. Dieser Blick auf den Herrn erinnert uns, daß wir alle zuviel hineinwerfen in das Geschäft, in den Beruf und zuwenig in das Gutestun und in die Barmherzigkeit, daß unser ganzes Leben gebannt schaut auf das Geschäft und wir daneben den Menschenbruder und seine Not vergessen. Und doch, siehe, der Richter ist vor der Türe (5, 9). Du wirst nicht danach gefragt, wieviel Erfolg du mit deinem Geschäft gehabt hast, sondern »was ihr getan habt einem unter meinen geringsten Brüdern, das habt ihr mir getan«. Das gibt ein rechtes Lebensziel und ein rechtes Wandern durch das Dunkel und durch die

Anfechtungen, ohne Vermessenheit, ohne Furcht in der Hand Gottes, eilend und wartend, »so der Herr will und wir leben«.
Kap. 5, 1-6. Nun geht es wieder in den Alltag hinein. Merkwürdigerweise hat es Jakobus genau wie der Evangelist Lukas in besonderer Weise mit dem Reichtum, mit den Reichen zu tun. »Ihr Reichen«, ihr Leute, die ihr so viel habt und nie genug kriegen könnt, »weint über eure Armut«. Denn über euch wird ein großes Elend kommen. Er erinnert die Reichen daran, wie der Rost ihre Schätze zerstört, und wie die Motten ihre Kleider fressen. Er hat dem Herrn Christus sehr genau zugehört. Dieser Bußruf an uns, die wir etwas haben, geht nicht dagegen, daß wir etwas haben. Der Apostel ist kein Sozialist, sondern er geht dagegen, daß wir das, was wir haben, mißbrauchen. Der Betrug des Reichtums ist, daß wir meinen, das sei das Wesentliche, der größte Wert des Lebens, das Wichtigste, was es gebe, der Selbstzweck, um den das Leben gelebt werden muß, und bedenken nicht, daß unser Geld und Gut und unsere Habe ein armes Mittel sind, ein Lehen, über das wir nicht ohne die Liebe verfügen dürfen. »Siehe, der Richter steht vor der Türe.« Denn der, auf den wir zugehen, zu dem wir unterwegs sind, der wird uns alle zur Verantwortung ziehen.
Das tiefste Wort aber ist: Wisset ihr eigentlich nicht, in welcher Zeit ihr lebt? (5, 3) »in den letzten Tagen«. Und da habt ihr nichts Gescheiteres zu tun, als euch Schätze zu sammeln? Wißt ihr nicht, welcher Tag nahe ist (5, 5), wie Luther übersetzt, der »Schlachttag« nach einem Wort aus Jer. 12, der Tag des Gerichts und der Heimsuchung? Habt ihr nichts Gescheiteres zu tun als zu schlemmen und zu schwelgen? Plötzlich fällt das Licht des letzten Tages, des Jüngsten Gerichtes, des wiederkommenden Herrn auf unseren Alltag und stellt uns vor die Frage, wie wir mit Geld und Gut umgegangen sind. Und wer das Licht sieht, dessen Hände gehen auf, werden barmherzig und frei. Es liegt über diesen Versen ein ganz großer Ernst, ein schwerer Ernst. Was habt ihr getan, ihr Reichen, ihr Vornehmen? Was ihr euren Arbeitern, euren Ernteleuten schuldet, habt ihr zurückgehalten, »abgebrochen«. So macht ihr es. Und während die anderen darben (V. 5), habt ihr

»wohlgelebt auf Erden und eure Lust gehabt und eure Herzen und Leiber geweidet«. Dieses Verhalten, und jeder Mensch, der reich wird, steht in dieser Gefahr drin, ist wie ein Schrei, der hinaufgeht an die Ohren des lebendigen Gottes. Der Schrei der Arbeiter, die ihren Lohn nicht erhalten, ist gedrungen an die Ohren des Herrn Zebaoth und verklagt uns. Es ist, als ob das ganze soziale Leben, das Zusammenleben der Reichen und Armen, der Habenden und Habenichtse, plötzlich in das Licht des Herrn Christus tritt. Bedenkt, welche Zeit ist! Bedenkt, welcher Tag nahe ist und kehrt um! Man kann ja nicht bestreiten, daß auch Christen, die reich sind, in dieser großen, furchtbaren Versuchung stehen, dem nicht genug zu geben, der für sie arbeitet.
Kein Apostel im Neuen Testament hat mit solchem Ernst davon geredet, was die Wiederkunft Christi für unseren Geldbeutel bedeutet, was sie für unseren Lohntag bedeutet und was sie bedeutet für unsere Lebenshaltung.
Das ist das Geheimnis, der Alltag im Licht des wiederkommenden Herrn. »Siehe, der Richter steht vor der Türe.« Hand auf! Barmherzigkeit, Gerechtigkeit und Demut zeigen, die weiß, daß wir bei jedem, aber auch bei jedem Schritt zu sagen haben: »So der Herr will und wir leben.«

Jakobus 5, 7-11

Es ist ein durchdringendes Licht und ein großer Frieden, der von diesen Versen ausgeht. Aller Sucht gegenüber, allem Sichdurchsetzen und Selbstbehaupten, allem Scharren und Zusammenscharren der Dinge der Welt gegenüber sagt Jakobus: »So seid nun geduldig, liebe Brüder, auf die Zukunft des Herrn.« Sind wir wirklich Christen? Das erkennt man, sagt der Apostel hier, an der Geduld. Wir hören dieses Wort heute nicht gern. Es klingt so altväterisch und langweilig und grau. Meine Brüder und Schwestern, dieses Wort »Geduld«, das muß in eurem Leben zum Leuchten kommen. Dann seid ihr Christen, dann. Denn was heißt »Geduld« anders als gegenüber den Anfechtungen und den mächtigen Strömungen weg von Gott aushalten in der Nachfolge auf dem Wege zu Christus, Kurs halten auf dem Weg dem Herrn entgegen gegenüber all dem »Ehebrechen«, dem Zerbrechen der Gemeinschaft mit Gott. Was ist »Geduld« anders als ein langer Atem des Glaubens, der nicht gleich zappelt und unruhig wird und Gott Vorwürfe macht und die anderen beschuldigt, sondern trägt und leidet, die Bitterkeit gegen die Menschen und die Anklage gegen Gott überwindet. Das muß gelernt werden. Drunten bleiben unter der Last des Lebens, nicht hinauslaufen aus der Schule Gottes. Diese Geduld ist nach dem Urtext ein zielstrebiges Wort, das Kurshalten auf die Zukunft des Herrn.

Hier führt uns Jakobus in das letzte Geheimnis des wirklichen Christseins. Hier steht er in einer Linie mit allen Zeugen. Christen sind Wartende, Christen sind Menschen unterwegs. Christen wissen, daß die Zukunft des Herrn ist und daß Er kommt. Darum sollen wir nicht nur Geduld lernen, darum können wir es. »Denn die Zukunft des Herrn ist nahe« (5,8). Es kommt die Stunde, an der wir den Christus hereinholen werden auf diese Welt und er dann seine Herrschaft aufrichtet, damit es auf dieser Erde neu werde. Dann wird alles gut. Dann hat aller Druck, Leid und Schuld, Tod und Not ein Ende. Dann ist die Frucht da am Erntetag Gottes.

Damit wir dieses geduldige Warten recht verstehen, gibt er das wunderbare Beispiel vom Ackermann. Was tut der Ackermann? Sein Leben lang nichts wie warten, auf die Sonne und auf den Regen, auf den frühen und auf den späten Regen. Ein nervöser Bauer – unmöglich. Ein Christ, der nicht wartet – unmöglich. Der Herr kommt, und dann ist die Ernte da. Bis dahin stärket eure Herzen in der Geduld und in der Überwindung und in dem langen Atem des Glaubens!

»Seufzet nicht widereinander auf dem Wege.« »Uns auf dem Weg nicht streiten . . .« Es gibt auch ein Seufzen: Ach Gott, befreie mich von meinem Nächsten, von meinem Nachbarn, von meinem Vorgesetzten! «Seufzet nicht!« Wir sollen nicht gegeneinander beten und seufzen, sondern füreinander bitten. »Denn der Richter ist vor der Türe.« Und so du den Richter anrufst gegen den ande-

ren, glaube mir, du rufst ihn an gegen dich selbst. Geduld ist zu lernen auf dem Wege zum Herrn.
Jakobus beweist dies nun auch aus der Schrift (V. 9-11). Ihr habt die Propheten gesehen. Was haben die Propheten getan? Sie haben gewartet und gelitten und sind geduldig gewesen. Jesaja, Jeremia, Ezechiel und Daniel in der Löwengrube und im Feuerofen. Geduld haben sie gelernt. Und ihr habt den Hiob gesehen. Was hat er getan? Er hat Geduld gelernt unter seinen tausendfältigen Leiden. »Und das Ende des Herrn habt ihr gesehen.« Was war es? Die große Barmherzigkeit. Ach, daß unser Herz dies eine lerne, dies eine wirklich, die Geduld auf den Tag des Herrn!
Hier verkündigt uns der Jakobusbrief die Mitte der Heiligen Schrift und die Haltung des Menschen, der seinem Herrn entgegengeht. Der Alltag im Blick auf das Ende. Einmal geht die Tür auf, und darum werden wir auch durch die verschlossenen Türen dieses Lebens gehen, dennoch gehen. Dann wird das Herz frei und offen und willig, denn das Ende der Wege Gottes ist Barmherzigkeit. »Der Herr ist barmherzig und ein Erbarmer.«
Ich kann euch nur sagen, lest, so oft ihr es könnt, diese Verse. Das ist Heilmittel und Arznei in den schweren Anfechtungen des Lebens.

Jakobus 5, 12-20

Und darum »vor allen Dingen« nicht schwören. Das ist noch mehr wie seufzen, wenn wir uns (und das heißt eigentlich genau) verschwören, uns auflehnen gegen Gott. Wir sind nicht Gottes Meister. Es ist nicht so, als ob Gott uns zur Verfügung stehen müßte und uns dienen. Wer bist du vor ihm? Wir dürfen Gott nicht vermessen für uns in Anspruch nehmen. Das Entscheidende ist die große Demut. Und darum, und jetzt geht es immer tiefer hinein in den Alltag: »Wer leidet, der bete!« Das ist eine andere Anrufung Gottes als Protest und Sichverschwören. »Der bete!« Der Zugang zum Vater ist offen auch in der tiefsten Tiefe, auch im letzten Dunkel. Fürchte dich nicht! »Leidet jemand unter uns, der bete!

Und ist einer guten Mutes, der singe Psalmen!« Es gibt auch einen Lobgesang in der Nacht und mitten in der Tiefe. Es gibt ein Lob unter Tränen, das Gottes Ohr erreicht. Wer leidet, wer in der Tiefe ist, der schaue auf den, dem er entgegengeht und rufe zu ihm!

Noch einen Schritt tiefer: »So unter euch jemand krank ist, der rufe die Ältesten der Gemeinde, daß sie über ihm beten und ihn salben im Namen des Herrn! Und das Gebet des Glaubens wird dem Kranken helfen, und der Herr wird ihn aufrichten. Und so er Sünde getan hat, werden sie ihm vergeben sein.« Hier ist uns in aller Form das Glaubensgebet über unseren Krankenbetten und Krankenlagern gezeigt. Nicht sich auflehnen, nicht protestieren, sondern sich hineingeben und die Brüder rufen und die Schwestern, um Fürbitte zu tun über dem Kranken. »Und wo eines krank ist, soll man ihn salben mit Öl« als ein Zeichen der heilenden Macht des lebendigen Gottes, so wie es in Psalm 23 heißt: »Du salbest mein Haupt mit Öl.« Die katholische Kirche hat es nicht verstanden. Sie bringt das Ölfläschchen, wenn es zu Ende geht. Das Öl ist ein Lebenszeichen, und das Gebet will, daß der Kranke lebe und gesund werde in Gott. Dabei ist natürlich sehr darauf zu achten, daß es keine Glaubensmedizin gibt und kein Gebet, das als Glaubensgebet unfehlbar wirkt. »Der Herr wird ihn aufrichten.« Der Herr! So der Herr will, werden wir leben.

Und wenn der Kranke Sünden getan hat, sollen wir nicht ablassen im Gebet und in der Fürbitte. Sie werden ihm vergeben werden. Das ist ein sehr schönes Wort. Auch das Gerichtliche am Leiden und am Kranksein darf den Bruder und die Schwester nicht hindern, über diesem Lager und über diesem Leidenden zu bitten, daß der Herr ihn im Innersten heile. Und darum: »Bekenne einer dem andern seine Sünden und betet füreinander, daß ihr gesund werdet!« Das Leiden ist ja immer wieder ein Ruf des Herrn, Schluß zu machen, ein Neues zu beginnen, das Leben im Grunde in Ordnung zu bringen. Und darum ist ein demütiges Bekenntnis nicht als ein Gesetz, aber als eine Hilfe heilsam. Beichte und Fürbitte gehören zusammen. »Und das Gebet des Gerechten vermag viel, wenn es ernstlich ist.« Des Gerechten, der davon weiß, daß wir auf dem Wege sind dem wiederkommenden Herrn entgegen, und daß heute schon dieses Licht seines Sieges und seiner Gnade auch in mein Alltagsleben fällt. Jakobus unterstreicht das noch einmal mit einem biblischen Beispiel: Elias. Nicht daß ihr meinet, das sei einer zehnmal größer als wir, er war »ein Mensch gleich wie wir«. »Und er betete ein Gebet.« Das große Vorbild des Beters im Alten Testament. Nun wollen wir nicht vergessen, was Elia gebetet hat. Er hat ja gegen sein Volk gebetet und um die Heimsuchung und um das Gericht, weil das Haus Gottes verwüstet, zerstört war. Und Gott hat dieses Gebet erhört. Wir haben aus diesem Vers (5, 17) gelernt, im letzten Krieg auch darum zu bitten, daß wir nicht siegen. Eine schwere, unerhörte Not der betenden Gemeinde. Auch sie muß getragen sein. In der Hitze und Glut der Heimsuchung wird das Gebet geboren, daß Gott allein siege, auch wider uns.

Und dann hat Elia wiederum gebetet, und Gott hat auch dieses andere Gebet erhört, daß der Regen wiederkomme, und wie die 7000 ihre Knie nicht gebeugt, sondern mitgerufen haben. Vergiß das nicht, es rufen immer 7000 mit dir in der Verborgenheit, und Gott hört uns. Wir müssen heute bitten um unsere Kirche und das Erwachen unserer Kirche, daß sie wirklich christliche Kirche werde. Die beiden letzten Verse gehören zum Tiefsten, was es im Neuen Testament gibt. Das ist nun die letzte Not, die tiefste im Alltag. »So einer unter euch von der Wahrheit abirrt.« Das ist die schwerste Not eines Vaters, wenn sein Sohn und seine Tochter andere Wege gehen. Das ist die tiefste Belastung einer Ehe, wenn der Mann aus der Kirche geht, austritt, und die Frau auf ihrem Weg allein läßt. Das ist die tiefste Not, tiefer und schmerzensreicher als alles Leiden und alle Krankheit. Was soll man tun? Hier heißt es: »So jemand unter euch würde von der Wahrheit abirren und es würde einem geschenkt, ihn heimzurufen, der soll wissen, wer den Sünder bekehrt hat von dem Irrtum seines Weges, der hat seiner eigenen Seele vom Tode geholfen und wird bedecken die Menge seiner eigenen Schuld.«

Wer dem anderen zum Trost und zum Licht wird, daß er heimkehrt, der hat auch seine eigene Seele gerettet und seine Schuld ist ihm vergeben. Wer dem anderen zur Gnade werden darf, wird auch seiner eigenen Seele helfen. Nun steht die Türe zur Ewigkeit weit offen. Willst du heimkehren und zu Gott finden, dann denke an die Verlorenen und Verirrten. Geh ihnen nach und bringe sie heim! Dann wirst du selber das Leben finden. Nun ist der Weg zur Glaubensgewißheit ganz klar. Du sollst nicht in dich hineinsehen und dich in tiefsinnige Bücher versenken oder zu vielen Menschen laufen. Gehe zu den Verirrten, gehe zu ihnen, die du ganz genau kennst, die von der Wahrheit abgeirrt sind und den Weg verloren haben. Du wirst ein Tröstender sein und dadurch selbst getröstet werden und deines Glaubens gewiß. Denn die Gnade, die Gott dir gab, hat er dir für den Nächsten gegeben. Vergiß das nicht. Die Gnade, die dir gilt, sie wird erst lebendig, wenn du sie dem Verirrten zusprichst. Was du weitergibst, das empfängst du selbst.
Ein wunderbarer Ratschlag ist das am Ende dieses Briefes. Denn sieh, die Not des anderen, der verirrt ist, ist deine eigene Not. Und wenn ihr beide miteinander vor Christus steht, dann wirst du erkennen, daß er seine und deine Not getragen hat, wenn du die andere Not zu deinem Herrn bringst. Es liegt hier das tiefe Geheimnis vor, daß der Weg zur Gewißheit des Glaubens und zur persönlichen Kindschaft über den Weg des Dienstes am Nächsten geht. Tieferes hat uns der Apostel zum Schluß nicht zu sagen. Im Licht des wiederkommenden Herrn darfst du dein ganzes Leben leben, vorab deinen Alltag!
Sind wir wirklich Christen? Ja, sagt Jakobus, wenn der Herr Christus der Herr eures Alltags wird, dann werden wir Christen werden.

Wann wird das geschehen?

Matthäus 24 und 25

Einleitung

»Dein Kommen ist unsere einzige Hoffnung.« Dieses alte Väterwort muß das Grundbekenntnis einer Auslegung sein, die sich an die prophetische Zukunftsrede des Herrn Christus heranwagt, wie sie uns Matthäus im 24. und 25. Kapitel seines Evangeliums überliefert hat. Denn wir vergessen zu leicht, daß Jesus Christus nicht nur »gestern« gewesen ist, das Kind in der Krippe, der Mann am Kreuz und der Sieger über den Tod, daß Jesus Christus nicht nur »heute« ist, der Erhöhte droben und darum im Geiste gegenwärtig in seiner Gemeinde und jedem von uns inwendig ganz nahe, sondern daß »Jesus Christus derselbe ist in Ewigkeit«, daß er kommt, daß seine Geschichte nicht abgeschlossen ist und daß sein Wiederkommen das Ende des alten Äons, der Geschichte und der Weltzeit bedeutet. Dadurch wird Raum geschaffen für die Aufrichtung seiner Herrschaft über einer neuen und verwandelten Welt. Wir vergessen immer wieder »die auffallende Erscheinung, daß der Erfüller aller Weissagung sein Leben wieder mit einer Weissagung abschließt« (Cremer). In Christus ist das ganze prophetische Zeugnis des Alten Bundes erfüllt. Aber Christus selbst beschließt sein Wort auf Erden mit der Weissagung seines zweiten Kommens und stellt damit seine Gemeinde in einen neuen, letzten Advent. Von dem Geheimnis seiner Wiederkunft und vom Wachen und Warten seiner Gemeinde sind die beiden Kapitel des Matthäusevangeliums erfüllt, mit denen das ganze Zeugnis Jesu vor seiner Passion, seinem Sterben und seiner Auferstehung abschließt.

Wir schauen mit den Jüngern hinaus auf seine Zukunft und das Ende der Welt (24, 3). Und wir fragen mit ihnen: »Sage uns: Wann wird das geschehen?« (24, 3).

Darauf wird uns der Herr antworten, und zwar in einem prophetischen Wort, das uns in beides einführt, in die Frage nach seiner Wiederkunft, dem Abschluß dieses Äons und den Vorzeichen dieser Stunde, ebenso wie in eine Unterweisung über das Wachen und Warten seiner Gemeinde. Die beiden Kapitel sind prophetische Weissagung ebenso wie prophetische Mahnung. Und beides ineinandergefügt, daß uns verwehrt ist zu rechnen und in die Geheimnisse des Heilsplans Gottes tiefer einzudringen als der wandernden Gemeinde nötig ist, die für ihren schweren Weg durch die Geschichte der Erleuchtung für ihre nächsten Schritte bedarf. Nur eine Gemeinde, die das Wachen lernt, die Wachsamkeit im Blick auf die Zeichen der Zeit und das Warten auf den Herrn von einem Tage zum andern, wird die Geheimnisse seiner Zukunft recht verstehen, sich demütig beugen unter alle Geheimnisse, die er uns nicht erschließt, und doch mit Freudigkeit ihr Angesicht aufheben dem Tage seiner Wiederkunft entgegen, mit dem sie so sicher rechnet, wie sie dessen gewiß ist, daß ihr Herr gekommen ist, um seinen heilsgeschichtlichen Plan zu beginnen, durchzuführen und zu vollenden. »Deine Zukunft ist unsere einzige Hoffnung.«

Das heilsgeschichtliche Verständnis der Botschaft Jesu

Das ganze Neue Testament ist erfüllt von einem einzigartigen Bewußtsein, Zeuge der Heilsgeschichte Gottes zu sein. Jedes Wort und jede Schrift des Neuen Testaments ist bestimmt durch das jubelnde »die Zeit ist erfüllt, das Reich Gottes ist nahe herbeigekommen« (Matth. 1, 15). Die Apostel wissen, daß Gottes Zeit, die Heilszeit, in diese Weltzeit eingebrochen ist, daß die Heilsgeschichte Gottes, die von der Schöpfung bis zur Vollendung geht, an ihrer entscheidenden Wende angekommen ist. In Christus ist selbst das Reich Gottes unter uns angebrochen. Mitten in dieser Zeit, unlösbar mit ihr verbunden, oft schwer von ihr zu unterscheiden, aber doch so, daß in der alten, vergehenden Weltzeit eine neue Zeit, eine neue Geschichte, die Heilsgeschichte begonnen hat, die unaufhaltsam der Vollendung entgegendrängt.
Durch dieses Wissen entsteht im Neuen Testament der Jubel der

Gemeinde, aber auch der unerhörte Ernst der Entscheidung und der Hingabe. Die Zeugen des Neuen Testaments schauen zurück auf eine Vorgeschichte des Heils, die von Abraham bis Christus geht, ja von Adam bis Christus. So nennt Paulus den Herrn geradezu den »zweiten Adam« und bezeichnet ihn damit als den Anfänger einer neuen Menschheit, den Beginn einer neuen Gotteszeit. Und die Zeugen schauen hinaus auf das Ende aller Geschichte, auf das Kommen des Herrn, sein Gericht und die Vollendung des Äons.

Darum sind die Menschen, die diese Geschichtswende erfahren, gerufen: »Tut Buße und glaubet an das Evangelium«, an die neue Frohbotschaft vom kommenden Herrn. Die Gemeinde des Neuen Testaments ist die Gemeinde der Heimkehrer, der Glaubenden und der Wartenden. Alle Glieder wissen sich in die neue Geschichte Gottes hinein berufen, an ihr teilzuhaben und in ihr als Menschen zu stehen, durch die der Herr selbst diese Heilszeit ihrem Ende entgegenführt. Ihre einzige Aufgabe ist, Zeugnis abzulegen vor der Welt in Wort und Tat, in Liebe und Leiden, daß Jesus Christus, der gekreuzigte und auferstandene Erlöser der Welt, wiederkommt zum Gericht und zur Vollendung der Welt. Diese Gemeinde weiß sich als das neue Geschlecht, in dieser Welt, aber nicht mehr von dieser Welt, das dritte Geschlecht, das nicht mehr im Raum Israels oder der Heiden lebt, sondern das Geschlecht der Zukunft des Reiches Gottes ist und nach seinen Gesetzen schon heute glaubt, liebt, leidet und wartet.

Diese heilsgeschichtliche Erkenntnis der Urgemeinde ist eine prophetische Schau der ganzen Weltgeschichte vom Ende, vom Siege Gottes her. Nur daher vermag sie zu leben, die Einheit der in tausend Einzelheiten zerrissenen Weltgeschichte zu verstehen, den Sinn zu erfassen, wie Gott die Geschichte der Welt ihrem Ende entgegenführt und das Ziel zu erkennen, wohin das alles geht, das kommende Reich Gottes. Nur in der Heilsgeschichte erfüllt sich die Weltgeschichte. Das Neue Testament lehrt uns die doppelte Schau, die Erkenntnis, daß unser Heil erschienen und vollbracht ist für alle Ewigkeit – und daß das Heil der ganzen Welt und die

Heilung des ganzen Kosmos kommen wird, wenn Christus wiederkommt.

Die Heilsgeschichte wird nach dem Neuen Testament nur von ihrer Mitte her, vom ersten Kommen Jesu Christi aus recht verständlich. Von hier aus sieht die Gemeinde zurück auf den Weg der Väter von Abraham über Mose und die Propheten. Von hier aus sieht die Gemeinde vorwärts den Weg der Gemeinde durch die Völker und Zeiten bis zum zweiten Kommen des Herrn. Durch das erste Kommen entsteht also nicht nur ein Endpunkt der Erfüllung der Verheißung, sondern auch der Anfangspunkt jener seltsamen Zwischenzeit, jenes Interims zwischen seinem ersten und zweiten Kommen, zwischen Kreuz und Reich, zwischen Erlösung und Vollendung, in der wir mitten inne stehen. Diese Zwischenzeit ist die Zeit der Gemeinde, die aus allen Völkern entsteht, die Zeit der Völkermission, da das Wort zu einem Zeugnis über alle Völker vor dem Ende verkündigt werden muß (Matth. 24, 14). Es ist die Zeit der Passion der Kirche auf den Wegen dessen, der für die Gemeinde litt, die Zeit, in der die Gemeinde in die Völker eingeht und aus ihnen ausgestoßen wird Schritt für Schritt bis zu der letzten großen Trübsal. Es ist die Zeit der Verstockung Israels, da die Decke noch nicht von seinen Augen genommen ist, und doch das Zeugnis von Christus in seiner Mitte nicht verstummt. Es ist die Zeit der großen und geheimnisvollen Pause Gottes, in der er keine neue Offenbarung sendet, aber das Wort seines Sohnes entfaltet und erfüllt, Wort für Wort, Schritt um Schritt. Von dieser Zwischenzeit, die auf das Ziel und Ende der Welt hineilt, von dieser Heilsgeschichte, an der sich die Weltgeschichte enthüllt und entscheidet, redet die prophetische Weissagung des Herrn, die uns Matth. 24 und 25 gegeben ist.

Diese beiden Kapitel sind auch das Grundthema der Offenbarung des Johannes, dem der Herr im Geist eben diese beiden Kapitel in ihrer Entfaltung und Vollendung zu schauen geschenkt hat. Und wie die Offenbarung des Johannes ist auch das Wort des Herrn beides in einem, Weissagung und Mahnung, ein Wort, das uns die Zwischenzeit zwischen seinem ersten und zweiten Kommen recht verstehen heißt, und das uns gleichzeitig die geistliche Haltung der Gemeinde dieser Zwischenzeit bezeugt, das Warten und das Wachen, die Geduld und den Dienst am Reich.

Bild und Sprache der prophetischen Rede Jesu

Die Bilder und die Sprache dieser beiden Kapitel sind vom Herrn nicht frei erfunden. Sie stammen aus den Volksbüchern, die um die Zeitwende in Israel zahlreich entstanden, und die man »Apokalypsen« (Enthüllungen) nennt. Die Zeit Jesu ist in Israel erfüllt von dem tiefen Wissen um eine entscheidende Wende. Diese Bücher (Psalmen Salomos, äthiopischer Henoch, 4. Esra, der syrische Baruch, das Testament der 12 Patriarchen u. a.) sind aus jüdischen und christlichen Gedanken genährte, großartige Versuche, einen Leitfaden der Menschheits- und Weltgeschichte von der Heilsgeschichte aus zu geben. »Diese apokalyptische Gedankenwelt ist die geistige Welt, in der die Männer des Neuen Testaments zu Hause waren« (Stauffer). Aber sie beruht in ihren Wurzeln auf der biblischen, prophetischen Erkenntnis des Alten Testaments, der Bibel der Urgemeinde. Vor allem hat dabei Daniel, der Prophet des Exils, entscheidende Bedeutung gewonnen. Zum erstenmal ist in seinen Geschichten die ganze Weltgeschichte als eine Einheit verstanden, der Gegensatz zwischen Gottesreich und Weltreich, zwischen Messias und Antichrist herausgearbeitet, der biblische Zeitbegriff dargelegt, nach dem die Welt ihre bemessenen Zeiten und ihre entscheidenden Stunden hat, die Gottes Eingriff bestimmt, die Wartezeiten, auf denen das Ruhen und Schweigen Gottes ausgebreitet liegt.
In diesen Gedanken lebten der Herr und seine Apostel. Und doch hat er aus diesen apokalyptischen Gedanken seiner Zeit etwas völlig Neues geschaffen. Denn nun ist der Messias gekommen. Nun redet der Herr von sich und seinem zweiten Kommen. Nun ist das kommende Reich bereits in die Geschichte eingegangen. Darum steht vor den Augen des Herrn das Geheimnis der Gemeinde, die jetzt erst erschienen ist, und die Gewißheit seines Kommens. So

werden diese alten Bilder und die aus seiner Zeit und der alten biblischen Prophetie stammenden Gedanken zu etwas vollkommen Neuem. Sie reden wirklich von den »Zeichen seiner Wiederkunft« und von dem Wachen und Warten seiner Gemeinde.
Noch eines ist wichtig zu bemerken. Matth. 24 spricht wie das Ende von Kap. 23 von dem Gericht über Israel. Es vollzieht sich durch die Verwerfung des Herrn und im Untergang »eures Hauses« (23, 38) und »der heiligen Stätte« (24, 15). Der Herr spricht zu Israel und spricht über ihm das Gericht, das sich ja ein Menschenalter später in der entsetzlichen Weise durch den Untergang Jerusalems und die Zerstreuung des Gottesvolkes vollzogen hat. Aber an dem Geschick Israels wird das Geschick der ganzen Weltzeit offenbar, der Weg und das Leiden der Gemeinde und das Kommen der Gottesherrschaft auf Erden. Wir dürfen uns also nicht daran stoßen, daß in gewissen Versen der Blick Jesu scheinbar nur auf Jerusalem und Israel ruht. Er ruht darüber hinaus auf dem Weg seiner Gemeinde und auf dem Wege Gottes mit der ganzen Welt. Israel wird nur das Zeichen, an dem die Heilsgeschichte Gottes sich enthüllt und verständlich wird.

Die prophetische Weissagung

Matthäus 24, 1-42 und Matthäus 25, 31-46

Die große Frage

Matthäus 24, 1-4

Der Zusammenhang mit Matth. 23 ist bedeutsam. »Und Jesus ging hinweg von dem Tempel.« In diesen Worten sehen wir vor Augen, wie Jesus aus dem Raum seines Volkes hinaustritt, um »außerhalb des Lagers, draußen vor dem Tor« (Hebr. 13, 12-13) für die Welt und für Israel zu leiden. In schweren Worten hat er über sein Volk das siebenfache Wehe ausgesprochen, das Wort der Heimsuchung über Jerusalem gesagt, denn »ihr habt nicht gewollt« (23, 37). Darum kommt das Gericht über Israel. »Siehe, euer Haus soll euch wüste gelassen werden.« Ein Wort, das die Zerstörung des Tempels voraussagt. Eine Weltzeit lang wird die Verwerfung Israels währen. »Ihr werdet mich von jetzt an nicht sehen, bis ihr sprecht: Gelobt sei, der da kommt im Namen des Herrn« (23, 39). Hier wird prophetisch geweissagt, was Paulus in anbetender Erkenntnis im 11. Kapitel des Römerbriefes dem Herrn nachspricht. Jetzt und in der Zwischenzeit zwischen dem ersten und zweiten Kommen des Herrn wird Israel wüste gelassen. Aber dieses Gericht dauert nicht ewig. Israel wird gerettet werden, wenn der zweite Advent des Christus anbricht. Jetzt verläßt der Herr sein Volk, aber er wird wiederkommen. Und dann wird im anbetenden Jubel der Schöpfung auch Israel nicht fehlen und mit allen Erwählten aus den Völkern bekennen: »Gelobt sei, der da kommt im Namen des Herrn!«

Aber nun steht der Herr mit dem Rücken gegen sein Volk und schaut hinaus auf seine Gemeinde und ihren Weg durch die Zeiten und Völker, auf jene seltsame Zwischenzeit, durch die wir gehen, dem Tag seiner Wiederkunft entgegen.

Da erhebt sich die entscheidende Frage der Jünger, auf die die beiden Kapitel eine große Antwort des Herrn sind. Die Jünger zeigen auf die mächtigen Steine der Mauern des Tempels. Aber der Herr antwortet: »Es wird hier nicht ein Stein auf dem andern bleiben, der nicht zerbrochen werde« (24, 2). Die Zeit des Tempels und der Priester, des Altars und der Opfer Israels ist vorüber. Das Gericht über Israel wird kommen.

Und in diesem Augenblick fragen die tief erschütterten Jünger: »Sage uns, wann wird das geschehen?« (24, 3). Auch die Jünger sehen vor allem auf das erwählte Gottesvolk. Wann kommt sein Gericht? und fügen hinzu: »Was wird das Zeichen deiner Wiederkunft und des Endes der Welt sein?« Sie können es nicht anders glauben, als daß mit dem Gericht über Israel Jesus, in dem sie den Sohn Gottes und den Messias Israels erkannt haben, wiederkommen wird, um das Ende der Welt und den Beginn der neuen Welt Gottes zu bringen.

Der Herr antwortet. Er antwortet in dem gewaltigen Zeugnis, das uns in diesen beiden Kapiteln überliefert ist. Er antwortet auf das »Wann dies geschehen wird« sehr genau und doch ohne der Gemeinde eine Handhabe zum Rechnen und Deuteln zu geben. Er antwortet mit dem Wort von seiner Zukunft, seinem zweiten Advent und den Zeichen, die ihm vorangehen. Und er antwortet auf die Frage nach dem Ende der Welt und dem Abschluß dieses Äons in prophetischer Weissagung. Das griechische Wort, das für »Ende« der Welt steht, bedeutet beides: das entscheidende, unwiederbringliche Ende und das vollkommene Ziel und die Erfüllung all dessen, was diese Geschichte an Weizen und Spreu enthielt. Die ganze Weltzeit und Weltentwicklung wird ihr Ende haben, und der neue Äon, die neue Weltzeit, die er heraufführt, wird sie ablösen. Nicht nur Israel geht seinem Gericht und Ende entgegen, sondern die ganze Weltzeit. Die Gemeinde ist die Schar derer, die unterwegs sind dem großen Ende entgegen. Sie wird auf ihrem Wege zwischen den Zeiten Gottes, zwischen seinem ersten und zweiten Kommen auf die Zeichen zu achten haben, die seinem Tage vorangehen. Er wird wiederkommen zum Gericht über alle Völker und der großen Abrechnung mit allen Einzelnen. Aber er wird den neuen Äon, die neue Weltzeit bringen und in ihr die Vollendung.

So zerfällt die große Rede in zwei klare Abschnitte. Matth. 24, 4-42 zusammen mit 25, 31-46: Der Weg der Gemeinde durch die große Trübsal in Passion und Mission, seine Wiederkunft, das Ende der Welt, das Gericht über die Völker und die Sammlung seiner Gemeinde. Dieser Teil entspricht der Offenbarung des Johannes vom 5.-21. Kapitel. Und eingebettet in diese prophetische Weissagung ist die prophetische Mahnrede des Herrn, 24, 43-25, 30, die drei großen Gleichnisse von der Wachsamkeit, den zehn Jungfrauen und den anvertrauten Zentnern. Es ist eine Unterweisung des Herrn über die geistliche Haltung der wandernden Gemeinde: über die Wachsamkeit, die Klugheit, die Treue, die der Gemeinde aufgetragen ist auf ihrem Wege zum Ziel. Es gibt kein Wandern, sagt der Herr, ohne Wachsamkeit gegenüber den Zeichen der Zeit. Und es gibt kein Ausschauen auf das Ende ohne die Treue und Klugheit der Gemeinde auf dem Wege. Von den zukünftigen Dingen reden, heißt, von der Haltung der Gemeinde auf dem Wege reden. Unlöslich gehören für den Herrn der Blick der Hoffnung und die Reinigung, Wachsamkeit und Treue in jedem Augenblick zusammen. Dieser Teil entspricht der Offenbarung des Johannes in Kapitel 1-3.

Die Gemeinde im Kampf
Matthäus 24, 4-8 (vgl. Offenbarung 6-9)

Der Herr stellt seine Jünger, die er in die Völker sendet, und seine Gemeinde, die er aus den Völkern erbaut, vom ersten bis zum letzten Augenblick in den Kampf. Eine andere Kirche als die »ecclesia militans« gibt es nicht. Wenn die Kirche aufhört zu kämpfen gegen die Welt und gegen die Verführung in ihrer eigenen Mitte, ist sie tot. Was sind die Gefahren, mit denen die Gemeinde zu tun hat?
»Sehet zu«, sagt der Herr, »daß euch nicht jemand verführe.« Seht euch vor! Bewahrt den klaren Blick! Denn es wird schwer sein, in der Welt zwischen Christus und dem Antichrist zu unterscheiden. Das ist das große Losungswort für die Kirche aller Zeiten. »Verführen« bedeutet im Neuen Testament geradezu das Werk des Antichrist (siehe 2. Thess. 2, 11; 1. Tim. 4, 1; 2. Petr. 3, 17; Offb. 13, 14 und 19, 20). Dies wird das Werk des Antichrist sein, unseren Blick vom wiederkommenden Herrn abzulenken und an die Stelle Jesu Christi einen anderen und das heißt den Widerchrist zu setzen. Bengel bemerkt dazu: »Bei der Frage nach der Zukunft und den letzten Dingen soll es uns nicht um Fürwitz, sondern vor allem um unsere Bewahrung zu tun sein. Alles muß auf Befestigung unserer Erkenntnis und unseres Bekenntnisses zu Christus hinzielen. Darauf zweckt die Weissagung ab. Was wir uns sonst zum bloßen Wissen aneignen, geht verloren.«
Mit diesem ersten Wort des Herrn fällt das entscheidende Wort von seinem Gegenüber, dem Antichrist. Wir können die Geschichte der Kirche, unsere Gegenwart und die Zukunft, in die wir

hineingehen, nicht verstehen ohne den Gegensatz von Christus und Antichrist. Durch das Kommen des Herrn wächst die christusfeindliche Bewegung erst an. Je klarer die Gemeinde von Christus weiß und zeugt, um so gewisser wird sie mit dem Gegensatz, Widerspruch und Haß des Antichrist zu rechnen haben. »Denn es werden viele kommen unter meinem Namen und sagen: Ich bin Christus, und werden viele verführen« (siehe Joh. 5, 43). Diese großen Gegenmessiasse werden verführende Gewalt haben. Und darum ist das erste, daß der Herr die Seinen für den Kampf rüstet, bei ihm und im Glaubens- und Leidensbekenntnis zu seiner Person zu bleiben im Gegensatz gegen den Antichrist.
Wir können nicht wagen, an dieser Stelle die Geschichte des Antichristentums in der Gemeinde Jesu auf ihrem langen Wege durch die Völker zu zeichnen. Wir verweisen auf das schöne Buch von Erich Müller, »Vorläufer des Antichrist«, das in diesen Jahren erschienen ist. Aber wir können die Gemeinde nicht ernst genug ermahnen, sich nicht verführen zu lassen durch die großen Mächte der Welt, die heute an Christi Stelle treten wollen. Was wird nicht alles messianisch verstanden auf dem Gebiet der Religion, der Politik, der Wirtschaft, der Weltanschauung. Es wimmelt nur so (»viele«!) von »Heilanden«, die an sich reißen, was Christus allein gehört, die Anbetung und die Verehrung großer Menschen, mächtiger, politischer und wirtschaftlicher Ideale, die heute alle von dem leidenschaftlichen Geist messianischer Hoffnung erfüllt sind. »Sehet zu, daß euch nicht jemand verführe.«
Was die Gemeinde im Blick auf die antichristlichen Gestalten zu verführen droht, das kann sie im Blick auf die großen Weltnöte verwirren: Krieg und Kriegsgeschrei, Empörung der Völker widereinander, Seuchen, Hunger und Erdbeben (24, 6-7). Je näher der Tag der Wiederkunft kommt, um so größer wird die Not in der Welt, die aus den Fugen geht, von der der Friede genommen ist, in der der Geist der Auflehnung herrscht, in der sich auch die kosmischen Mächte regen. »Aber es ist noch nicht das Ende da« (24, 6). Das Vorspiel ist noch nicht das Endgeschehen. »Das muß zum ersten alles geschehen.« Und darum werden wir ermahnt:

»Sehet zu und erschrecket nicht.« Diese Stürme dürfen die Gemeinde nicht erschrecken. »Christus kommt nicht mit dem Krieg« (Schlatter). Aber das Unrecht muß groß werden, die Leidenschaften aufs höchste kommen. Plagen, Hunger und Erdbeben werden folgen, um die Menschheit an den zu erinnern, der ihr Richter ist. Die Gemeinde darf sich durch diese »Zeichen« nicht verwirren lassen, als sei das Ende schon da. »Die Frommen meinen bald, es könne nicht mehr ärger werden« (Bengel). Aber nur der Herr weiß, wie schwer die Strafgerichte und wie lange die Heimsuchungen dauern werden, die das Kommen des Messias künden. Das Wort Matth. 24, 8 »Da wird sich allererst die Not anheben« heißt wörtlich »das alles ist aber der Anfang der Wehen«. Der Herr nimmt ein Gleichnis von der gebärenden Frau, die ihr Kind nur unter starken Schmerzen zur Welt zu bringen vermag. Das ist das Gleichnis für das Reich Gottes, für die neue Menschheit, die nicht ohne furchtbare Schmerzen geboren wird. So sind alle die furchtbaren Zeichen unserer Zeit, Kriege, Hungersnot, Seuchen und Naturerschütterungen »noch nicht das Ende«. Für die Gemeinde bereiten sie das Kommen des Herrn vor wie die Schmerzen einer gebärenden Frau. Sehet zu und lasset euch nicht verwirren! Dieser erste Abschnitt ist wie für die Gemeinde in Israel, so für die Gemeinde in allen Völkern, zu allen Zeiten, auch für uns gesagt. Die heilige Warnung des Herrn vor der Verführung durch den Antichrist, die drohende Verwirrung der Gemeinde durch die furchtbaren Weltereignisse und die Warnung, nicht für das Ende zu nehmen, was es noch nicht ist, sondern nur als »den Anfang der Wehen« zu verstehen, die uns vorbereiten sollen auf sein Kommen – dies alles muß uns immer neu zugerufen werden, damit wir wachen und warten.

Der Passions- und Missionsweg der Gemeinde
Matthäus 24, 9-14

»Alsdann« – beginnt der Herr fortzufahren und wendet damit das Angesicht seiner Gemeinde zu, um sie zu rüsten für das, was an ihr geschieht – die Verfolgung. Was an der Gemeinde in Jerusalem geschah, wird von der Gemeinde in der ganzen Welt gelten. »Ihr müsset gehaßt werden um meines Namens willen von allen Völkern« (24, 9). Damit zeigt der Herr, daß die Gemeinde ihren Weg in die Völker hinein zu gehen hat, daß in allen Völkern der Welt Gemeinde entsteht, daß das Ziel der Wege Gottes auf Erden die Völkerkirche ist. »Sie ist der große Gedanke, der noch in der Erfüllung ist, das Werk Gottes in der letzten Stunde der Welt, der Lieblingsgedanke aller Heiligen im Leben und im Sterben, für den sie lebten und leben, starben und sterben werden« (Löhe) – eben die Eine Heilige Christliche Kirche, die alle Zeiten durchströmt und in allen Völkern gebaut wird, das Wunder und das hohe Zeichen des wiederkommenden Herrn. Aber eben dadurch, daß Kirche in den Völkern wird, wird die Kirche unter dem Druck und Haß der Völker werden, Märtyrerkirche, Gemeinde in der Verfolgung. Sie wird dahingegeben sein in den Haß der Völker einzig um des Namens Jesu Christi willen, des Einen, der den Namen Messias, Heiland und Herr, verdient. Er allein. Die Gemeinde wird den Haß der ganzen Welt zu tragen haben, »als ob sie schuld hätte an allem menschlichen Elend. Das ist der letzte Trost der Welt. Das Gericht fängt am Hause Gottes an« (Bengel). Darum muß aller Glaube an Christus Glaube an den wiederkommenden Herrn sein, an den, der das letzte Wort hat und das letzte Reich baut. Sonst ist es kein christlicher Glaube, sonst wird die Gemeinde auch nicht verfolgt werden. Gerade an der leidenschaftlichen Hoffnung, daß alle Throne vergehen und ein Thron allein auf Erden aufgerichtet wird, entsteht der vom tiefsten Haß erfüllte Widerspruch der Völker gegen die Gemeinde.

Indem das Friedenswort der Christusbotschaft den entsetzlichen Unfrieden der Welt und der Völker enthüllt und ans Licht bringt,

wird die Gemeinde erfahren, daß sie das große Ärgernis der Völker ist. Die Gemeinde selbst, die den Namen Jesu Christi trägt und seine Botschaft in den Völkern ausrichtet, ist der Anstoß zum Haß der Welt. Aber auch in der Gemeinde wird ein innerer Zerfall entstehen. Denn V. 10 deutet darauf hin, daß in der Gemeinde selbst die Menschen »sich untereinander verraten und sich untereinander hassen werden«. »Unter den Zwölfen war ein Judas. Immer wird unter zwölf Menschen ein Judas sein« (Dibelius). Wir werden in die Zeit hineinkommen, in der der Abfall von der Kirche noch ganz andere Ausmaße annimmt, in der nun erst recht »falsche Propheten« aufstehen, um die Menschen zu »verführen«. Sie werden sich als Propheten Jesu Christi ausgeben, aber es nicht sein. Sie werden Zeit und Stunde seiner Wiederkunft voraussagen, und es wird nicht eintreten. Dadurch wird die Gemeinde zerrissen in Sekten und Gruppen. Und der Kampf zwischen Lüge und Wahrheit wird immer schärfere Formen annehmen.
Die Zerreißung der Gemeinde aber hat zur Folge, »daß die Ungerechtigkeit überhand nimmt« (V. 12). Denn wie kann die Welt zur Gerechtigkeit finden, wenn die Ungerechtigkeit in einer zerrissenen Gemeinde sichtbar wird. Die Frucht davon ist das Erlöschen der Liebe. »Die Liebe wird in vielen erkalten.« Die Verfolgung von außen und der Abfall von innen werden die Zeichen sein, an denen die Gemeinde zum Wachen gerufen ist auf das Kommen des Herrn. Dieses Wachsein beschreibt der Herr hier mit dem wunderbaren Wort: »Wer aber beharrt bis ans Ende, der wird selig« (24, 13). Dieses Beharren bis ans Ende ist der Gemeinde aufgetragen, um den verführenden Gewalten gegenüber fest zu bleiben, sich das Kommen des Herrn unter den Schrecken der Zeit nicht wegreden zu lassen, sondern im Glauben und in der Geduld dem Herrn entgegenzugehen (Offb. 13, 10). Nur wer ausharrt, wird gerettet. Beachten wir dieses »Nur«. Und achten wir ferner auf das »bis ans Ende«. Die Gemeinde wird nicht entrückt, sondern sie wird bis ans Ende zu kämpfen und zu beharren haben, die ganzen Wehen der neuen Welt und des Reiches Gottes durchleiden müssen, den Kelch der Trübsal bis zum letzten zu trinken ha-

ben. »Wer nicht bis ans Ende beharrt, wird nicht gerettet.« Das ist der abgründig tiefe Ernst, mit dem der Herr seine Gemeinde an dieser Stelle zum Kampf in der Welt rüstet. Die Kirche wird, je näher es dem Tage des Herrn zugeht, um so stärker die antichristlichen Mächte heraustreiben und das Ausreifen der gottfeindlichen Gewalten beschleunigen. Sie wird auf den Weg der Passion treten müssen und doch darin gerade ihre unüberwindliche geistliche Macht, vielleicht die einzige Vollmacht in dieser Welt gewinnen. Denn im Reiche Gottes sind die Toten stärker als die Lebenden. Alle, die dem Haß der Welt verfallen und um Christi willen Gefängnis, Qual und Folter und Tod erdulden, sind die fruchtbarsten Zeugen Jesu. Denn an ihrem Leiden wird erst recht die Flamme des Glaubens und das Licht der Hoffnung sich entzünden. Unsere Gemeinde braucht nichts mehr als den Willen zum Leiden in Geduld und Beharren. Wir dürfen dem Druck nicht ausweichen. Wir müssen allein bei Jesus bleiben. Nur so geben wir dem Herrn die Ehre. Nur so bewährt sich die Furchtlosigkeit der Gottfürchtenden. Nur so kann die entsetzliche Leidenslast, die noch zu tragen ist für Christus, von der Gemeinde stellvertretend als Sühne getragen werden (Kol. 1, 24; 1. Kor. 4, 12).

Aber, o Wunder, die Kirche der Passion, und sie allein, ist zugleich die Kirche der Mission. Denn nun leuchtet in überirdischem Glanz mitten unter den Schrecken der Zeit das Wort: »Es wird gepredigt werden das Evangelium vom Reich in der ganzen Welt zu einem Zeugnis über alle Völker – und dann wird das Ende kommen.« In diesem Wort liegt ein unerhörter Trost für die Gemeinde. Das Evangelium wird nicht zum Schweigen gebracht werden, bis ans Ende. Es wird weitergehen, verboten und unverboten, gehindert und ungehindert bis an das Ende der Erde, in der ganzen Welt. Denn der das Reich bringt, ist der Herr der ganzen Welt. Und gerade die Sendung der Kirche zu allen Völkern ist das große und entscheidende Endzeichen für das Kommen des Reiches über alle Welt.

Es liegt in diesem Wort weiterhin die eindeutige Erkenntnis, daß die Kirche zwischen den Zeiten keine andere heilsgeschichtliche

Aufgabe hat, als das Zeugnis von Jesus Christus auszurufen unter allen Völkern, nicht im Glauben, daß sich die Welt bekehre, aber in der Gewißheit, daß die Gemeinde in aller Welt gebaut werde. Achten wir auf den Ausdruck »dies Evangelium des Reichs«. Das ist die Botschaft vom kommenden Messias, vom Heil, das das Reich Gottes für den ganzen Kosmos bringen wird. Es ist die Botschaft vom wiederkommenden Herrn in ein Wort gefaßt.

Über dem geheimnisvollen Wort der Weltmission leuchtet das Endlicht der neuen Welt. »Dann« wird das Ende kommen. Das ist ja geradezu eine Antwort auf die Frage der Gemeinde: »Wann wird das geschehen?« Nicht daß wir es errechnen können, aber daß wir dieses Zeichen der Mission unter den Völkern und der unter ihrem Zeugnis sich aus den Völkern sammelnden Gemeinde recht sehen, ist entscheidend. Es wird das Wunder geschehen, daß in jedem Volk eine kleine Schar eines weiß, daß ihr Volk nicht der letzte Wert ist und nicht angebetet werden darf, sondern daß alle Völker vergehen und das Ende den alleinigen Thron und die alleinige Herrschaft Gottes bringt.

Wenn wir heute fragen nach den Zeichen der Zeit, so ist das größte, das unsere Augen sehen, und das Entscheidende, das unsere Zeit zur Endzeit macht, der Gang der Mission bis zu den letzten Völkern der Erde, das Werden seiner Gemeinde in der ganzen Welt, und die Einheit der Glaubenden in allen Kirchen. »Und dann wird das Ende kommen.« Die Mission ist geradezu die entscheidende Aufhaltemacht vor der letzten Trübsal und vor dem Kommen des Herrn. Darum allein lebt jede Kirche im geheimen nur von dem Glauben und von der Tat der Mission.

Noch einmal: das »dann« des Herrn, das auf das »wann« der Jünger antwortet, ist uns nicht zum Rechnen, aber zum Wachen gegeben. Wenn auf der Weltmissionskonferenz in Tambaram 1938 und in Whitby 1947 die Erstlinge aus beinahe allen Völkern sich vor dem Tisch des Herrn sammelten, und wenn es nur noch ganz wenige, vielleicht nur noch drei Länder sind, in denen die Botschaft vom Reich und das Werden der Gemeinde noch nicht geschehen kann, dann hat die Gemeinde allen Grund, ihr Haupt zu

erheben und auf den Morgenstern zu schauen, der das Kommen des Tages der Herrlichkeit kündet.
Wir wollen es mit Johann Albrecht Bengel halten, der an dieser Stelle in seiner Auslegung des Gnomon den Gebetsruf einfügt: »Herr Jesu, gib, daß ich mich unverrückt an dich halte und unter allem Getümmel und Haß der Welt im Glauben, in der Liebe und in der Hoffnung beharre bis an das Ende!«

Das Bild der großen Trübsal
Matthäus 24, 15-28

Hat der Herr bisher uns über die »Zeichen« der Zwischenzeit, zwischen seinem ersten und zweiten Kommen die notwendige Rüstung gegeben, so beschreibt er nun die Endzeit, die besondere, letzte Zeit vor dem Ende selbst. Die einzelnen Verse sind nicht leicht zu verstehen, weil der Herr wieder zuerst an Israel und an den Untergang des Gottesvolks gedenkt. Und doch hat jeder Vers seine Öffnung in die Völkerwelt hinein und zeigt »die Volloffenbarung des Antichrist« (Stauffer). Die Gerichte Gottes treiben das Satanische aus der Menschheit immer stärker heraus. Es gibt nicht nur eine Heilsgeschichte, es gibt auch eine Unheilsgeschichte, eine Geschichte der Dämonen und – ihrer Enthüllung. Denn »je völliger sie herausgetrieben werden, wüten und toben, um so klarer wird ihr Ende kommen« (Wendland). Das Ende wird der Aufruhr des Antichrists gegen Gott sein, der sich »überhebt über alles, was Gott oder Gottesdienst heißt, also daß er sich setzt in den Tempel Gottes als ein Gott und gibt sich aus, er sei Gott« (2. Thess. 2, 4). Dies nennt der Herr mit dem Wort aus Dan. 9 und 12 »den Greuel der Verwüstung am heiligen Ort« (24, 15). Wie immer man dieses geheimnisvolle Wort deutet, es ist klar, daß der Herr das Mysterium des Antichrist meint. Und er beschreibt ihn an dieser Stelle eindeutig. Der Antichrist wird nicht nur Macht sein, stärkste, universale Weltmacht, dämonisch potenzierte, politische Gewalt (Offb. 13). Er wird auch Geist und List sein und sich den lügnerischen Mantel der größten religiösen Vollmacht umwerfen. Dadurch kommt jener entsetzliche Bund zustande, den uns das 17. Kapitel der Offenbarung schildert, die Vereinigung des Antichristentums mit dem Abfall und der Gottlosigkeit in der Gemeinde selbst. Das wird die größte, aber auch die letzte Not der Gemeinde sein, daß in der Kirche selbst, »an der heiligen Stätte« nicht mehr Christus, sondern der Antichrist steht, daß in der Glaubenskirche, die die Schrift mit der Jungfrau vergleicht, die Hurenkirche wird, die sich mit dem Antichrist verbindet. Nichts verrät das bebende Herz des biblischen Zeugen und des Wortes des Herrn tiefer als diese letzte, satanische Möglichkeit eines Bundes zwischen der gottlos gewordenen Kirche und dem Antichrist. Das ist »der Greuel der Verwüstung am heiligen Ort«.

Dann gibt es für die glaubende Gemeinde nur eines – die Flucht. »Alsdann fliehet auf die Berge«, sagt der Herr im Blick auf Israel (24, 16). »Geht aus von ihr, mein Volk, daß ihr nicht teilhaftig werdet ihrer Sünden«, sagt Johannes genau an dieser Stelle in Offb. 18, 4. Nun wird der Gemeinde die Trennung, der Auszug, ja die sofortige Flucht befohlen, nicht um sich zu retten, sondern um sich zu scheiden von allem Einbruch des Antichrists in der Gemeinde selbst. Die Eile der Flucht, zu der der Herr ruft, läßt erkennen, wie groß die Gefahr ist. Wer auf dem Dache ist, eile sofort auf die Gasse, um sein Leben zu retten. Wer auf dem Felde arbeitet, kehre nicht mehr zurück, um seine Kleider zu holen. Und es wird hier über die schwangeren und säugenden Frauen ein furchtbares »Wehe« ausgesprochen, weil sie durch das Kind im Mutterschoß oder an der Brust gehindert werden, eilend zu fliehen. Und im Blick auf Israel fügt der Herr hinzu, daß sie darum bitten möchten, daß diese Flucht »nicht am Sabbat oder in der Zeit des Unwetters geschehe.«

Diese Gebärde der Flucht, der Trennung und Scheidung der glaubenden Gemeinde von einer widerchristlichen Kirche ist das furchtbare Zeichen der letzten Zeit, oder, wie der Herr sagt, »der großen Trübsal, wie sie nicht gewesen ist von Anfang der Welt bisher und wie sie auch nicht werden wird« (24, 21). Eine lange Dauer dieser letzten Trübsal würde der Gemeinde unerträglich sein. Und darum fügt der Herr hinzu als Trost: »Wo diese Tage nicht würden verkürzt, so würde kein Mensch selig. Aber um der Auserwählten willen werden die Tage verkürzt« (24, 22).

In diesen Worten von der »großen Trübsal« bezeichnet der Herr das Ende der Wehen, die letzte Erschütterung der Weltgeschichte, die schwerste Passion der Kirche auf der Flucht, die Erfüllung der Volloffenbarung des Antichrist. Noch einmal: die Gemeinde wird nicht entrückt. Gerade diese Stelle zeigt, daß sie durch die letzte Trübsal hindurch muß zu ihrer Bewährung, um das letzte Leiden Christi, das noch aussteht in seiner Nachfolge, auszuleiden. Gerade diese letzten Leiden »sind der Nachvollzug seines für uns geschehenen Leidens« (Schlier). Es ist die Zeit, in der der Messias noch nicht erscheint zur Rettung seiner Gemeinde, und darum das schwerste Ärgernis in der Gemeinde zu entstehen vermag. Hier gilt erst im letzten Vollsinn: »Wer beharrt – bis ans Ende, wird selig.« Und wir verstehen das geheime Wort der Offenbarung: »Hier ist Geduld und Glaube der Heiligen« erst in seinem Vollsinn (Offb. 13, 10).

In dieser letzten Zeit vor der Wiederkunft des Herrn wird die Kraft der Verführung ihren Höhepunkt erreichen. Die Erregung, die schwärmerische Prophetie wird nun von allen Seiten reden: »Sieh, hier ist Christus oder da« (24, 23). Die Gemeinde hat es nicht zu glauben. Die Wunder und Zeichen, die der Antichrist und seine falschen Propheten tun, werden so ungeheuerlich sein, daß »wo es möglich wäre« auch die Auserwählten verführt würden. Das prophetische Wort sagt uns, daß der Antichrist die größten Wunder tun wird, Wunder der Macht und des Geistes, Wunder der Liebe und Hilfe, Wunder der Beherrschung der Welt und ihrer Kräfte, um sich zu beglaubigen und zu rechtfertigen. Darum wird der Gemeinde an dieser Stelle zur letzten Hilfe etwas ganz Entscheidendes gesagt.

»Das Zeichen der Wiederkunft« des wahren Christus ist, daß er eben nicht mit Wundern und Zeichen und äußeren Gebärden (Luk. 17, 20. 21) kommt, sondern »gleich wie der Blitz ausgeht vom Aufgang und scheint bis zum Niedergang, also wird auch sein die Zukunft des Menschensohnes« (24, 27). Es wird dann nicht mehr zu fragen sein, wo und wie, sondern wie der Blitz die Luft durchschneidet und allen sichtbar wird, so zweifellos und gewiß, aber auch so unberechenbar und plötzlich wird der Herr kommen. Er wird nicht aus einem abgelegenen »Ort in der Wüste« oder »in der Kammer« plötzlich auftauchen – der Christus kommt nicht von unten her –, sondern von oben her, in der Herrlichkeit Gottes und unter einer Unwidersprechlichkeit, die den Zweifel in allen niederschlägt. Er wird sichtbar wiederkommen. Wie? Das verschweigt der Herr hier und die ganze Heilige Schrift. Aber daß er kommt und daß ihn alle sehen werden, unzweifelhaft und allen kenntlich, das ist gewiß.

Zwei Bilder gebraucht der Herr hier, um sein Kommen uns zu deuten. Er gebraucht das Bild des Blitzes. Unberechenbar ist er. Plötzlich bricht er aus der Wolke hernieder. Und hell ist er, so daß ihn alle sehen. Dann wird die Gemeinde nicht zweifeln können, daß er es ist. Dann wird es keinen Raum, keine Trennungen und Entfernungen auf dieser Erde mehr geben. Alle werden ihn sehen. Und für alle wird er kommen als Richter und als Retter. Auch verbietet dieses Bild vom Blitz jegliche Form der Berechnung der Stunde und des Tages seiner Wiederkunft. Wir haben nichts zu tun als zu wachen gegen die Verführung und zu achten auf die Zeichen der Zeit und zu warten auf ihn.

Das andere Bild ist noch geheimnisvoller: »Wo aber ein Aas ist, da sammeln sich die Adler«. »Obgleich die Adler noch nirgends sichtbar sind und sich in weiter Entfernung befinden, entgeht ihnen dennoch kein gefallenes Tier. Wo ein solches liegt, finden sie sich mit unfehlbarer Sicherheit ein« (Schlatter). Das Gleichnis will sagen, wenn Sünde, Haß und Abfall ihr Maß erfüllt haben, wenn die antichristliche Gewalt die Welt aufs höchste erfüllt, dann wird der Christus kommen. Denn »der Antichrist wird der Totengräber dieses Äons sein« (Stauffer).

Mit diesen Worten hat der Herr die ganzen Schrecken der letzten, der wirklichen Endzeit beschrieben. Wir können dieselben nicht lesen ohne Furcht und Zittern unserer Herzen und ohne das an-

dringende Gebet, daß Christus seine Gemeinde in der Stunde der großen Entscheidung rüste mit seinem Geist der Demut und des Glaubens, der Tapferkeit und der Standhaftigkeit bis zum letzten. –
Aber das prophetische Wort Jesu endet hier nicht. Nun blickt er hinaus auf das »telos«, wie die Schrift sagt. Ein Wort, das nicht nur Ende, sondern auch Ziel, Vollendung heißt, auf die Volloffenbarung des Christus.

Die Offenbarung des Christus
Matthäus 24, 29-31

In diesen drei kurzen, gewaltigen Worten schildert der Herr das große Geheimnis seiner Wiederkunft und seiner Volloffenbarung. Der einst verborgen eingezogen war in die Krippe, kehrt nun als »König aller Könige und Herr aller Herren« triumphierend zurück. Und mit seinem Kommen vergeht der alte Kosmos, die ganze Schöpfung, und der neue Himmel und die neue Erde ziehen herauf. Mit seinem Kommen vollendet sich das zentrale Geheimnis, auf das die Gemeinde Jesu gewartet hat von einem Geschlecht zum anderen. Sie wird gesammelt aus der ganzen Welt, von den vier Winden der Erde. Das Gericht geschieht über alle Völker, wie es Matth. 25, 31-46 schildert. Die Herrschaft, das Reich Gottes auf der neuen Erde beginnt.
Jesus ist der Weltvollender, sagen diese Verse. Solange wir dieses Geheimnis noch nicht, wenn auch nur ahnend, im Glauben erfassen, haben wir die Herrlichkeit Jesu Christi noch nicht erkannt. Dabei müssen wir darauf achten, daß die ganzen Verse fast ohne Ausnahme Worte der Propheten sind, aus Jes. 13, 27 und 34, aus Dan. 7 und Sach. 2 und 12 genommen. Der Herr gebraucht das prophetische Wort des Alten Bundes, um der Gemeinde des Neuen sein Kommen zu verkündigen. Er erfüllt damit alles, was die Propheten gesagt, in sich selbst, in seiner Wiederkunft als der Herr und Erlöser der Welt. Indem der Herr Christus diese uralten Weissagungen gebraucht, ohne der Gemeinde irgendeinen Anhalt

zu geben, die Tage zu berechnen, wird sichtbar, wie sehr er sich von der ganzen apokalyptischen Belehrung und Berechnung seiner Zeit trennt. Er gibt seiner Gemeinde eine echte prophetische Weissagung. Durch sein erstes Kommen und in seiner Gegenwart ist die Gottesherrschaft angebrochen. In ihm haben die Kräfte des kommenden Äon begonnen zu wirken. Darum allein kann er »in einzigartiger Vollmacht die kommende Gottesherrschaft verkünden und zur Entscheidung aufrufen« (Kümmel). Nun hofft die Gemeinde nicht einfach auf eine Zukunft ohne Grund und Kraft. Sie hofft, weil sie sein erstes Kommen erfahren hat. Sie hofft, weil sie glaubt an den, der gekommen ist. Und indem sie an den gekommenen Herrn glaubt, darf sie mit voller Gewißheit auf den Wiederkommenden hoffen. In ihm begann die Gottesherrschaft. In ihm wird sie vollendet. Die Verheißung ist Erfüllung geworden. Die Verheißung wird Erfüllung werden. Denn in ihm ist Gott selbst erschienen, der die ganze Schöpfung vollenden wird.

Noch sind wichtige Züge, die dann die Offenbarung des Johannes entfalten wird, nur leise angedeutet. Aber es ist wichtig, daß wir darauf achten, wieviel der Herr Christus an dieser Stelle schon der Gemeinde verheißen hat: Sein Kommen in Macht und Herrlichkeit, die Sammlung der Auserwählten, den Beginn der Hochzeit (25, 1-10), das Eingehen in die Freude des Herrn (25, 21), das Eingesetztwerden der Jünger zum neuen Dienst in der Ewigkeit (25, 21-23) und das Gericht über die Welt und das ewige Reich, das von Anbeginn bereitet war (25, 34). Wir dürfen diese Züge alle zusammensehen und müssen sie nicht auseinanderlegen in einen Fahrplan Gottes, der keinem von uns bekannt ist. Aber Zug um Zug der großen Hoffnungsbotschaft dürfen wir festhalten und glauben, daß in Christus alles zu seiner Vollendung und Wiederherstellung kommt. Wichtig ist in diesem Zusammenhang, daß V. 29 uns in machtvollen Bildern das Ende der alten Welt schildert, so wie es die Offenbarung dann in einem gewaltigen, ausgeführten Gesicht schauen darf.

»Das Zeichen des Menschensohns« am Himmel bleibt Geheimnis (24, 30). Man hat viel daran herumgerätselt. Die alten Ausleger

denken an ein Kreuz, das am Himmel erscheinen wird, an ein weißes Roß, an einen hellen Stern – wir wissen es nicht. Offenbar ist »das Zeichen des Menschensohns« er selbst, in seiner Glorie und Kraft, das Zeichen, daß das kommende Reich nicht irdisch ist, sondern himmlisch, daß es nicht von unten, sondern von oben kommt, »aus den Wolken des Himmels«. Wir werden ein letztes Geheimnis an dieser Stelle bestehen lassen.
Die Sammlung seiner Auserwählten, der Gemeinde Gottes aus allen Völkern, ist von allen prophetischen Stimmen des Neuen Testaments festgehalten. So Paulus in 1. Thess. 4, so Johannes in Offb. 19. Damit geschieht das Entscheidende. Jesus Christus hat für die neue Welt, für seine Gottesherrschaft, um sich seine Gemeinde, mit der er herrscht, durch die er sein heiliges, reinigendes und vollendendes Werk tut. Die Gemeinde ist in der neuen Welt seine Dienerin, zu seinen Befehlen und in seinen Diensten bereit, um mit ihm die Fülle der Heiden, der Übergangenen, derer, denen Christus auf Erden nicht erschienen ist, zur Vollendung zu führen. Es ist wichtig zu bedenken, daß die Gemeinde der Glaubenden eine entscheidende Aufgabe im kommenden Reich hat. Er wird sie »über viel setzen« (25, 21), sie werden »das Reich ererben« (25, 23), um es auch denen zu bereiten, denen es noch nicht gegeben ist. »Seine Knechte werden ihm dienen und sehen sein Angesicht, und sein Name wird an ihren Stirnen sein« (Off. 22, 3. 4). Damit gewinnt unsere Hoffnung für die Ewigkeit den tiefen, heiligen Ton eines umfassenden Dienstes für Christus an allen, die noch nicht heimgefunden haben. »Beim Herrn sein allezeit« heißt, dem Herrn allezeit zu Diensten stehen an der unendlich großen Aufgabe der Heimholung der ganzen Kreatur.

Das Geheimnis des Wann
Matthäus 24, 32-42

Der Abschnitt Matth. 24, 32-42 gehört zu den besonders geheimnisvollen Worten der prophetischen Rede Jesu. Es wird an ihm in besonderer Weise klar, daß sich alle Versuche rächen werden, die aus der prophetischen Weissagung des Herrn eine apokalyptische Berechnung oder eine schwärmerische, menschliche Zukunftsdeutung machen wollen. Man kann nur in tiefer Demut und in aufgeschlossenem Hören auf diese heiligen Worte sich beides sagen lassen, das völlige Geheimnis des »Wann« der Wiederkunft, aber auch gleichzeitig – und dies ist in diesen Versen wunderbar gezeigt – das Wachen auf die großen Zeichen des Endes.

Es sind vor allem zwei große Zeichen, die der Herr hier seiner Gemeinde aufrichtet: Die letzte Zeit vor seinem Kommen wird bezeichnet sein durch das Erwachen Israels und durch das völlige Entschlafen der Welt.

Die Verse 32-34 sind in der Auslegung sehr umstritten. Wir wagen sie auf Israel zu deuten, auf dieses Volk der Erwählung Gottes, das unter seinem Gericht geht, »bis der Sommer nahe ist«. Das Bild vom Feigenbaum ist nicht nur in Jes. 5, sondern vor allem in Matth. 21, 18-21 ein Gleichnis für Israel. Am Verdorren des Feigenbaums macht Jesus in Matth. 21 das Gericht über Israel sichtbar. Und am Wiederaufleben des Feigenbaums macht Jesus das Wunder sichtbar, daß »ganz Israel gerettet wird« (Röm. 11, 25). Das Verständnis dieser Stelle hängt an dem Worte »Dies Geschlecht wird nicht vergehen, bis daß dieses alles geschehe« (24, 34). Damit ist das große, heute auch von den weltlichen Historikern erkannte Geheimnis angedeutet, daß Israel durch die ganze Zwischenzeit zwischen dem ersten und zweiten Kommen Jesu hindurch weiterbestehen wird. Dies hat Arnold Toynbee in seinem tiefgründigen Geschichtswerk: »Der Gang der Weltgeschichte« (S. 134 bis 138) ebenso gesehen wie die Heilige Schrift. Auch Sören Kierkegaard hat dies in dem herrlichen Wort in seinen Tagebüchern zum Ausdruck gebracht: »Daß dieses Volk unterging, ist der Ausdruck dafür, daß Christus der Einzelne war, der mehr ist, als die ganze Generation. Aber dieses Volk ging auch nicht unter. Nein, es bleibt stehen in der Situation des Untergangs, ausdrückend den Untergang: dieses ist göttliches Honneur für Christus in der Geschichte. Das Wunderbare, Ergreifende darin, daß die Vorsehung darüber wachen muß, beständig ein Volk auf demselben Punkte zu erhalten: des Untergangs. Und das, Jahrhundert für Jahrhundert, wie in einem ewigen Kehrreim den Respektsausdruck für Christus wiederholend.«

»Dies Geschlecht« verstehen wir nicht von der dem Herrn gegenwärtigen Generation, sondern von dem noch nicht zum Glauben gekommenen Israel als Ganzem. »Israels Fortbestand ist ein lebendiger Beweis für die Wahrheit der Weissagung, eine tatsächliche Bürgschaft für ihre einstige Erfüllung« (Auberlen). Und darum sind die Verse so zu verstehen: Es ist das hohe, eschatologische Zeichen für die Wiederkunft, daß auch dieser »Feigenbaum« noch einmal zum Leben kommt. Wenn die Zweige weich werden und die Blätter zu sprossen beginnen, wenn der heilige Frühling Israels anhebt, dann ist der Herr nahe. Wenn sich Israel zu seinem wahren Messias wendet, wenn es nicht mehr an der Klagemauer den Untergang Jerusalems und das Ausbleiben des Kommens des Messias beweint, sondern heimkehrt zu dem, der auch sein Erlöser, ja sein Christus ist, wie für kein anderes Volk der Erde, dann steht sein Kommen vor der Türe. Dann! Darum kann dieses Israel, dieses Geschlecht nicht vergehen. Es wird durch die ganze Geschichte der Weltzeit hin »wie ein Fossil, ein versteinerter Rest« (Toynbee) bleiben und warten, bis die Stunde des Kommens des Christus nahe ist. Das soll die Gemeinde erkennen. Und wer wüßte unter uns nicht, daß über Israel zwar heute noch und in besonderer Dunkelheit die antichristliche Wolke liegt, daß aber bei vielen Einzelnen die Bewegung zu Christus, das Sehnen und Fragen nach dem Messias aufgebrochen ist.

Dies unterstreicht das Wort gewaltig: »Himmel und Erde werden vergehen, aber meine Worte werden nicht vergehen« (24, 35). Die Worte der Weissagung werden erfüllt werden, gerade wenn Himmel und Erde vergehen. Dann wird auch das Ganze des Gesetzes sich erfüllen. Dann wird Israel heimkehren. So hat auch der V. 36 seinen guten Sinn. Mehr als dieses Zeichen des wiedererwachenden und den Herrn preisenden Israel gibt es nicht. Tag und Stunde hat sich Gott selbst vorbehalten. Der Herr selbst legt das Geheimnis des »Wann« in die Hände des Vaters allein.

Die Kehrseite dieses Zeichens des erwachenden Israel ist das Zeichen des ganz in das Weltliche, Fleischliche, Zeitliche versinkenden Wesens der Welt. Auch hier gebraucht der Herr ein Gleichnis, nämlich die Generation vor der Sintflut, das Noah-Geschlecht. Denn auch dieses Geschlecht stand vor der letzten erschütternden Wende, vor der Sintflut, in der nur ein einziges Geschlecht gerettet wird. Noah und die Seinen. Und nun fragt der Herr, wie ist es damals gewesen vor den Tagen der Sintflut? »Sie aßen, sie tranken, sie freiten und ließen sich freien . . . und achteten's nicht, bis die Sintflut kam und nahm sie alle dahin.« Je weniger das Wort der Buße und der Hoffnung die Herzen erreicht und zu erwecken vermag, um so näher ist der Herr. »Also wird auch sein die Zukunft des Menschen Sohn.« Die ganze Offenbarung wiederholt in furchtbarer Monotonie dieses: »und sie taten nicht Buße« (Offb. 9, 20 und 21 und par.). Gerade diese völlige Weltversunkenheit, dieses Einschlafen der Gewissen, diese Zerstörung auch der letzten Organe für eine andere, göttliche Welt ist das zweite, furchtbare Vorzeichen für das unberechenbare »Wann«.
Um so schrecklicher wird das Gericht sein. Es geht quer durch die Nächsten hindurch. »Dann werden zwei auf dem Felde sein. Einer wird angenommen und der andere wird verlassen werden.« Es geht quer durch die Familie hindurch: »Zwei werden mahlen auf der Mühle, eine wird angenommen und die andere wird verlassen werden.« Das Gericht, das mit dem Kommen des Herrn verbunden ist, geht scheidend zwischen den Menschen hindurch. Und der Gemeinde ist nur Eines zugerufen – sie ist doch »der Türhüter der Welt« (Mk. 13, 14) –, Eines geboten, nur Eines: »Darum wachet, denn ihr wisset nicht, welche Stunde euer Herr kommen wird.« Damit ist die Frage nach dem »Wann« eindeutig bezeugt. Es gibt keine Möglichkeit für den frommen Menschen dieser Weltzeit, die Stunde des Kommens zu errechnen. Aber es gibt eine Pflicht für die ganze gläubige Gemeinde, zu wachen auf die heiligen Zeichen, von denen der Herr Christus hier die beiden entscheidenden nennt: Das Erwachen Israels für den Messias und das Versinken der Welt in den Schlaf des Fleisches.

Das Wort vom Jüngsten Gericht
Matthäus 25, 31-46

Dies ist das letzte Wort, das der Herr zu uns spricht, ehe er ans Kreuz geht. Es ist das Wort vom Weltgericht. Und kaum ein Wort der Bibel hat durch die ganze Geschichte der Kirche hindurch die Menschen so tief beschäftigt wie dies Bild vom Richter und von den Schafen und Böcken, von den rechts und links Gestellten. Über wie vielen Dompforten ist dieses »Jüngste Gericht« in Stein gemeißelt. Wie viele Künstler haben dieses Bild gemalt. Und wie viele Lieder der Kirche haben in Furcht und Zittern von diesem Tage gesungen. Es ist eines der Bilder der Schrift, die den Menschen nicht mehr loslassen, der es einmal gesehen hat und gehört. Das ist kein Gleichnis. Das ist Prophetie. So, sagt der Herr, wird es kommen. So und nicht anders. In Menschenbildern geredet. Aber das ist Wahrheit, daß alle, alle vor das Angesicht des Richters gerufen werden, auch die Glaubenden. Allen wird eine Frage vorgelegt werden, auch den Glaubenden. Aber es ist gut zu wissen, wer der ist, der uns richtet. Es ist nicht irgend ein verborgener, unheimlicher Gott, es ist des Menschen Sohn, der dein Bruder war und unser Heiland. Es wird auch in der letzten Stunde dir kein anderer begegnen als der, dessen Haupt voll Blut und Wunden du am Kreuz gesehen. Alle werden gerichtet werden. Wir haben das Gericht noch vor uns. Und des Menschen Sohn ist der Richter. Eine Frage wird er uns allen vorlegen, die Frage nach dem Erbarmen. Es wird auch am Ende ein Doppelausgang sein: »und sie werden in die ewige Pein gehen, aber die Gerechten in das ewige Leben«. Es drängt sich für jeden, der dieses Wort im Zusammenhang in seiner Bibel liest, die Frage auf, ist dieser doppelte Ausgang, dieses Ja und Nein Gottes das letzte Wort? Ach, es ist es. Jesus Christus steht in diesem Worte in der Mitte, und du mußt ihn dort sehen, wo er ist, dort zwischen den Angenommenen und den Verworfenen. Du siehst nicht Jesus Christus, wenn du ihn nicht zwischen den beiden siehst, denen, die Barmherzigkeit geübt, und den Erbarmungslosen.

Aber es ist auch nicht das letzte Wort. Denn der dies spricht, geht ja für diese Welt ans Kreuz, um für sie zu leiden und zu sterben. Und du sollst den, der da zwischen den Gesegneten und Verfluchten als der Weltrichter sitzt, schauen als den Gekreuzigten für die zur Rechten und für die zur Linken. Und du darfst dich in diesem geheimnisvollen Angesichte bergen. Du darfst ihn, den Richter, der dein Heiland ist, anrufen um seine Gnade. Denn die Männer Gottes, getrieben vom Geist, haben uns in der Heiligen Schrift von einem Geheimnis gesagt, das dieses furchtbare Weltgerichtsbild einschließt in einen letzten Ring der Erbarmung Gottes: »auf daß er sich aller erbarme« wie Röm. 11 sagt, »auf daß sei Gott alles in allen« wie 1. Kor. 15 sagt, »auf daß das All zusammengefaßt würde in Christo« wie der Epheserbrief sagt, »auf daß in seinem Namen sich beugen aller Kniee und alle Zungen bekennen, daß Jesus Christus der Herr sei zur Ehre Gottes des Vaters« wie Phil. 2 sagt, »in dem das All versöhnt ist zu ihm selbst« wie Kol. 1 sagt. Aber nicht ohne durch das heilige Gericht Gottes hindurch. Du betrügst dich um deine Seligkeit, wenn du nicht siehst, daß dein Heiland dein Richter ist, auf dem Thron mitten zwischen den Angenommenen und den Verworfenen, daß du das Gericht vor dir hast und du zuletzt in dies Geheimnis flüchten darfst: »auf daß er sich aller erbarme«.

Der Richter

Wer wird mich richten? »Wenn aber des Menschen Sohn kommen wird.« Es ist gar nicht zu sagen, was in dieser Selbstbezeichnung Jesu an dieser Stelle, wo er sich nachher den König nennt, dieses Wort »des Menschen Sohn« bedeutet. Der Gott wird dich richten, der Mensch geworden ist. Der Herr wird dich richten, der dein Bruder wurde. Der ist der Richter, der dein Heiland ist und der Mittler, der für dich bittet zur Rechten Gottes ohne Aufhören. Dem gehst du entgegen, dem läufst du in die Hand, der des Menschen Sohn gewesen ist. Mein Richter ist mein Heiland.

»Wenn aber des Menschen Sohn kommen wird.« Er kommt. Das ist das Herrliche dieser letzten Worte, daß sie uns diese geheim-

nisvolle dritte Dimension, dieses Zukünftige auftun. Er wird kommen, um durch sein Gericht hindurch alle, »alle Völker«, alle die Menschenantlitz tragen, durchzurichten, um über ihnen, den Angenommenen und den Verworfenen sein Reich aufzurichten auf dieser Erde, die verwandelt und neu werden wird, wenn er kommt, und die Stätte seiner großen, letzten Heilstat ist.
Wer wird mich richten? »Wenn des Menschen Sohn kommen wird in seiner Herrlichkeit.« Der arme Zimmermannssohn von Nazareth, das Kind in der Krippe, das ist der Weltrichter auf dem Thron Gottes. Er wird nicht mehr kommen in der Niedrigkeit und Verborgenheit, nicht mehr als der Einsame, sondern mit den Heeren seiner heiligen Engel, und so, daß ihn alle sehen in seiner Macht und Herrlichkeit.
Wer wird mich richten? »Und er wird sitzen auf dem Thron seiner Herrlichkeit.« Dann werden die Throne der Menschengötter leer sein. Und er, er allein wird thronen als Herr über alle. So endet die Geschichte, daß die anderen alle von ihren Thronen gestoßen werden und Gott den Einen, den Demütigsten und Sanftmütigsten, erhöhen wird zum Richter über alle.
»Er wird sitzen.« Es wird nun nicht mehr diskutiert über Jesus und geistreicher Zweifel geäußert, was es um ihn ist. Nun wird er das Wort nehmen und das letzte Wort haben, das gültige Wort über dich und mich, über jeden einzelnen von uns. »Und es werden vor ihm versammelt werden alle Völker.«
Wer wird uns richten? Der Eine ist der Mann des Schicksals für uns alle, die Lebenden und die Toten, die geglaubt haben und die im Unglauben verschieden sind. Dann wird offenbar werden, wer wir sind, was an uns wahr ist und was wir getan und unterlassen haben. Oder, wie die Bibel in einem anderen Bild sagt, »werden die Bücher aufgetan« und es wird an den Tag kommen, wer darinsteht und wer nicht.
»Und er wird sie scheiden voneinander, wie ein Hirte die Schafe und die Böcke scheidet.« Hier gibt es keine Verwechslung, keine Bestechung. Was Schafe und was Böcke sind, das weiß der Hirte, das weiß der Richter. Und das Urteil wird ergehen: Kommt her –

geht hin! zur Rechten, zur Linken. Und wir werden alle, alle unter dem durchdringenden Auge Christi stehen und unser Urteil empfangen.

Die letzte Frage

Wonach werden wir gerichtet werden? Was ist das Maß, mit dem wir gemessen werden? Was ist die letzte Frage, die dir und mir vorgelegt wird vor den unbestechlichen Augen Gottes?

Ehe wir diese Frage beantworten, haben wir wohl zu bedenken, daß Jesus Christus über dieses große Endgericht nicht nur dieses Wort gesagt hat. Wir müssen es hineinstellen in den Gesamtzusammenhang der Schrift. Besonders wenn wir bedenken, was der Herr uns, die Christen fragen wird. Eines ist ganz klar. Wir werden strenger behandelt werden. Eines ist ganz sicher, die draußen werden mit einem milderen Maß gemessen.

»Wer mich bekennt vor den Menschen, den will ich auch bekennen vor meinem himmlischen Vater.« Um das Bekennen seines Namens, um das eindeutige Sich-zu-ihm-Stellen geht es jetzt in den Erschütterungen dieser Zeit. »Wer an den Sohn glaubt, der hat das ewige Leben.« Darum geht es jetzt und zuletzt, ob wir glauben an Christus, wir, die wir etwas wissen von seinem Geheimnis. »Wer, sagt denn ihr, daß ich sei?« fragt er die Jünger. Und so wird er uns alle fragen am letzten Gericht. »Du bist Christus.« Diese Antwort zu geben sind wir gerufen. Jesus ist es, der uns »vom zukünftigen Zorn erlöst.« Die ganze Schrift ist voll davon, daß der Herr Christus uns zuletzt fragen wird nach ihm, wie wir zu ihm gestanden, bekannt, geglaubt haben. Wir haben sehr ernst damit zu machen, daß der Herr uns die sehr persönliche Frage stellen wird: Wie bist du zu mir gestanden? Hast du mich lieb gehabt?

Aber eben weil wir Christen alle diese Vorfragen genau wissen, gilt uns nun erst recht die große, letzte Frage, die er in diesem Wort vor uns legt. Er läßt dich nicht darüber im unklaren, was in der großen Prüfung der Ewigkeit von dir gefragt wird. Was ist diese Frage, die letzte Frage?

Jesus Christus sieht die ganze Welt, in der wir gelebt haben, diese dunklen Zeiten, die wir durchlitten haben, die ganze Not der Menschheit und faßt sie in einem Blick. Er sieht die Menschen, die gehungert und die gedürstet haben. Er sieht die Menschen, die nackt waren und heimatlos, Flüchtlinge. Er sieht die Menschen, die krank waren und gefangen. Wer auf dieser Welt hat nicht teil an einer dieser dunklen Seiten des menschlichen Lebens? Was ist das Wesen der Welt? Leiden.

An diesem Geheimnis des Leidens entsteht der Prüfstein für uns alle, wie wir uns zum Leidenden gestellt haben.

Ihr wißt, wie einen dieses Leiden hart machen kann, erbarmungslos. Als unsere Brüder in die Gefangenenlager strömten nach Kriegsende und als es da einen und drei und fünf und zehn Tage nichts gab, buchstäblich nichts, da kam heraus, wozu einen der Durst und der Hunger machen kann, zum Tier und gegen den anderen unerbittlich hart. Wenn nur ich das Stückchen Brot erhasche! Das Leiden kann einen gleichgültig machen, wie wir das alle gesehen haben. Je größer die Not, Hunger und Durst und Nacktheit und Fremdlingschaft, Krankheit und Gefangenschaft wird, um so gleichgültiger droht das Menschenherz zu werden und daran vorüberzugehen.

Am Leiden entsteht die große, entscheidende, letzte Frage der Ewigkeit. Nicht Härte und nicht Gleichgültigkeit, sondern Barmherzigkeit erwartet dein Herr.

»Was ihr getan habt einem dieser meiner geringsten Brüder.« Es geht darum, ob unser stolzes, trotziges Ich gebrochen wird und wir in diesem kurzen Leben, in dem die Flut des Leidens steigt, eines gelernt haben: Barmherzigkeit. Alles andere fällt ab, was du getan und gehabt und gedacht und gewollt. Und aus allem hebt sich eines heraus, wie du mit dem Leidenden gewesen bist. Hart, erbarmungslos oder barmherzig?

Dazu braucht es nicht viel Theologie. Das ist eigentlich etwas ganz Menschliches. Aber ihr wißt, wie unmenschlich wir alle geworden sind in dieser Zeit der Erbarmungslosigkeit. Das hat uns Christus vorgelebt, Barmherzigkeit. Und danach wirst du gefragt werden, ob du einen dieser geringen Brüder gespeist, getränkt, bekleidet, beherbergt, besucht, getröstet hast. Groß und von keinem zu bestreiten steht vor uns das Wort, das Wort, das uns vorgelegt werden wird: Barmherzigkeit.

Und wenn dein Herz sagt: aber wir werden doch nach unserem Glauben gerichtet. Jesus sagt nur von den Werken. Werden wir denn gerecht nach den Werken und gerettet nach dem, was wir taten? Dann vergiß es nicht, daß es keinen Glauben gibt, der dich nicht barmherzig macht. Es ist ein großer Unterschied, ob du deiner Tat dich rühmst, oder ob er es tut und dich preist. Das Wunderbare hier ist, daß diese Menschen keine Ahnung haben, daß sie das getan und nicht wußten, daß sie liebten. Die linke Hand hat nicht gewußt, was die rechte tat. Und als Jesus zu ihnen sagte: »Ihr habt gespeist, getränkt, beherbergt . . .« empfanden sie das alle als reine Gnade, daß er, der Richter, ihnen dankt, gütig und barmherzig, über diesen längst vergessenen Werken der Liebe ihres Lebens. Es kommt nirgendwo anders unser innerstes Wesen tiefer heraus, als wie wir mit dem Leidenden umgegangen sind. Nach der Barmherzigkeit werden wir gefragt.

Aber – und das ist noch das viel tiefere Geheimnis, das hier plötzlich am Jüngsten Tage auftaucht – das Leiden der Welt, das Leiden der Brüder und Schwestern ist das eigene Leiden Jesu Christi. Was ihr an diesen Leidenden getan, das habt ihr – o Wunder – »mir getan«. Als er in unserer Mitte ging, war er der Heiland der Verlorenen und der Leidenden. Und so ist es heute. Jesus Christus, sagst du, kann man gar nicht sehen. Das ist ja die Not und Anfechtung meines Glaubens. Doch dieses Wort weist dich darauf hin: Wo du einen leiden siehst, da ist er gegenwärtig. Wir Christenleute sagen so schnell, wir glauben, daß der Herr gegenwärtig ist – in seinem Wort. Das ist wahr. Wenn du dieses Wort liest, hörst du deinen Herrn reden mit dir. Oder wir sagen, der Herr ist gegenwärtig im Brot und Wein an seinem Tisch. Das ist wahr. Und du empfängst ihn im heiligen Mahl. Oder wir sagen, der Herr ist gegenwärtig in seiner Gemeinde. Das ist wahr. Auch die Gemeinde ist der Leib Jesu Christi. Wenn du in ihr bist, bist du in ihm. Aber wir vergessen über allen diesen Geheimnissen des Glaubens so oft dies letzte Geheimnis der Liebe. Der Herr ist auch gegenwärtig und verborgen im Leiden. Und wie wir nicht nur geprüft werden, ob wir ihn gehört im Wort, ob wir ihn genossen im Mahl, ob wir an ihm hingen als Glieder der Gemeinde, so werden wir auch gefragt werden, ob wir Barmherzigkeit taten an den Leidenden. Und was wir ihnen taten, taten wir ihm. Man kann das Wort nicht oft genug bedenken: »Was ihr getan habt einem unter diesen meinen geringsten Brüdern, das habt ihr mir getan.« Wo Leiden ist auf dieser Welt, da ist der Herr.

Welche Liebe spricht aus diesem Satz! Wie wunderbar für jeden, der im Leiden geht. Wie seelsorgerlich dankt er denen, die an den Leidenden Fürsorge taten. Wie wunderbar, daß er nichts vergißt, was du getan, getränkt, gespeist, gekleidet, beherbergt hast. Das heißt vergeben, daß er alles zudeckt, wenn er in deinem Leben dies Geheimnis schaut, daß du den Leidenden barmherzig gewesen. Wir sollten angesichts dieser Worte diesem Herrn Christus einfach unser Herz schenken, dem Herrn, der für jene Tat der Barmherzigkeit die ewige Seligkeit schenkt – die ewige Seligkeit!

Die letzte Entscheidung

Und doch wollen wir das alles hören auf dem furchtbaren Hintergrund der letzten Frage. »Und was ihr nicht getan habt einem unter diesen Geringen, das habt ihr mit nicht getan.« Du kannst alles glauben und wissen, und kannst doch an Christus vorübergegangen sein dein Leben lang.

Was ist der Lohn – und was ist die Strafe? Königlich dankt der Herr, großartig für die kleinste Tat der Liebe: »Kommet her.« Und er nennt diese schlichten, nicht wissenden, barmherzigen Menschen »Gesegnete Gottes«, gerettet vom Fluch, von Schuld und Tod. Euch ist das Größte bereitet, was es gibt, die Gottesherrschaft, Friede und Freude, Licht und Leben, das ewige Erbe von Ewigkeit her bestimmt. Alles Verdienst ist ausgeschlossen. Zuletzt und zutiefst ist alles Gnade.

Aber ebenso schwer lautet das andere Wort »Gehet hin«, »ver-

flucht«. Zum einzigen Mal kommt dieses Wort im Neuen Testament aus dem Munde Jesu. »In das Feuer, das bereitet ist dem Teufel und seinen Engeln.« Zum einzigen Mal redet der Herr hier von dem Gericht über den altbösen Feind, der überwunden wird, wenn die neue Welt, das Reich Gottes anbricht in Macht und Freude und Licht und Leben.
Seht ihr ihn in der Mitte zwischen den Angenommenen und den Verworfenen, den Richter, der der Heiland ist? Seht ihr ihn als den, der euch zuletzt und zutiefst nur dies Eine fragt, ob dein eigenes, trotziges Ich überwunden und du Barmherzigkeit gelernt hast zum Leidenden?
Wollen wir uns um die eine Bitte vereinen: Herr, gib, daß ich Eines in diesen kurzen Jahren lerne, nur Eines, von Herzen barmherzig zu sein.

Die prophetische Mahnrede

Matthäus 24, 43-25, 30

Mitten in die gewaltige prophetische Weissagung sind die drei Gleichnisse vom bösen und klugen Knecht, von den zehn Jungfrauen und von den anvertrauten Pfunden eingebaut. Nachdem der Herr den Weg der Gemeinde durch die große Trübsal bis hin zur Wiederkunft, zum Gericht und zur Sammlung seiner Gemeinde in der neuen Welt gezeichnet hat, beginnt die prophetische Mahnrede mit diesen drei Gleichnissen, der Unterweisung des Herrn über die geistliche Haltung der wandernden Gemeinde. Sie stehen alle unter dem Stichwort: »Wachet!« (24, 42 und 25, 13). Die einzige und entscheidende Aufgabe der hoffenden Gemeinde liegt im Wachen und Warten, im demütigen Deuten der Zeichen und im gehorsamen Umsetzen solcher Erkenntnisse in einem Leben der Treue, der steten Gebundenheit an den Herrn und der Dienstbereitschaft für ihn und seine Gemeinde. Und eben weil das »Wann« verborgen ist, fällt ein ungeheurer Ton auf das Wachen, auf den Gehorsam, auf die Hingabe und auf die Dienstbereitschaft. »Siehe, der Richter steht vor der Türe« (Jak. 5, 9). Mit dem Rücken zur Welt und mit dem Angesicht der kommenden Welt Gottes entgegengerichtet, soll die Gemeinde Jesu ihren Weg gehen zum großen Ziel. Sie hat kein letztes Interesse an den vordergründigen politischen und geistigen Entscheidungen. Sie ist radikal dem »telos« aller Dinge, dem Ende und dem Ziel verschrieben. Die Kirche Christi ist nicht daheim auf dieser Welt, die als Endfrucht den Totengräber, den Antichrist erzeugt. Sie wartet mit den Vätern des Alten Bundes »auf die Stadt, deren Baumeister Gott ist« (Hebr. 11, 10). Die Kirche Christi läßt sich genügen an dem Bekenntnis, daß sie »ein Gast und Fremdling ist« auf Erden und gibt zu verstehen, »daß sie ein Vaterland sucht«, ein himmlisches, das ihr von Gott bereitet ist (Hebr. 11, 14-16). Sie stirbt im Glauben, daß sie die Verheißung empfangen hat und »von ferne gesehen und sich ihrer getrösten darf« (Hebr. 11, 13), und weiß, daß sie zum Leben erweckt werden wird, wenn sein Tag kommt.

Das Gleichnis vom bösen und klugen Knecht
Matthäus 24, 43-51

In einem eigenartig »ernsten, fast herben Ton« (Schlatter) erweckt der Herr in dem Gleichnis vom bösen und klugen Knecht die Wachsamkeit derer zuerst, die zur Führung der Gemeinde als Hirten und Haushalter berufen sind. Wenn ein Hausvater weiß, welche Stunde der Dieb kommt, bleibt er wach. So hat die Gemeinde wach und bereit zu sein. Denn der Herr kommt wie ein Dieb in der Nacht und zu einer Stunde, da es die Gemeinde nicht meint. Die Knechte, die Diener, die Haushalter, die Hirten der Gemeinde sollen bereit sein, denn sie sind ja wissend-unwissend über das Kommen ihres Herrn. Wissend, daß er kommt, unwissend, wann er kommt. Und darum gibt es keine Entschuldigung für sie, zu irgendeiner Stunde etwas anderes zu tun als zu wachen. Das Höchste wird von ihnen an Wachsamkeit, Treue und Klugheit erwartet für den Tag der Rückkehr des Herrn.
Die entscheidende Aufgabe, die der Herr den Knechten gibt, »die

er über sein Gesinde gesetzt hat« (24, 45) ist, daß sie der Gemeinde »zu rechter Zeit Speise geben«. Das ist die entscheidende Frage, daß während der Abwesenheit des Herrn und in der Zwischenzeit zwischen Kreuz und Reich alles auf die Treue und Klugheit der Knechte gestellt ist, um der Gemeinde zu geben, was sie bedarf. Das Wort von dem Reichen der Speise ist klar. Sie sind gerufen, »das Evangelium vom Reich«, die Wahrheit des gekommenen und die Hoffnung des wiederkommenden Herrn der Gemeinde allezeit »zur rechten Zeit« darzureichen. »Selig der Knecht, wenn sein Herr kommt, und findet ihn also tun« (24, 46).
Aber eben an der Abwesenheit des Herrn entsteht eine doppelte, schwere Versuchung. Eine kleine Versuchung, die sagt: »Mein Herr kommt noch lange nicht.« Man kann es noch aufschieben. Man kann der Gemeinde eine Zeitlang das Wesentliche verschweigen. Es hat ja immer noch Zeit. Und die große Versuchung: »Er fängt an zu schlagen seine Mitknechte, ißt und trinkt mit den Trunkenen« (24, 49). Es ist die tödliche Anfechtung der Kirche und ihrer Diener, daß sie die geistliche Macht, die ihnen der Herr anvertraut hat und die er immer selbst in Händen halten will, in die eigenen Hände nehmen und damit die Seelen der Menschen verderben. Keine Kirche ist auf dem langen Wege durch die Geschichte dieser Versuchung entgangen, weder die große Römische Kirche, noch die evangelische Christenheit, noch die kleinen Gruppen und Sekten. Es gibt große Päpste und gibt kleine Päpste. Es gibt pfäffische Klugheit und herrschsüchtigen Machtgenuß kleiner, »geisterfüllter« Männer. Es gibt einen Machtgenuß des Glanzes und der Herrlichkeit, der Tradition und der Hierarchie, und es gibt einen Machtgenuß in der Verhärtung auf den Buchstaben des Wortes und in der Überhebung des vom Geist Erfüllten. Keine Kirche ist davor gesichert, aus einer demütig wartenden und wachenden eine hoffärtig sichere, ihre Macht genießende Kirche zu werden, die »ihre Glieder schlägt«, die sich am Geist und an den Geistern der Zeit berauscht und also in der Gefahr steht, die allein dem kommenden Herrn gehörende Macht in die eigenen Hände zu nehmen, zu herrschen, statt zu dienen, das Amt des Wiederkom-

menden zu mißbrauchen als eigenes Amt und damit die Türe zu verschließen, statt sie offen zu halten in Demut und Leidensbereitschaft. Durch Mark und Bein geht darum das Wort des Herrn, daß bei seinem Kommen »er den bösen Knecht zerscheitern wird und ihm seinen Lohn geben wird mit den Heuchlern. Da wird sein Heulen und Zähneklappen« (24, 51). –
Es ist uns damit in Herbheit und Strenge ein heiliges Wort aufs Gewissen gelegt, die tödliche Gefahr der Kirche, sicher zu werden und übermütig den Herrn zu spielen, hart und gewalttätig mit den anderen zu sein, genießen zu wollen und dabei das Leben zu verscherzen. Die beiden großen Versuchungen der Kirche, die Sicherheit und die Machtgier hat der Herr in diesem Gleichnis uns allen unüberhörbar ins Gewissen gelegt. Und wir können nur mit tiefer Buße auf die Geschichte unserer und aller Kirchen zurückschauen, in denen diese Gefahr, im Namen des Herrn, der »verzieht«, die Welt und die Gewissen beherrschen zu wollen, wirklich geworden ist.
Die Tatsache, daß der Herr nicht sichtbar unter uns ist, enthält eine schwere Versuchung für die Gemeinde, wie auch in den kommenden Gleichnissen sichtbar wird. Die Überwindung der Versuchung geschieht nur durch die Klugheit; »die nicht in den Tag hineinlebt, sondern sich so hält, wie sie über kurz oder lang bei der Zukunft des Herrn sich getrauen darf, gehandelt zu haben« (Bengel). Und in besonderer Weise sind die Diener und Haushalter des Herrn von diesem Gleichnis getroffen, um das Amt des Wiederkommenden und um den Dienst an seiner Zukunft an der Gemeinde recht zu tun.

Das Gleichnis von den Jungfrauen
Matthäus 25, 1-13

Es liegt über diesem Gleichnis ein wunderbarer Glanz. Hochzeitsabend! Die Jungfrauen, die den Bräutigam empfangen sollen! Es ist als ob Jesus sagen wollte, ihr geht einem großen Fest entgegen, einem Tag, an dem alle Tränen getrocknet und alles Leid

überwunden und alle Seufzer zu Ende sind, einem Tag des Lichtes und der Freiheit und des Friedens.
Ich meine, wir haben allen Grund in diesen Jahren der tiefen Erschütterung, uns an diesem Glanz der kommenden Ewigkeit zu stärken. Es liegt sehr viel auf uns. Wohl nie hat ein Geschlecht so schwere Last getragen. Wohl nie haben Menschen so den Standort verloren in den Erschütterungen äußerer und innerer Art. Wir Christen wissen, daß das Heimsuchung und Gericht ist. Gott läßt seiner nicht spotten. Er erträgt es nur auf Zeit, daß man ihn so ausbootet, wie es unser Volk tat. Wir wissen nicht, ob es die letzten Erschütterungen sind. Der Gemeinde ist verboten zu rechnen. Aber wir wissen, daß wir zu wachen und zu warten und uns zu rüsten haben auf diese entscheidende Begegnung, von der diese Gleichnisse reden, indem sie uns nämlich sagen, wir mögen glauben oder nicht, eines ist uns gewiß, wir gehen der Begegnung mit Christus entgegen. Alle unsere Wege und die Wege aller Kreaturen münden in der einen und letzten und entscheidenden Begegnung. Wir gehen nicht dem Tod entgegen. Wir fallen auch nicht ins Nichts. Wir wissen als Christen, daß wir dem Herrn entgegengehen. Und darum liegt über diesem Gleichnis dieser wunderbare Glanz einer tiefen Vorfreude. Mir ist, wir sollten uns in diesen Jahren ein wenig mehr rühmen der Hoffnung, die wir als Christen haben, und es sollte auf unseren zerfurchten Stirnen mit all ihren Falten und Sorgen etwas mehr von dem großen Licht der Welt liegen, der wir entgegengehen.

Die Gemeinde auf dem Weg dem Herrn entgegen
Und nun entwirft uns dieses herrliche Gleichnis in den ersten Versen ein Bild der Gemeinde. »Das Himmelreich ist zehn Jungfrauen gleich.« Wir wollen die Worte nicht pressen, aber das Wort »zehn« ist die Chiffre der Ganzheit, der Vollständigkeit. Die ganze Gemeinde, sagt der Herr. Die ganze Gemeinde Jesu Christi weiß etwas von der kommenden Welt und von der Christusbegegnung, die auf uns wartet.
Er beschreibt das Wesen der Gemeinde in diesem Gleichnis mit

dem Wort »Jungfrauen«, in anderen Gleichnissen mit dem Wort »Knecht« und »Magd«. Die Bibel gebraucht das Wort »Jungfrauen« oder »Braut« oft für die Gemeinde, um zu sagen, Christen sind Menschen, die »Einem« gehören, einem Herrn, einfältig und eindeutig. Sie verkaufen sich nicht an die Menschen, an die Parteien, an die Weltanschauungen. Sie haben in ihrem Antlitz jenes feine und tiefe Lächeln über alle diese Dinge der Welt und wissen, wem sie gehören, so wie die Braut und wie die Jungfrau das weiß. So viel liegt in dem Wort und vielleicht auch das, daß dem Christen die Lauterkeit des Herzens, die Reinheit des Herzens geschenkt ist, während wir alle in dieser Welt fast täglich durch die Dinge, Mächte und Geister beschmutzt werden. Darum sagt das Wort von den zehn Jungfrauen: Das ist es, auf das kommt es an, daß ihr wißt,wer dieser Jesus Christus ist, dem ihr gehört und der euch eines schenkt, die Lauterkeit, die Festigkeit, die Reinheit des Herzens. Das ist das Bild der Gemeinde Christi, die ihm gehört.
Ein weiterer Zug an der Gemeinde. Sie nehmen »ihre Lampen«. Der Christ ist ein Mensch mit der Lampe. Ein sehr anschauliches Wort. In der Dunkelheit der Welt weiß der Christ, wie gefährlich es ist, die Wege zu gehen, die wir gehen müssen. Wir brauchen Licht. Aber wir haben das nicht in uns selbst. Unser gesunder Menschenverstand, unser Instinkt mag uns ein gut Stück helfen, aber wir alle wissen genau, daß wir immer wieder vor Kreuzwege und Entscheidungen gestellt sind, für die dieses Licht nicht reicht. Jeder von uns weiß auch, daß über dieser Welt eine Wolke der Dunkelheit immer unheimlicher auf uns zukommt und darum – und davon weiß Jesus – sagt er, daß Christen Menschen mit der Lampe sind. Das will doch offensichtlich sagen, Menschen, in deren Herzen ein heller Schein gegeben und entstanden ist, die in einem anderen Licht als dem, das wir hier auf Erden haben, wandeln, als Menschen, die in die Nähe des Lichtes der Welt gekommen sind.

Wir werden durch diese kommenden Jahre, die vor uns und unserem Volk stehen, nicht durchkommen mit unversehrtem Herzen, wenn wir nicht etwas von diesem Licht der großen ewigen Welt wissen, wenn nicht einem jeden von uns eine Lampe entzündet wird in unserem Wesen. Die Gemeinde, das sind Menschen, die einem Herrn gehören und die nicht dort und da ihren Unterstand und ihren Anschluß suchen. Die Gemeinde, das sind Menschen, die eine Lampe tragen, die von einem großen Licht entzündet ist. Ein dritter Zug. »Sie gingen aus, dem Bräutigam entgegen.« Die Heilige Schrift bezeichnet das Leben immer als Weg. Unser ganzes Leben ist ja ein Weg. Welche Wege sind wir geführt worden! Unser Leben ist ein Übergang aus dieser Welt in eine andere Welt. Es ist ein Durchgang, bei dem man sehr wenig mitnehmen kann, und darum das Kinderspiel am Wege, wie Tersteegen singt, auch nicht zu viel besehen soll. Christ sein heißt unterwegs sein. Aber das sind ja alle Kreaturen. »Dem Bräutigam entgegen!« Christen, sagt dieses Wort, wissen nicht nur um den Weg, sie wissen auch um das Wohin des Weges. Es geht um die große, letzte Christusbewegung.

Unsere Kirche hat das nicht zu allen Zeiten deutlich genug gesagt, daß sie dem Herrn entgegengeht und daß dieser Herr ihr entgegenkommt, auf sie wartet, um ganz mit ihr eins zu werden. Darum sagt uns dieser Text in einer ganz besonderen Weise, wir leben in einem Gang, in einem Übergang, in einem Durchgang, in einem Vorabend. Aber dann kommt ein großer, heller Tag. Und all das, was uns rätselhaft und verschuldet und all das, was in dieser Welt dunkel und unfaßlich ist, das wird dann klar werden bis auf den Grund.

Christen sind die Menschen, die ihrem Herrn Christus entgegengehen. Und wenn man das ein wenig weiß, daß jeder Tag, den ich neu beginne und jede Nacht, die ich durchschreite im Grunde ein kleiner Schritt vorwärts ist zu der letzten entscheidenden Begegnung, so könnte es sein, daß bei uns etwas von der Freude einkehrt, die der Wanderer hat, der weiß, daß jeder Tag ihn der Heimat näher bringt.

Es ist noch ein letzter Zug in dem Angesicht der Gemeinde. Es wird von ihr gesagt, sie sei unterschiedlich, fünf Jungfrauen seien »töricht« und fünf seien »klug«. Und zwar sei der Unterschied der, alle hätten Lampen gehabt, aber die klugen hätten »Öl in Gefäßen samt ihren Lampen«, die törichten aber hätten kein Öl bei sich gehabt. Bis dahin war alles Einheit. Die Gemeinde, das sind Menschen, die einem Herrn gehören, Menschen mit der Lampe, und Menschen, die um das Wohin ihres Lebens wissen, die große kommende Begegnung. Aber nun geht es auseinander. Es gibt Unterschiede in der Gemeinde. Und der Herr nennt sie hier »törichte« Menschen und »kluge« Menschen. Worin liegt denn die Torheit? Ganz schlicht gesprochen darin, daß Menschen glauben, Lampen brennen auf die Dauer von selbst, auch ohne Öl. Das ist in der Tat eine Torheit. Du hast noch keine Lampe gesehen, die von selbst brennt. Man muß ihr immer Öl zuführen.

Und damit stehen wir vor einer sehr wichtigen geistlichen Erkenntnis. Es ist nämlich in unser aller Herzen ohne Ausnahme eine Gefahr und Versuchung sehr nahe. Das ist die Gefahr und die Versuchung des Fertigseins. Gerade wir Christen sind geneigt, wenn wir einmal ein Stück Weg zurückgelegt haben, zu denken, jetzt habe ich, was ich brauche, ich bin getauft, ich bin eingesegnet, ich bin getraut, ich bin ein Glied der Gemeinde, ich gehe auch zum heiligen Abendmahl, ich weiß auch um die wichtigsten Dinge des Glaubens. Es legt sich auf uns alle auf diesem Wege die unheimliche Anfechtung des Sicherwerdens. Unsere Lampen brennen von selbst. Fertigsein und gesichert. Es ist auch in unserer Kirche und in unseren Gemeinden sehr viel Sicherheit. Ich weiß das von mir. Vielleicht weißt du es auch von dir? Wir haben eine große Gabe, alle Unruhe, ob es mit uns in Ordnung ist, ob wir wirklich auf dem rechten Wege sind, ob ich sagen darf, diese Schuld ist vergeben – daß wir alle diese lästigen, unruhigen Fragen zum Schweigen bringen können und ihnen entgegenhalten: So ernst ist das auch gar nicht, ich habe ja, ich weiß ja... Unsere Lampe brennt offenbar ohne Öl, von selbst.

Jesus sagt, das ist eine Torheit. Es liegt in diesem herrlichen Gleichnis eine unerhörte Warnung. Leute, sagt der Herr Christus, paßt auf. Es kann nämlich sein, daß ein frommer Christ in der Stunde des Ernstfalls und der Bewährung zuschanden wird, völlig

zuschanden. Die Lampe ist erloschen. Was ist noch da? Ein Gefäß, und nichts mehr drin, was leuchtet. Jesus redet sehr seelsorgerlich mit uns. Er sagt, bedenkt doch, ihr seid noch nicht fertig, ihr seid noch nicht am Ziel, ihr seid in jeder Stunde noch auf dem Wege, unterwegs. Und jeder weiß, daß einem unterwegs immer etwas passieren kann. Ich kann zu Fall kommen. Ich habe Menschen gekannt, von denen ich glaubte, man könne Berge auf sie bauen – eines Tages redeten sie eine Sprache, als ob sie überhaupt nicht mehr zu uns gehörten. Es ist seltsam, wie gefährlich diese Wege sind, die wir geführt werden, und wir wissen und merken es nicht einmal. Wie leicht werden wir verführt, wird in unser geistiges Wesen etwas eingesät, was sich plötzlich als Giftsaat entpuppt. Wir haben es nicht gemerkt. Wie leicht es ist, daß wir einem anderen Menschen zum Anstoß, zur Verführung werden. Denken wir an den, der unter der Angst vor den Menschen in jener Bewährungsstunde sagte: »Ich kenne den Menschen nicht.« Jesus sagt, bedenkt eure eigene Versuchbarkeit, eure Ungesichertheit, eure Gefährdung, die mit euch geht, solange ihr lebt. Denkt doch nicht, wenn man älter wird und, wie man sagt, reifer, habe man diese Dinge hinter sich. Im Gegenteil. Alle Sicherheit ist der sichere Tod des Glaubens und des Verlöschens der Lampe.
Darum legt uns Jesus Christus mit diesem Wort eine ganz tiefe und heilige Unruhe ins Herz, ob es denn auch wirklich mit uns in Ordnung ist, und ob wir denn auch wirklich mit ihm auf dem rechten Weg sind. Wir sind noch nicht am Ziel, sondern noch unterwegs. Und, sagt Jesus, es kommt auf die letzte Stunde, auf die Stunde der Bewährung, des Ernstfalls an. Es kann sein, daß wir dann noch versagen.
Es ist eine Torheit zu glauben, wenn man einmal angefangen habe als Christ, so gehe das so weiter. Nein, das geht nicht so weiter, sondern die Lampe muß Öl empfangen.
Und das ist die andere Torheit, daß wir glauben, man könne eben doch sein Leben leben »ohne«. Die Menschen sagen uns das an jedem Tag, ob wir es hören wollen oder nicht. Ich kann das alles auch ohne Gott, ohne diese seltsame tiefe, geheimnisvolle Verbindung

mit der ewigen Welt. Es ist eine Torheit, sagt Jesus, wenn wir glauben, wir könnten einen rechten Schritt tun, eine rechte Ehe schließen, eine große Berufsentscheidung treffen ohne ihn. Die Lampe brennt nicht von selbst. Wir alle bedürfen der völligen, lebenslangen, demütigen Abhängigkeit von Jesus Christus. Und du bist wohl beraten, wenn du nicht um deine Sicherheit, sondern um deine Armut weißt und erkennst, wie nötig du Gott, deinen Herrn hast, jeden Tag.

Im Alten Testament steht dafür ein sehr schönes Gleichnis. Wir wissen, als das Volk durch die Wüste zog, daß Gott ihm für den heißen Weg immer wieder, und zwar täglich neu, Brot gab, dieses Manna. Und nun ist nichts zu sehen, man konnte das nicht auf 48 Stunden sammeln, sondern nur für einen Tag, so wie wir beten, unser täglich – nicht jährlich und nicht wöchentlich, sondern – täglich Brot gib uns heute. Sonst verfault es im Krug.

Das will das Gleichnis sagen: du brauchst täglich Nahrung. Deine Lampe bedarf täglich des Öls. Du kannst nicht leben als Christ und nicht bestehen »ohne« Öl!

Was ist das Öl? Das ist alles, was von oben kommt. Du hast es dir so ein bißchen abgewöhnt zu beten. Ich rate dir, nimm es ernster und halte dich unerbittlich an deine Gebetszeit. Denn was ist das Gebet anders als das offene Fenster nach der ewigen Welt. Und daher kommt dieses Öl. Du hast dich so daran gewöhnt, einmal die Bibel zu lesen, an einem anderen Tag nicht. Ich rate dir, nimm das viel ernster. Du brauchst nicht nur Menschenworte, um zu leben, auch nicht nur Menschenworte deiner Nächsten, du brauchst ein göttliches Wort, das dich unruhig und getrost macht wie kein anderes. Du hast es dir angewöhnt, den einen Sonntag in die Kirche zu gehen, den anderen nicht. Ich rate dir, sagt dieses Gleichnis, nimm es viel ernster. Du bist nämlich all diesen wegführenden Kräften ausgesetzt, daß du festgemacht werden mußt, um dich nicht zu verlieren. Das ist der Sinn des Gottesdienstes, das Stück Heimat und das Stück Verankerung, das du brauchst. Und das gilt ganz besonders vom heiligen Mahl, in dem eine große Kraft der Erneuerung und der Segnung liegt, das Öl für die Lampe.

Wenn man einmal ein Christ geworden ist und nun weiß, daß man unter einem höheren Befehl und in einer höheren Hand steht, dann bedarf man immer neu des Hörens auf diesen Befehl und des Greifens nach dieser Hand, der Gegenwart deines lebendigen Herrn. Deine Lampe brennt nicht von selbst. Sie bedarf des Öls. Wir müssen diese Anfechtung sehr deutlich sehen, um sie zu überwinden. Klug sollst du sein und in Christus bleiben. Nur so, sagt dieses Gleichnis, wirst du auch in der entscheidenden Stunde bestehen.

Das ist das Bild der Gemeinde, das uns diese wunderbaren Verse enthüllen.

Christen, sagt das Gleichnis, sind einfältige und einfache Menschen, die wissen, wem sie gehören, dem einen Herrn. Und weiter, Christen sind Menschen, in deren Herzen ein heller Schein, ein Licht aus einer anderen Welt begonnen hat zu leuchten. Und weiter, Christen sind Menschen, die um das Unterwegs und Wohin, um die Begegnung mit Christus wissen. Und endlich, Christen sind Menschen, die nicht glauben, daß eine Lampe ohne Öl auf die Dauer brennt, sondern die um die geheimnisvolle, tägliche, lebenslängliche Abhängigkeit von Christus wissen, so wie es der Herr in dem wunderbaren Gleichnis vom Weinstock und den Reben gezeigt hat.

Die Gemeinde in der Entscheidungsstunde

Und nun der zweite Teil des Gleichnisses, die Gemeinde in der Entscheidungsstunde. Es kommt auf alle Fälle, und zwar für uns alle, für die klugen und die törichten Christen, für die ganze Gemeinde, die Stunde der Bewährung.

»Da der Bräutigam verzog, wurden sie alle schläfrig und schliefen ein.« Damit erinnert dieses Gleichnis an eine sehr schwere Frage, unter der wir als Christen immer wieder leiden. Wir sagen nämlich so: Es ist ja wahrscheinlich noch lange bis zum Sterben, wir haben noch viel Zeit, – oder: auf das Kommen Jesu haben die Menschen oft genug gewartet, haben es für nahe bevorstehend geglaubt und er kam nicht. Jahrhundert um Jahrhundert ist abgerollt. Nun ist heute gewiß auch eine sehr schwere und dunkle Zeit, aber wer weiß, vielleicht kommt er auch diesmal nicht. Was hat also alles für einen Wert, dieses Wachen und Warten. Vor dem Sterben haben wir ja noch Zeit. Diese Haltung ist genau das, was die Schrift an dieser Stelle meint: »sie wurden alle schläfrig und schliefen ein.« Wir wissen alle um diese Stunde der großen Schwachheit in der Kirche.

Es ist merkwürdig, daß unsere Kirche uns zwei Dimensionen aufgeschlossen hat. Sie hat uns gesagt, woher wir kommen und uns das Bild Jesu Christi vor Augen gemalt, der für uns gestorben und auferstanden ist. Nach rückwärts ist der Weg klar. Und unsere Kirche hat uns gesagt, wer heute über uns ist, der lebendige Gott, und daß wir in jedem Augenblick auf ihn trauen und uns seiner Treue gewiß machen dürfen. Aber die Kirche hat uns sehr oft nichts von der dritten Dimension gesagt, von dem Wohin, von der Zukunft, von dem, was kommt. Es ist, wie der Text sagt, in der Kirche zu wenig »Geschrei um Mitternacht«. Der Christus, der Tag kommt. Davon wissen die Sekten und die Freikirchen sehr viel. Man muß sehr behutsam mit diesen Dingen umgehen. Man darf nicht rechnen. Es darf nichts Schwärmerisches und nichts Unnüchternes sein. Und doch haben wir nicht nur den lebendigen Gott über uns und den Herrn Christus hinter uns, auf dessen Gnade wir stehen, sondern wir haben den Herrn Christus vor uns. Und die Schrift ist voll des Zeugnisses, daß er kommt.

Von dieser dritten Dimension reden diese Gleichnisse. Sie sind wie ein Weckruf: Wacht auf, ihr Schläfer! Denn wann er kommt, weiß niemand, aber daß er kommt, das ist gewiß. Wer erlaubt dir zu sagen, es wird noch Jahrhunderte gehen? Wachet! Ein ungeheures Wort, das da hereinfällt in alle unsere Schläfrigkeit und Müdigkeit: Wachet!

Und achtet auf die Zeichen! Denn, heißt es hier, »es ward ein Geschrei um Mitternacht«. Gerade also zu einer Zeit, wo keiner an ihn denkt und wo wir alle nur das Dunkel und die Rätsel der Geschichte sehen, an denen wir uns wund reiben, und alle die Not und das Herzeleid. Gerade daran entspringt das Rufen von seinem

Kommen, gerade daran beginnen wir etwas zu spüren von dem unterirdischen Ziehen und Rauschen der Geschichte, weil der Fall nahe ist. Das merkt man schon weit vorher. »Es ward ein Geschrei um Mitternacht!« Wir sollen auf das Wort Gottes hören. Wir sollen auf die Menschen hören, die wie Wächter uns zurufen, nicht einschlafen, nicht vernünfteln, auch nicht schwärmen und nicht unnüchtern werden und nicht rechnen, aber nun mit vollem Ernst damit rechnen, Jesus Christus kommt. Wir gehen alle dieser Begegnung entgegen, dieser entscheidenden Probe. Wer ausharrt bis ans Ende, wird gerettet.

Heraus aus aller Sicherheit, und das ganz persönlich, du und ich. Denn es gibt da keine Stellvertretung. Du mußt selber deinem Herrn begegnen, du selbst. Und du wirst ihm begegnen. Die Sache des Herrn Christus ist nicht zu Ende. Er kommt. Er kommt, und wir haben vor ihm zu stehen.

Es ist ein ungeheuer aufweckendes Wort, dieses Warnen vor der Sicherheit, dieses Aufgerufenwerden aus aller Schwachheit und allem geistlichen Schlaf. Das müssen wir einander heute zusagen. Unter der zwiefachen Gefahr, dem Schlafen und Sicherwerden, stehen wir alle, ich und du und wir alle gemeinsam. Darum: Wachet!

Und so schließt dieses Gleichnis. Die Entscheidungsstunde kommt und es kommt dann heraus, wie wir dran sind. Da gehen die einen dann hinein, weil sie Öl bei sich hatten, und die anderen sind verzweifelt und bitten die anderen: »Gebt uns von eurem Öl!« Die sagen, das können wir nicht. Öl geben – das kann keiner dem anderen im tiefsten Grunde. »Geh zu dem Krämer und kaufe dir!« Und es ist dann zu spät und die Tür ist verschlossen. Es steht wie in allen diesen Gleichnissen Jesu vom Endgericht dieses unheimliche Doppelgesicht: Drinnen – draußen! Die Bereiten und »Ich kenne euch nicht.« Die Klugen, die wissen, daß ihre Lampe nicht ohne Öl brennt und daß sie täglich dieser konkreten und ganz persönlichen Gemeinschaft mit Christus bedürfen. Das sind die Bereiten. Sie haben vielleicht auf dieser Erde gar keine großartige Figur gemacht, sie haben sehr viel von ihrer Armut gewußt und darum, daß man es mit dem Gebet und mit dem Hören auf das Wort Gottes und mit der Gemeinschaft der Glaubenden und mit dem Mahle des Herrn sehr ernst nehmen muß. Es sind Menschen, die auf ihre eigene Glaubenskraft wenig halten, die auch von ihren eigenen Liebestaten nicht sehr viel reden und die um ihren eigenen Gebetseifer etwas bange sind. Aber es sind gerade die Menschen, die in dieser vollen, lebenslangen, demütigen Abhängigkeit von Christus stehen: Ich bedarf deiner auf jedem Schritt, und die lernen, daß das Wort, obwohl es sehr widernatürlich klingt, wahr ist: »Ohne mich könnt ihr nichts tun.« »Welche aber bereit waren.« Das sind eben die Armen, die von dem großen Reichtum Christi leben. »Die gingen hinein in die Hochzeit und die Tür ward verschlossen.«

Und die anderen? Die Christen, die auch dabei waren bis zuletzt, bis in die Entscheidungsstunde, bis zu diesem Kommen des Herrn? Sie erschrecken, die Lampe ist ausgegangen. Nun greift man nach der Hand des Nächsten. Gib uns von deinem Öl. Aber hier ist ein Gesetz offenbar, daß in der entscheidenden Stunde wie im Sterben so auch in der entscheidenden letzten Probe keiner den anderen erlösen kann. Man muß es lassen anstehen, wie der Psalm sagt, ewiglich. Es kann kein anderer für dich glauben. Es gibt keine Stellvertretung in der letzten Bewährung. Und wenn wir Jahre unseres Lebens müde geworden sind, in der Inflation des Glaubens gelebt haben, die Dinge nicht mehr ernst und genau nehmen, wenn wir ein bißchen gleichgültig geworden sind, dann kommt das eines Tages heraus. Das kann sehr lange gehen. Aber es kommt heraus in der großen und entscheidenden Stunde der Christusbegegnung. Menschen, sagt das Gleichnis, helfen dir nicht. Und bei den Krämern zu kaufen, ist dann zu spät. Das Wort will offenbar sagen, es gibt auf dieser Erde immer noch solche, bei denen man etwas hören kann, die etwas für einen haben. Aber das kann auch zu spät sein. Es gibt einen Augenblick, da wir nicht mehr umkehren können, dann nämlich, wenn wir wirklich vor Jesus Christus gestellt sind. In der Stunde der Entscheidung kann man dann nicht noch dieses oder jenes nachholen, wie man über-

haupt in diesem Leben sehr wenig gutmachen und sehr wenig nachholen kann, was man versäumt oder verdorben hat. Und darum: Wachet! sagt dieses Gleichnis. Wachet und nehmt das ganz ernst, daß man eben Öl braucht, damit die Lampe brennt.
Der Schluß des Gleichnisses ist ganz klar. Jesus Christus kommt. Aber er kommt zu einer Stunde, die wir alle nicht wissen. Und dann wird dieses Ja und Nein gesagt, dieses Bereit und Nichtbereit sichtbar werden. Und dann fallen, wie dieses Gleichnis sagt, Türen ins Schloß. Und dann gibt es ein Spätkommen und ein Zuspätkommen und jenes ungeheure: »Ich kenne euch nicht.«
Ein Bild von der Gemeinde, und ein Bild von der Entscheidungsstunde, die auf uns alle wartet, von der entscheidenden Begegnung mit Christus, sei es in dem Augenblick, da wir abgerufen werden, sei es in der Stunde seines Kommens.
Darum bitten wir Jesus Christus: Laß uns in der letzten Stunde deine Tür offen stehen! Und wollen wir den ganz eindeutigen Weckruf aus diesen heiligen Worten hören: Machen wir jetzt ernst! Womit? Uns dem Herrn Christus wirklich und ungeteilt zu übergeben.

Von der Dienstpflicht des Christen auf dem Weg zum Herrn
Matthäus 25, 14-30

Ein einfaches Wort von der Treue im Haushalten, und doch voll unergründlicher Tiefe. Denn dieses Wort redet ganz unmittelbar hinein in diese erschütterte Zeit von der Dienstpflicht des Christen. Heute, wo jedermann jemand gehören muß und wo gefordert wird, daß jeder sich für seinen Herrn entscheidet, muß der Christ wissen, wem er gehört, zum Dienst. Jeder, der Christ ist, sagt dieses Gleichnis, hat etwas vom Herrn empfangen. Und diese Gabe bedeutet den Ruf zum Dienst. Fruchtbares Leben! Nicht nur zur eigenen Erbauung in der persönlichen Nachfolge, sondern so, daß sein Gut, »das Meine«, gemehrt wird. Das heißt, daß die Gemeinde Gottes wächst und daß Menschen durch dich zum Glauben kommen.

Es gibt in der Gemeinde keine Müßiggänger, keine Dienstverweigerer, keine blinden Passagiere und keine Zuschauer. Es gibt nur treue Diener und Dienerinnen oder faule Knechte und Mägde. Und über beiden wird das Urteil Gottes am Tage der großen Rechenschaft ergehen.

Wir möchten aus diesem tiefen Wort Jesu etwas davon heraushören, daß wir zum Dienst gerufen sind, das Gut unseres Herrn zu mehren, daß durch uns, durch dich und mich, die Gemeinde Jesu wachse. Ganz schlicht gesagt: Weißt du, warum du ein Christ bist? Damit durch dich und deinen Dienst wenigstens einer, mindestens einer heimfindet!

Zuerst der Ruf zum Dienst. Einer wird geschildert, der seine Knechte zusammenrief, ihnen seine Güter austat, dem einen fünf, dem anderen zwei, dem dritten ein Pfund, jedem nach seinem Vermögen. Wir haben gehört, wie sehr wir Christen in der Anfechtung und Versuchlichkeit dieser Zeit des Herrn bedürfen, keinen Tag »ohne ihn«. Die Lampe brennt nicht ohne Öl. Hier hören wir, der Herr bedarf unser. Nicht ohne uns will Gott seine Sache treiben. Das ist das Unglaubliche, daß er solche Leute wie uns, solche schwachen, kurzsichtigen, wankelmütigen und trotzigen Menschen zu seinen Dienern und Dienerinnen haben will, die für ihn arbeiten.

Eines haßt Jesus, die Dienstverweigerung. Jeder von euch hat etwas bekommen und versteht, daß wir es nicht festhalten und auch nicht recht haben können, wenn wir es nicht weitergeben und wenn durch unser armes Leben nicht einer den Anstoß bekommt für eine ewige Bewegung. Was wir haben, ist, wie dieses Wort sagt, alles Geschenk und Gnade. Aber die Aufgabe lautet, sein Gut zu mehren, ihm zu Dienst zu stehen. Und das heißt, Menschen für Christus zu gewinnen. Genau dasselbe wie in dem Gleichnis vom Weinstock und von den Reben. »Ich bin der Weinstock«, sagt Jesus Christus zu uns. »Ihr seid die Reben.« Und was ist der Sinn einer Rebe? Daß sie Frucht bringt, Beeren ansetzt, daß durch unser Leben und durch unseren Dienst einer oder zwei oder fünf für Christus gewonnen werden.

Einem jeden nach seinem Vermögen. Der Herr verlangt nicht von uns allen dasselbe. Aber jeder hat etwas bekommen und darum kann jeder etwas tun für ihn.
Nun werdet ihr fragen, wie sollen wir diese Zentner, wie sollen wir diese Gaben verstehen, die die Menschen bekommen, um damit zu handeln. Laßt mich das in einem siebenfachen Wort sagen. Die erste und entscheidende Gabe, die du bekommst, ist die heilige Taufe. Du weißt, was das für dich bedeutet. Zum Herrn dich zu halten, Christ zu werden. Ich sage dir, das bedeutet es, daß du dein Kind zur Taufe bringst und daß du dein Kind nicht wild wachsen läßt, sondern es, was an dir liegt, zu Christus erziehst. Die heilige Taufe ist deine Gabe, und deine Kinder deine Aufgabe. Kannst du von dir sagen: Siehe, du hast mir fünf Zentner ausgetan, ich habe dazu fünf andere gewonnen.
Es ist dir im Gottesdienst ein Wort der Heiligen Schrift plötzlich ganz neu aufgegangen. Für dich allein? Nein, sondern dir dazu gegeben, es weiterzusagen, einem Menschen damit eine Freude zu machen und ihn einzuladen zu Christus. Das heißt ihm dienen. Es ist dir einmal das große Wunder passiert, daß Gott dein Gebet erhört hat über Bitten und Verstehen. Für dich allein? Nein. Du bist gerufen, das einmal in einer entscheidenden Stunde deinem Mann oder deiner Frau oder deinem Nachbar zu sagen und ihn fein und geschickt zum Beten aufzumuntern.
Nach dem Tode deines Sohnes, nach dem Sterben deines Mannes in diesem furchtbaren Kriege hat dich einmal das heilige Abendmahl über alle Maßen getröstet. Welche Gabe für dich. Für dich allein? Nein. Das kannst du gar nicht behalten für dich. Das treibt dich ja, den anderen an der Hand zu nehmen und zum Tisch des Herrn mitzubringen, vor allem den Menschen, mit dem du jahrelang Streit gehabt hast und wo dir ganz klar wird, so dürfen wir nicht sterben und auseinandergehen. Nimm ihn, ich bitte dich, und versöhne dich mit ihm. Und dann komme zum Tisch des Herrn. Weißt du, was das für eine Aufgabe ist? Frucht bringen für den anderen.
Es ist dir eine große Liebe zuteil geworden, ein großes Geschenk

durch Menschen. Teile sie. Laß sie ausstrahlen. Gib sie weiter. Denn alle wahre Liebe will weiterlieben, Liebe erwecken, Frucht schaffen. Jeder hat etwas bekommen und jeder soll damit wuchern.
Es ist dir in diesen schweren Kriegsjahren aufgegangen, daß die Gemeinde dir einfach Heimat geworden ist. Seitdem du da bist, hast du eine neue Geborgenheit für dein Leben, das einsam genug und stürmisch genug vor sich geht. Willst du das allein genießen? Nein. Bringe einen mit. Darauf wartet der Herr. Das heißt in seinem Dienste stehen.
Vielleicht hast du dir in diesen Jahren angewöhnt, wenigstens einen Augenblick am Tag zu hören auf sein Wort, auf die Losung, auf das Bibelwort. Wie oft ist es dir ein Licht geworden und hat genau in die Lage hinein gesprochen, in der du dich befandest. Nur dir? Nein. Du bist gerufen, ein ganz schlichtes Zeugnis abzulegen vor deinen Verwandten, die ganz ablehnend sind, und vor deinen Berufskollegen, die für das alles nur einen Spott haben. Das heißt im Dienste stehen.
Dieses wunderbare Gleichnis sagt, daß Jesus Christus einem jeden von uns eine Gabe gegeben, die Taufe, den Gottesdienst, das Gebet, das heilige Mahl, eine große Liebe, eine wahre Gemeinschaft, das lebendige Wort. Wozu? Daß du es wuchern lässest und daß du andere damit gewinnst. Ich bitte euch, daß ihr das lernt: »Stets in deinem Dienste stehen.« Das heißt nichts anderes als Menschen für Christus gewinnen. Jeder hat seine Gabe und jeder soll damit Frucht schaffen.
Wo soll das geschehen? Hier steht: »Da zog dieser Mensch bald hinweg.« Er läßt diese Männer mit seinen Gütern allein. Das ist deine Lage, unsere Lage. Der Herr Christus ist weggegangen. Du wirst Gott nicht sehen auf Erden. Du mußt darum glaubend dienen. Das ist das Schwere. Wir sind immer wieder versucht zu sagen: Diese unsichtbare Welt, wer weiß, ob es das alles gibt, was diese frommen Pfarrer sagen. Wie leicht werden wir müde und träge und gleichgültig. Denn es heißt ja, »er zog bald hinweg«. Und Gott hat so eine eigene Art zu schweigen. Er schlägt nicht so-

fort drein. Er läßt reifen, auch das Böse in uns, wie eine Krankheit, die eins, zwei, drei, fünf Jahre lang im Körper ist. Du merkst es kaum. Plötzlich bist du gefällt. So pflegt es Gott zu machen. Und dann merkst du auf einmal, er ist doch da. Er war in allem da. Das ist die große Anfechtung des Christen, daß er nichts sieht, sondern glauben muß. Und das ist auch der Adel des Christen, daß man ihm das nicht beweisen kann, woran er glaubt, daß er sich dafür entscheiden muß mit der ganzen Hingabe seines Herzens.
Das ist die große Not der Kirche heute, daß wir so wenig Frucht bringen, daß so wenig Kinder geboren werden für Gott, daß so wenig Männer und Frauen zum Dienst bereit sind, auch zu dem Diakonissendienst und Diakonenamt. Es ist so schwer, daß heute sich so wenige gerufen wissen zum Dienst. »Er aber rief seine Knechte und tat ihnen seine Güter aus« – auch dir und mir.

Die Entscheidung im Dienst

Die Entscheidung im Dienst. Nun zerfällt plötzlich diese Gemeinde, die mit diesen Knechten geschildert wird, in zwei Gruppen. Es gibt »treue« und es gibt »faule Knechte«. Worin unterscheiden sie sich? Vorher hieß es, durch die Klugheit, die weiß, keine Lampe brennt ohne Öl und kein Glaube besteht in den Erschütterungen dieser Zeit ohne die tägliche, lebenslange, persönliche Gemeinschaft mit Christus. Und hier heißt es: Treue im Dienst. Es geht nicht, ohne daß ich mich mit ganzem Herzen in meinem Leben um Gottes Sache bemühe.
Die einen verdoppeln ihre Gabe. Zwei werden vier, fünf werden zehn. Sie handeln in großer Treue, ganz gleich, ob der Herr da ist oder nicht. Sie wissen, daß er unsichtbar da ist und sie wissen, daß er Rechenschaft fordert von ihnen. Es sind Menschen, die das, was Gott ihnen gab, diese siebenfältige Gabe, weitergeben, Frucht bringen. Das sind die Menschen, denen es am Herzen liegt, daß sie nicht allein bleiben im Glauben, sondern miteinander kommen dürfen.
Wir werden in eine Zeit hineinwachsen, in der alles darauf ankommt, wie viele Diener und Dienerinnen noch in der Kirche sind,

nicht Pfarrer, Gemeindehelfer, Organisten, Mesner. Das ist alles recht. Euch meint das Wort, die sogenannten Laien, die Glieder der Gemeinde. Die Kirche wird davon leben, ob euch am Herzen liegt, daß die kommende Generation und die Nachbarn um uns herum für Christus gewonnen werden. Denkt nur nicht, es gehe immer so weiter. Die Sichtung ist deutlich genug unter uns. Es kann sein, daß auch einmal eine schöne Kirche leer ist. Darum geht es, daß wir im Dienste stehen in der letzten, ganzen Treue um die Sache Gottes, um seine Güter.
Und dann ist der andere da, von dem gesagt ist, daß er ein Pfund empfangen habe. Der machte eine Grube in der Erde und verbarg seines Herrn Geld. Auch er glaubte und wollte ein Christ sein für sich allein. Aber mehren, nein, das will er nicht. Wißt ihr warum? Er denkt genauso wie viele von uns. Er denkt: was habe ich für eine kleine Gabe, gar nicht zu reden davon. Was kann denn ich für die große Sache Gottes tun? Es hat gar keinen Wert. Gerade an der kleinen Gabe entsteht unsere Anfechtung, daß wir sagen, jawohl, für mich schon, aber noch mehr? Ach nein. Ihr kennt alle diese Ausflucht unseres trägen Herzens, unsere große Lieblosigkeit, die darin liegt. Wir wissen, daß das, was wir empfangen haben, uns zum Dienst gegeben ist. Aber weil es eben nicht für uns selber, um uns selber geht, sondern für diesen Herrn und seine Gemeinde, wollen wir nichts Rechtes und Ganzes tun. Wie soll mein Leben andere Menschen für die Liebe gewinnen, wenn es selber sehr leer und arm ist?
Keiner von euch sage, er habe nichts oder nur ganz wenig empfangen. Es wäre ja alles umsonst, was an euch getan und was Gott euch für ein kurzes oder langes Leben geschenkt hat. Für dich nur? Nein, sondern daß aus den zwei vier, aus den fünf zehn und aus dem einen zwei Zentner werden. – – »Stets in deinem Dienste stehen.«

Die Rechenschaft am Tage der Wiederkunft des Herrn

Es kommt die Stunde der Rechenschaft, der Abrechnung über unseren Dienst. »Über eine lange Zeit kam der Herr dieser Knechte

und hielt Rechenschaft mit ihnen.« Alle drei sind gefordert. Alle drei müssen Rechenschaft ablegen. Man hat uns im Dritten Reich diese ewige Rechenschaft, die wir Gott schulden, gründlich auszureden versucht, indem man sagte: wenn du nur ein bißchen rechtschaffen bist und die Gebote hältst, dann wirst du Gott schon recht sein. – Nein. Keine Rede davon. Gott möchte, daß du reicher kommst, als am Anfang, daß du dazu gewonnen hast, fünf, zwei, ein Pfund. Wenigstens eines! Der Herr Christus will Menschen haben, die im Dienste standen für ihn, die das, was sie empfingen, weitergaben an den Nächsten und die nun mit dem anderen kommen dürfen.
Der Herr Christus will, daß wir verstehen, daß diese seine Gaben für uns etwas Lebendiges sind, das Gebet, das Wort, das Lied. Das sind lebendige Kräfte, die wollen wachsen und Frucht bringen. Glauben erwecken und einen Menschen für Christus gewinnen. Unsere Kirche, die so ganz und gar Zuwachs- und Kindertaufkirche geworden ist, hat das vergessen, daß der Herr Christus will, daß wir im Dienst für ihn anderen Menschen dienen. Glaubt dem Worte Gottes.
Der Lohn für die Treue ist sehr groß. Jesus vergilt nicht ärmlich. Königlich vergilt er. Dreifach ist der Lohn. Er nennt, und das ist das höchste Lob aus dem Munde Gottes, einen Menschen, der für ihn gearbeitet hat, »treu«. »Du treuer Knecht.« Er macht wenig Worte. Er nennt das, was wir getan haben, »wenig«. »Du bist über wenigem getreu gewesen.« Aber er lohnt es großartig. »Ich will dich über viel setzen.« Plötzlich wird uns das klar: der Himmel, die neue Welt, das Reich Gottes, das kommt, ist nichts für Faulenzer und für Müßiggänger. Der Herr Christus will uns »über viel setzen«. Dann fängt der Dienst für ihn erst wirklich an. In diesem Wort »Ich will dich über viel setzen« sehen wir in das ganze Geheimnis der neuen Welt Gottes hinein. Ob Gott dich dort brauchen kann, das hängt davon ab, daß du ihm hier mit der ganzen Treue gedient hast.
Über was will er uns denn setzen? Wißt ihr denn nicht, wie viele junge Söhne in diesem Kriege gefallen sind? Habt ihr vergessen,

wie wenig diese Generation von Christus wußte? Bedenkt ihr nicht, wieviel es in unserer eigenen Stadt Menschen gibt, die völlig vorübergehen an ihm, übergangene und vergessene und gleichgültige. Bedenkt ihr nicht, daß Riesenvölker dieser Erde, Heidenvölker, von ihm nie etwas gehört haben? Meint ihr, das bleibe so? Meint ihr denn, die neue Welt, der Himmel Gottes sei eine Sache des Müßiggangs oder der Zauberei, wo jeder plötzlich ein Engel wird? Keine Rede. Dort wird gearbeitet. »Seine Knechte«, heißt es in der Offenbarung, »werden ihm dienen«, Diener sein. Er will uns Christen, diese Handvoll Menschen aus diesem großen Meer der Gleichgültigen und Übergangenen, in der ewigen Welt einsetzen, verwenden zum Dienst an allen, die ihn noch nicht gekannt haben.

Das ist der Lohn für den, der ihm treu gewesen ist.

Und zu ihm wird gesagt: »Gehe ein zu deines Herrn Freude.« Das ist der Grundton der ewigen Welt, der wir entgegengehen, »Freude«. Eben das, was uns mit jedem Jahr auf dieser Erde mehr genommen wird, das, was unsere Kinder in diesen Jahren schon bald nicht mehr kennen, das wartet auf die Treue des Knechtes und die Treue der Magd, die Freude des Herrn. – – Groß ist der Lohn und königlich.

Nun tritt auch der andere vor das Angesicht des Herrn, der so geredet hat, wie viele reden. Ich, mit meiner kleinen Gabe! Und bringt alle Ausflüchte des Herzens vor. »Du bist ein harter und strenger Mann«, so wie wir auch von diesem harten und strengen Gott reden. Kann doch keiner so heilig werden, daß er vor Gottes Angesicht bestehen kann, sagen wir. Eine schwere Sache, dieses Christenleben. Worauf muß man da alles verzichten! Arbeiten, dienen dürfen, das heißt Christ sein. Und weil wir nichts von der großen Liebe gespürt haben, wie dieser faule Knecht, darum sind wir eben oft so schwach, Liebe auszustrahlen und unserem Gott etwas zulieb zu tun.

Siehe, sagt der Knecht, das ist das Pfund, das du mir gegeben, nimm das Deine zurück! Ein böses Wort. Bittet, daß das in der ewigen Welt und in der Stunde der Abrechnung nicht über eure

Lippen komme. Der Mann sagt, ich habe dir nichts gestohlen, sei zufrieden, daß ich nichts verschleudert habe, daß ich zurückbringe, was du mir gabst. Gott ist anderer Meinung. Du hast Gott etwas gestohlen, alles gestohlen, das ganze Pfund, das er dir gab, und hast ihm nicht gedient. Dienstverweigerer werden von Gott nicht angenommen.
Es ist ein sehr hartes Wort des Gerichtes. Hättest du mich wenigstens gefürchtet, sagt Gott, dann hättest du es vielleicht nicht aus Liebe, aber aus Furcht getan und mir gedient. Daß mein Gebot schwer ist, das ist nicht wahr. Der Herr verlangt von dir keine großen Dinge, sondern »nach deinem Vermögen«, deinem kleinen Eins, daß aus dem Einen zwei werde. Das ist offenbar mit dem Wort, »du hättest zu den Wechslern gehen können«, gemeint. Ist denn das schwer? Das ist eine leichte Sache. »Du darfst ja nur die leichte Liebe üben. O blöder Geist, schau doch, wie gut er's meint!« »Es ist nicht schwer, ein Christ zu sein, und nach dem Sinn des reinen Geistes leben.« Aber gerade dieses Kleine wollen wir für Gott nicht tun, ihm nicht zuliebe tun.
Gott nimmt ihm, was er hat und gibt es dem, der mehr hat. Ein heiliges Gesetz bei Gott. Wer ihm den Dienst verweigert, dem schenkt er das Leben im Licht nicht, und tut ihn aus in die große Finsternis. So endet auch dieses Gleichnis mit einem unerbittlichen Ja und Nein, das sich an der kleinen Sache entscheidet, daß wir für unseren Herrn und Gott mit den Gaben, die er uns gab, mit seinen Gütern gedient und etwas Rechtes, Stilles, Verborgenes aber Wahres für ihn getan.
Daß wir in all dem, was wir empfingen an geistlichen Gaben, bereit sind, es weiterzugeben, an den anderen zu denken, ein wenig Frucht zu bringen, Menschen, die uns anvertraut sind, zu Christus zu rufen. Wollen wir uns nicht in der einen Bitte vereinigen: Herr, laß mich nicht von dieser Erde scheiden, ehe ich einen, ach nur einen Menschen zu dir gebracht habe.

Dieser Ausgabe liegen folgende Texte zugrunde, die geringfügig gekürzt und sprachlich überarbeitet wurden:

1. Die hohe Hand des Herrn. Eine Bibelauslegung von 2. Mose 12-16. Kronbüchlein, Neue Folge Nr. 11. Evang. Missionsverlag Stuttgart 1953 (Niederschrift der Bibelarbeit am Kirchentag 28.–30. 8. 1952 in Stuttgart)

2. Der Sohn Gottes. Ein Bibelstudium über das Evangelium des Johannes. Evang. Missionsverlag Stuttgart 1948[2] (1938[1])

3. Da es nun Morgen war. Eine Auslegung von Johannesevangelium, Kapitel 21. Kronbüchlein, Neue Folge (Nr.) 1. Evang. Missionsverlag Stuttgart 1952[4]

4. Der neue Weg. Eine Auslegung des Kolosserbriefs. Kronbüchlein, Neue Folge (Nr.) 10. Evang. Missionsverlag Stuttgart 1953

5. Sind wir wirklich Christen? Eine Auslegung des Jakobusbriefes. Kronbüchlein, Neue Folge (Nr.) 14. Evang. Missionsverlag Stuttgart 1954

6. Wann wird das geschehen? Der Versuch einer Auslegung von Matthäus 24 und 25. Kronbüchlein, Neue Folge (Nr.) 7. Evang. Missionsverlag Stuttgart 1952[3] (1951[1])